阶层流动视角下流动人口经济行为研究

Study on the Economic Behavior of Immigrating Population from Perspective of Class Mobility

童馨乐 等　著

南京大学出版社

图书在版编目(CIP)数据

阶层流动视角下流动人口经济行为研究/童馨乐等著. —南京：南京大学出版社，2023.8
ISBN 978-7-305-25011-8

Ⅰ. ①阶… Ⅱ. ①童… Ⅲ. ①流动人口—经济行为—研究—中国 Ⅳ. ①C924.24

中国版本图书馆 CIP 数据核字(2021)第 195108 号

出版发行 南京大学出版社
社　　址 南京市汉口路 22 号　　邮　　编 210093
出 版 人 王文军

书　　名 阶层流动视角下流动人口经济行为研究
著　　者 童馨乐等
责任编辑 王日俊

照　　排 南京开卷文化传媒有限公司
印　　刷 苏州市古得堡数码印刷有限公司
开　　本 718 mm×1000 mm 1/16 印张 18.75 字数 365 千
版　　次 2023 年 8 月第 1 版 2023 年 8 月第 1 次印刷
ISBN 978-7-305-25011-8
定　　价 80.00 元

网　　址：http://www.njupco.com
官方微博：http://weibo.com/njupco
官方微信号：njupress
销售咨询热线：(025)83594756

本书为2020年度国家社会科学基金后期资助项目“流动人口经济行为研究”(项目编号:20FJYB023)的最终研究成果,感谢国家社会科学基金的资助。

书　名:阶层流动视角下流动人口经济行为研究
作　者:童馨乐等
出版社:南京大学出版社

前　言

在“让一部分地区先富起来”的倡议下，我国以东部地区为首的部分地区率先发展起来，地区间和城乡间的不均衡发展问题日益凸显。为应对地区和城乡发展不平衡以及二元经济结构的矛盾问题，越来越多的落后地区人口试图通过流动的方式来获取与发达地区人口相当的收入与资源。《中国流动人口发展报告 2018》数据显示，2017 年我国流动人口数量为 2.44 亿人，约占全中国人口的六分之一。人口流动规模的增加对政府治理提出了新的挑战和要求，分析流动人口在异地经济行为的内在逻辑也将为未来一个阶段我国政府治理工作提供积极借鉴。本书立足于流动人口群体，首先，基于流动人口的典型客观事实分析流动人口就业、创业、教育以及阶层流动等经济行为，并在此基础上建立较为完善的逻辑框架；其次，采用实证研究的方法对逻辑框架部分提出的观点一一进行实证检验；最后，在理论与实证研究的基础上总结当前我国流动人口面临的阶层流动困境，并从就业、创业和教育三个主要层面提出破解流动人口阶层流动困境的政策建议。

在逻辑框架构建部分，本书将流动人口经济行为概括为如何在收入约束下进行储蓄、投资和消费行为最终实现家庭效用最大化的一个完整的循环过程。循着“人口流动—经济行为—阶层流动”这一主线，基于理论研究归纳总结出流动人口经济行为的内在联系机制，即：一方面，城乡、区域差距激励着流动人口流向异地寻求就业、创业和教育的机会，以实现阶层流动；另一方面，城乡、区域差距导致的人力资本、社会资本、金融资本和心理资本的缺失，也会阻碍流动人口的异地就业、创业和教育行为，进而不利于其实现阶层流动。在上述两种机制分析的基础上，本书得出当前流动人口因就业、创业和教育受限产生阶层流动困境的主要观点。

在实证研究部分，本书基于逻辑框架设计，分别探讨流动人口的就业、创业、教育以及阶层流动等四个主题。(1) 在就业维度，由于与普通的就业群体不同，影响流动人口就业的因素更为多样，机制更为复杂，故本书对流动人口就业的影响因素进行实证研究，具体分析流动特征对流动人口就业的影响，如流动时间、流动范围、流动原因等。(2) 在创业维度,首先,本书对流动人口创业的影响因素进行实证分析,发现学历、能力和社会关系均为流动人口创业的重要影响因素,其中,社会关系对流动人口创业的边际影响最大;其次,本书将社会关系进一步细化为"外地关系"和"本地关系",研究社会关系网络的异质性对于流动人口创业的影响;最后,本书还针对流动人口群体中的农户群体,探讨现有城乡二元体制下造成的城乡差距对其创业的影响。(3) 在教育维度,区别于以往学者的研究,本书从流动人口教育观这一视角研究流动人口的社会地位与其子女的教育问题,并将流动人口的社会地位具体化为文化地位、职业地位、经济地位,将流动人口子女教育具体化为成长教育和文化教育,试图更加详细地探讨父母社会地位对子女受教育水平的影响。(4) 在阶层流动维度,本书检验了逻辑框架部分关于就业、创业和教育是影响流动人口阶层流动主要因素的观点。就业、创业、教育和阶层流动四个层面的实证研究均支撑了本文逻辑框架部分的主要论点,即以增收促进阶层跨越的流动人口在异地因就业、创业和教育受限导致阶层流动困境。

在破解机制研究方面,基于理论与实证研究部分相关结论,本书归纳总结出当前流动人口阶层流动困境产生的根本原因,并在此基础上试图从影响阶层流动的先赋因素和后致因素出发构建流动人口阶层流动的破解机制,可以分为政府和流动人口个人两个维度进行考量。在政府层面,可以从四个方面弥补流动人口先赋因素的不足:一是从实质上打破户籍制度的本源性制约及其衍生制度的直接排斥;二是把创造就业机会与促进流动人口就业作为国家经济发展的重要目标;三是从学校教育与家庭教育入手,双管齐下,努力实现教育公平;四是建立促进中下层群体健康发展,打破精英再生产格局的机制。在流动人口层面,可以以自我管理为中心,从三个方面强化后致因素的作用:一是流动人口应时刻注意为自身保留闲余的时间和资金,其主要目的是培养长远的目光;二是加强培养流动人口终身学习和保持身体健康的意识;三是培养良好的家风并使其代代传承,以促进阶层流动。

本研究兼具学术价值与现实价值。(1) 从学术价值上看,一是本书从一个相对全面的视角对流动人口经济行为的影响因素和相互之间的内在逻辑进行了研究,丰富了当前情境下流动人口领域的研究内容;二是本书基于理论机制研究,采用微观调查数据,分别从流动人口就业、创业、子女受教育水平和阶层流动四个层面研究了当前我国流动人口面临的种种困境,研究结果对了解当前我国流动人口现实具有重要的启发作用;三是本书关注到了流动人口以阶层跨越为目的的经济行为的互动机制并对此加以验证,对现阶段我国如何开展流动人口服务工作具有重要的政策意义。(2) 从现实价值上看，高水平的社会阶层流动是现代社会的重要特征之一，不但有利于人力资本竞争，而且有利于社会和谐。学术界主流观点认为，现代化和市场绩效导向对于促进阶层流动均具有重要意义。本书以阶层流动为切入点展开对流动人口经济行为的研究，不仅可以为理解当前我国流动人口阶层流动困局提供新的思路，还对我国如何推进户籍制度改革、打破阶层固化倾向具有重要启示意义。此外，以往从流动人口某一单一经济行为的视角进行的研究形成的政策建议往往不具有全面性，政策效果也因缺乏对其他方面的关注而不尽如人意。本书通过构建一个较为清晰的逻辑框架进行研究，可以较为全面地把握当前我国流动人口生存现状以及背后的经济行为逻辑，研究结论对形成全面性的政策建议更具参考价值。

与已有研究相比，本书可能的创新之处主要体现在三个方面：(1) 在研究视角上，以往学者在进行研究时，往往聚焦于研究流动人口的某一种经济行为，缺少从宏观视角研究流动人口多种经济行为的内在联系以及背后逻辑，本书在以往研究的基础上，从宏观视角试图厘清流动人口经济行为的逻辑，并对其影响因素进行实证研究，在研究主题和视角上具有一定的创新。(2) 在研究内容上，本书基于省级层面宏观数据和微观数据，对我国流动人口现状以及流动人口经济行为特征进行概括和总结，构建了一个较为完整的逻辑框架来刻画流动人口在异地发生的一系列经济行为的内在逻辑，并从实证上检验了逻辑框架部分的主要观点，在研究内容上具有较大的创新。(3) 在研究意义上，本书在研究流动人口经济行为的基础上，总结当前阶段我国流动人口所面临的现实困境，并由此，试图提出破解当前流动人口阶层流动困局的破解机制，研究结论不仅可以为理解当前阶段我国流动人口经济行为逻辑提供新的思路，也对当前我国政府如何应对流动人口流动困局问题具有重要启示意义。

目　录

第一章 导 论

第一节 研究背景与问题提出

党的十九大报告指出，现阶段我国区域发展的不均衡问题日益凸显，如何促进区域间协同发展是当前我国亟待解决的重点问题。虽然我国城乡居民实际可支配收入日益增加，但却存在着显著的城乡增长不同步问题。改革开放后，我国经济经历了四十多年的高速增长，被誉为"中国奇迹"。但是，在这一"增长奇迹"的背后也产生了许多问题。在"让一部分地区先富起来"的倡议下，我国以东部地区为首的部分地区率先发展起来，地区间和城乡间的不均衡发展问题日益突出。为应对城乡发展不平衡以及二元经济结构的矛盾问题，越来越多的经济落后地区人口试图通过流动的方式来获取与发达地区人口相当的收入与资源。《中国流动人口发展报告 2018》数据显示，2017 年我国流动人口数量为 2.44 亿人，约占全中国人口的六分之一，由此可见，我国流动人口数量之庞大。虽然流动行为使得流动人口实现了一定的增收目的，但受户籍制度和自身人力资本低等因素的制约，这一增收现象面临着较为显著的"天花板"效应。特别是，随着近年来发达地区房价的不断攀升、产业结构不断升级，买房难、租房贵以及劳动技能与城市发展不匹配等问题显现，部分流动人口出现回流。《中国流动人口发展报告 2018》数据显示，从 2015 年开始，全国流动人口规模从此前的持续上升转为缓慢下降。2015 年国家统计局公布全国流动人口总量为 2.47 亿人，比 2014 年下降了约 600 万人；2016 年全国流动人口规模比 2015 年份减少了 171 万人；2017 年继续减少了 82 万人，全国流动人口下降为 2.44 亿人。这一转变不由得引起我们的思考，流动人口流动背后的动机是什么，这一动机如何影响其经济行为？其经济行为背后的逻辑如何？如何通过政策帮助流动人口破解当前的流动困局，上述问题成为本书研究的重点。

以往学者关于流动人口经济行为的研究有很多，如流动人口的就业行为研究、创业行为研究、子女受教育研究等。上述研究均是围绕单一的某一具体行为展开的，很少有学者将流动人口的经济行为囊括到一个统一的框架中进行研究，本书在此基础上构建了一个相对完整的框架，系统梳理流动人口经济行为背后的逻辑。由于数据限制与本书的研究目的，本书主要聚焦于流动人口以阶层流动为目标的就业、创业、子女受教育行为进行研究；且需要说明的是，本书所论述的阶层流动主要是指流动人口的社会阶层向上流动。

与以往研究相比，本书的主要贡献有：在研究视角上，以往学者在研究流动人口相关问题时，往往仅考虑一个维度或视角，不同于以往学者的研究，本书从一个相对全面的视角对流动人口经济行为的影响因素和相互之间的内在逻辑进行研究，研究内容更为丰富；在研究内容上，本书基于微观调查数据，从流动人口阶层流动和就业、创业、子女受教育两个层次的四大方面展开，研究内容相较于以往研究而言更为完整；在研究意义上，以往文献在研究流动人口问题时鲜少有学者构建一个较为完整的逻辑框架，本书关注到了流动人口以阶层晋升为目的的经济行为的互动机制，研究具有一定的创新意义。

第二节　研究目的与研究意义

在党的十九大报告提出促进均衡发展的宏观背景下，如何完善户籍制度、妥善解决流动人口民生问题刻不容缓。本书以流动人口经济行为作为出发点，使用理论研究和实证研究的方法，围绕流动人口生活的现状、流动人口经济行为的影响因素以及背后逻辑进行翔实而又深入的分析，旨在评估当前我国流动人口生活现状，找出流动人口生活质量不高的主要原因，探讨破解流动人口阶层固化现象的机制。此外，在以上研究结论的基础上为下一阶段我国民生改革出谋划策。

本研究兼具学术意义与现实意义。从学术意义上看，首先，本书从一个相对全面的视角对流动人口经济行为的影响因素和相互之间的内在逻辑进行了研究，丰富了当前情境下流动人口领域的研究内容；其次，本书基于理论机制研究，采用微观调查数据，分别从流动人口就业、创业、子女受教育水平三个层面研究了当前我国流动人口面临的阶层流动困境，研究结果对了解当前我国流动人口现实具有重要的启发作用；本书关注到了流动人口以阶层跨越为目的的经济行为的互动机制并对此加以验证，对当前阶段我国如何开展流动人口服务工作具有重要的政策意义。

从现实意义上看，高水平的社会阶层流动是现代社会的重要特征之一，不仅有利于人力资本竞争，还有利于社会和谐。学术界主流观点认为，现代化和市场绩效导向对于促进阶层流动均具有重要意义(李友梅,2019)①。本书以阶层流动为切入点展开对流动人口经济行为的研究,不仅可以为理解当前我国流动人口阶层流动困局提供新的思路,还对下一发展阶段我国如何推进户籍制度改革、打破阶层固化倾向具有重要启示意义。此外,以往从流动人口某一单一经济行为视角研究形成的政策建议往往不具有全面性,政策效果也因缺乏对其他方面的关注而不尽如人意。本书构建了一个较为完整的框架进行研究,可以较为全面地把握当前我国流动人口生存现状以及背后的经济行为逻辑,研究结果对形成整体性的政策建议更具参考价值。

第三节　研究内容与结构安排

一、研究内容

本书立足于流动人口群体,首先,基于流动人口的典型客观事实分析流动人口就业、创业、教育及阶层流动等基本特征,并在此基础上建立本书的逻辑框架(研究内容一);其次,采用实证研究的方法对逻辑框架部分提出的观点一一进行实证检验(研究内容二);最后,在理论与实证研究的基础上总结出当前我国流动人口面临的阶层流动困境,并从就业、创业和教育三个主要层面提出破解流动人口阶层流动困境的政策建议(研究内容三)。本书的研究内容将按照"逻辑框架构建——经济行为的实证研究——阶层流动破解机制"的顺序展开。

研究内容一:流动人口经济行为的逻辑框架构建。改革开放四十余年来,我国在取得一系列发展成果的同时也面临着社会结构的剧烈变迁,社会阶层固化现象日益明显。阶层固化加剧了社会贫困与不公,拉大了贫富差距,严重阻碍了社会经济的可持续发展。在城乡、区域差距不断扩大的社会环境下,一方面,城乡、区域差距激励着流动人口流向异地寻求就业、创业和教育的机会,以实现阶层流动;另一方面,城乡、区域差距导致的人力资本、社会资本、金融资本和心理资本的缺失也会阻碍流动人口的异地就业、创业和教育行为,进而不利于其实现阶层流动。上述两种机制的存在使得流动人口通过异地就业、创业和教育实现阶层流动的目标难以实现,产生阶层流动困境。本书基于上述事实建立系统的

① 《人民日报》https://mp.weixin.qq.com/s/yhYOkgKblranA2Dli4Y2PA。

逻辑框架，并对流动人口上述具体经济进行了详细的探讨，分析当前流动人口阶层流动困境产生的具体原因。

研究内容二：流动人口经济行为的实证研究。基于逻辑框架构建部分的内容，本书分别从流动人口的阶层流动和就业、创业、教育两个层次的四大主题内容进行实证研究。在第一个层次，本书通过实证研究检验逻辑框架部分关于就业、创业和教育是影响流动人口阶层流动主要因素的基本观点。在第二个层次，本书分别通过实证研究找出影响流动人口就业、创业和教育三个维度经济行为的主要影响因素。其中，在就业维度，由于与普通的就业群体不同，影响流动人口就业的因素更为多样，机制更为复杂，故本书对流动人口就业的影响因素进行实证研究，具体分析流动特征对流动人口就业的影响，如流动时间、流动范围、流动原因等。在创业维度，首先，本书对流动人口创业的影响因素进行分析，发现学历、能力和社会关系均为流动人口创业的重要影响因素，其中，社会关系对流动人口创业的边际影响最大；其次，本书将社会关系进一步细化为"外地关系"和"本地关系"，研究社会关系网络的异质性对于流动人口创业的影响；最后，本书还针对流动人口群体中的农户群体，探讨现有城乡二元体制下造成的城乡差距对其创业的影响。在教育维度，区别于以往学者研究，本书从流动人口教育观这一视角出发，研究流动人口社会地位对子女教育的影响，并将流动人口的社会地位具体化为文化地位、职业地位、经济地位，将流动人口教育观具体化为成长教育观和文化教育观，试图更加详细地探讨父母社会地位对子女受教育水平的影响。

研究内容三：流动人口阶层流动困境的破解机制研究。本书对流动人口阶层流动困境的破解机制研究共分两层，第一层是研究流动人口典型经济行为，如就业、创业和子女教育投资对流动人口阶层流动的影响，试图找寻流动人口阶层流动的影响因素；第二层是根据流动人口阶层流动的现状和影响因素研究，构建流动人口阶层流动困境的破解机制。具体而言：① 识别流动人口就业、创业与子女教育等经济行为对其阶层流动的不同影响，分析并探讨其作用机理；② 根据实证检验结果，结合理论分析，总结流动人口阶层流动的现状，影响因素与面临的主要问题，探索并构建流动人口阶层流动的破解机制。

二、结构安排

本书共分为八章，具体的结构安排如下：

第一章是导论。本章的任务是简要分析研究背景并提出要研究的问题，阐述本研究的研究目的与研究意义、研究内容与结构安排，描述本研究的研究思路与技术路线，指出研究的可能创新与不足。

第二章是流动人口经济行为研究的逻辑框架设计。本章首先对本书所研究的流动人口经济行为的内涵和外延进行明确界定；其次梳理流动人口经济行为的相关理论为后文展开提供理论支撑；再次回顾有关流动人口就业、创业和子女教育的以往文献，指出不足之处和可供借鉴的地方，为后文逻辑框架的建立提供文献基础；最后构建流动人口经济行为研究的逻辑框架，有助于明确其影响因素与经济后果。除此之外，本章还在上述分析的基础上对流动人口经济行为进行经济学解读，以探索其内在逻辑与规律。

第三章是流动人口经济行为现状分析。本章主要分析流动人口的基本情况和重要经济行为，如就业、创业和子女教育投资，并就其经济行为的结果，即阶层流动情况进行统计分析，为下文的实证分析做铺垫。

第四章是流动人口就业的影响因素分析。本章选取流动人口的流动时间、流动范围、流入目的地以及流动原因四个方面作为主要影响因素，采用二值选择模型、有序因变量选择模型和多项选择模型分别考察它们对流动人口就业的影响。

第五章是流动人口创业的影响因素分析。首先，在第一小节，本章基于2013年“流动人口管理与服务对策研究”课题组的微观调研数据，构建创业选择的二值Logit模型，探讨教育、能力与社会关系三种因素对流动人口创业的影响，并在此基础上比较三者对流动人口创业的边际作用。其次，在第二小节，考虑到户籍制度的存在可能会使流动人口中的农村流动人口和城市流动人口的创业行为产生一定的异质性，本章还将研究对象进一步聚焦到农村流动人口这一群体上，主要关注农民工群体的异地创业行为。研究发现，相较于教育、能力，社会关系网络在一定程度上对流动人口创业影响更大，故本章主要研究社会关系网络对创业的影响，进一步将流动人口社会关系分为流出地社会关系和流入地社会关系，并拟定采用Logistic模型、Ordered Logistic模型分析社会关系网络对农户创业的影响和作用机制。最后，在第三小节，本章基于理论机制分析，在二元经济背景下，以城乡收入差距为切入点，将城乡收入差距对流动人口创业的作用分为激励和阻滞两种类型，研究城乡收入差距对农户异地创业的影响，并且采用微观调研数据实证检验理论分析结论。

第六章是流动人口子女教育的影响因素研究。在第一小节，本章利用微观调研数据，构建有序因变量选择模型，分析流动人口社会地位对子女教育的影响。其中，社会地位细分为职业地位、经济地位和文化地位三重维度，而子女教育细分为心理教育和安全教育两个维度，以此分辨和识别流动人口社会地位对子女教育影响的异质性。此外，从教育观路径，深入研究流动人口社会地位影响子女教育的作用机制。第二小节主要是在第一小节的基础上对流动人口子女成长教育的进一步研究，研究内容分为两个部分，其一是实证研究流动人口社会地位对其子女成长教育获得的影响，其二是实证检验流动人口社会地位对其子女教育获得的影响路径。

第七章是流动人口阶层流动的影响因素研究。本章从代内流动兼顾代际流动的视角，验证流动人口就业、创业与子女教育等经济行为对其阶层流动的影响，揭示流动人口阶层流动现状、影响因素和作用机制，并且在实证研究基础上有针对性地提出流动人口阶层流动困境的破解机制。

第八章是研究结论与政策建议。本章主要包括两个部分，第一部分是对全书的研究结论做出简要总结，第二部分是根据全书的理论与实证研究结论提出相应的政策建议。

第四节　研究思路与技术路线

区域、城乡差距使得落后地区人口为获得阶层流动机会向发达地区流动寻求更多机会，但人口流动是否能够帮助落后地区人口实现阶层跨越？目前，还未有研究系统探讨过这一问题。对于流动人口而言，跨地区就业是其迅速增收的主要方式，创业是其迅速致富、提升社会地位的重要手段，而优化子女教育是其帮助子女积累人力资本的有效路径。为研究流动人口的阶层流动问题，本研究拟从流动人口的就业、创业和子女教育这三种主要经济行为出发，分析上述三种经济行为的影响因素以及可能对流动人口阶层跨越的影响。根据“人口流动—经济行为—阶层流动”的基本思路，本书依次展开研究，技术路线如图 1-4-1 所示。

第一，提出研究问题，界定相关概念并形成研究框架。搜集文献资料，阅读国内外研究流动人口经济行为的文献资料，了解相关研究的最新进展；梳理就业（含创业）、教育和阶层流动的经典理论，通过课题组讨论、专家咨询等途径构建研究框架；结合经济学视角解读流动人口经济行为，初步了解流动人口经济行为的经济学逻辑。

第二，在流动人口经济行为现状部分，通过微观调研数据，使用数据统计分析法定量分析比较流动人口的经济行为特征及其异质性。抽取就业、创业和子女教育投资等流动人口的主要经济行为进行具体分析，从简单数据统计方面发掘其内在规律，为后续研究做铺垫。

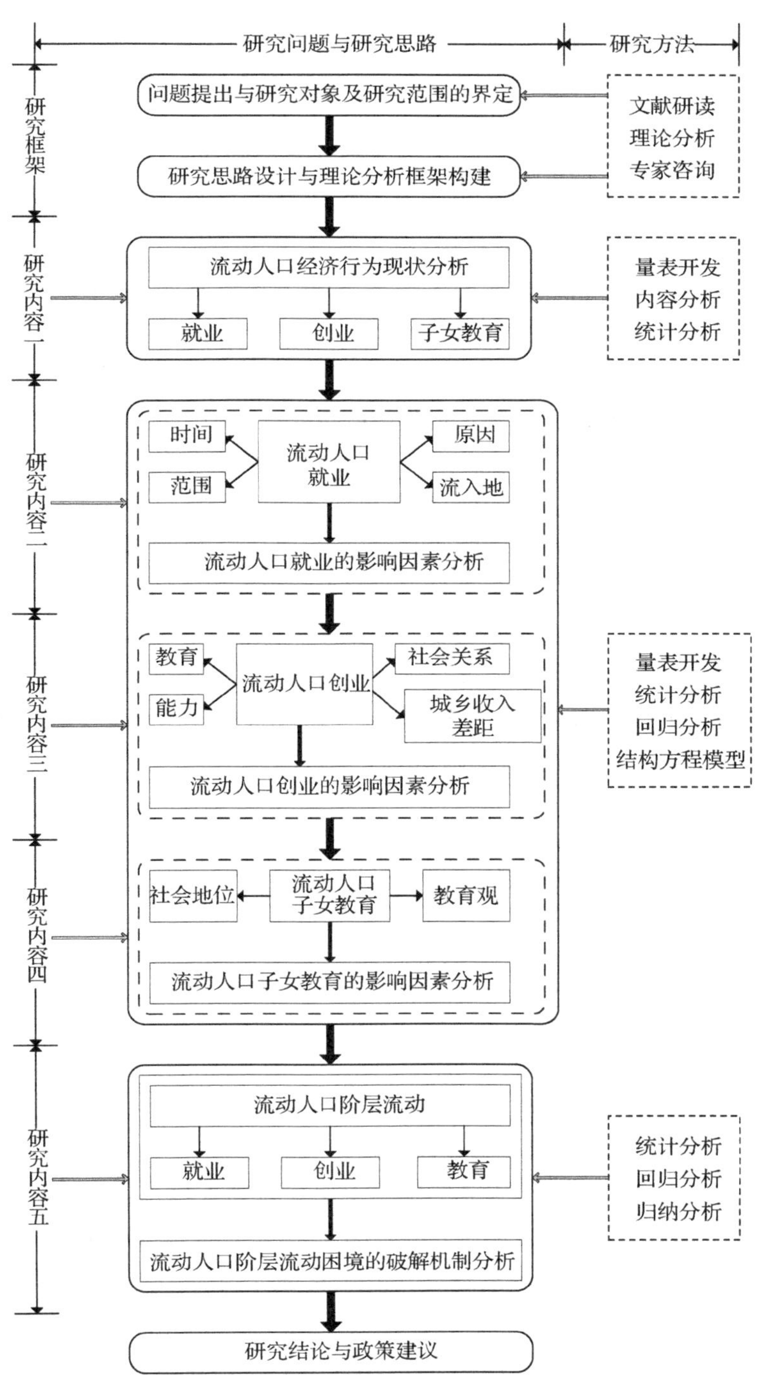

图 1-4-1 本书研究的技术路线

第三，在流动人口就业的影响因素研究部分，选取流动人口的流动时间、流动范围、流入目的地以及流动原因这四个方面作为主要影响因素，分别考察它们对流动人口就业的影响。

第四，在流动人口创业的影响因素研究部分，共分为三步，在逻辑层次上可归纳为两层：第一层研究流动人口创业的影响因素，主要识别学历、能力和社会关系在流动人口创业中所起的作用；第二层，在第一层研究的基础上，进一步结合二元经济的视角，分析社会关系网络、城乡收入差距如何影响农户异地创业。

第五，在流动人口子女教育的影响因素研究部分，共分两步展开：第一步，研究流动人口社会地位对其教育观的影响，具体将社会地位细分为文化地位、职业地位和经济地位三个维度，将教育观分为成长教育观和文化教育观两个维度；第二步，在第一步的基础上，就流动人口子女成长教育话题，构建实证模型验证“流动人口社会地位—教育观—子女教育获得”的作用机制。

第六，在流动人口阶层流动的研究部分，按照从流动人口阶层流动的影响因素到阶层流动现状（困境），再到有针对性地构建破解机制的顺序展开。结合上文，采用数据统计和回归分析的方法，构建具体模型分析就业、创业和子女教育对流动人口阶层流动的影响；通过对实证检验结果以及统计数据的经济学分析，发掘流动人口阶层流动困境的现状及形成原因；结合文献研究，理论梳理和实证分析结论构建流动人口阶层流动困境的破解机制。

第五节　可能的创新与不足

一、可能的创新

与已有研究相比，本书可能的创新点主要包括三个方面：

首先，在研究视角上，以往学者在进行研究时，往往聚焦于研究流动人口的某一种经济行为，缺少从一个宏观的视角上研究流动人口多种经济行为的内在联系以及背后逻辑，本书在以往研究的基础上，从宏观视角试图厘清流动人口经济行为的逻辑，并对其影响因素进行实证研究，相较于以往研究，在研究视角上有所创新。

其次，在研究内容上，本书基于省级层面宏观数据和微观数据，对我国流动人口现状以及流动人口经济行为特征进行概括和总结，构建逻辑框架，分析流动人口经济行为的内在机制，并从实证上找出影响流动人口经济行为的主要因素，相较于以往文献而言，研究内容更全面。

最后，在研究意义上，本书在研究流动人口经济行为的基础上，总结当前我国流动人口所面临的现实困境，并在此基础上试图提出当前流动人口流动困局的破解机制。研究结论不仅可以为理解现阶段我国流动人口经济行为逻辑提供一个新的思路，而且对当前我国政府如何应对流动人口流动问题具有重要启示意义。

二、可能的不足

本书基于现阶段我国流动人口生存现状，对流动人口经济行为的影响因素和内在逻辑进行了全面深入的分析，但可能还存在以下不足：

一是国内关于流动人口经济行为问题的研究还没有形成成熟的框架可供借鉴。本书在已有研究基础上对流动人口经济行为的逻辑框架进行设计，并对流动人口经济行为的影响因素进行实证研究，研究内容虽然较为丰富，但仍然可能会百密一疏，因此本书构建的逻辑框架还存在较大改善空间。

二是限于数据，本书仅对流动人口就业、创业、子女受教育与阶层流动四种经济行为进行了实证，不能面面俱到，这有待我们在今后的研究中继续探索和进一步完善。

第二章　流动人口经济行为研究的逻辑框架设计

本书的逻辑框架将从一个最基本的经济学框架入手，将流动人口的经济行为概括为下述等式：

$$收入=储蓄+投资+消费 \tag{2.1}$$

本书认为流动人口的经济行为，主要可以概括为如何在收入约束下进行储蓄、投资和消费行为最终实现家庭效用最大化的一个完整的循环过程，其中，收入的取得又受到储蓄、投资等行为的内生影响。具体可以概括为：当期流动人口的收入主要来源于上期储蓄和投资收益，并且在当期将积累的收入分别用于当期消费、储蓄和投资。

在本书框架下，我们将对(2.1)式做出如下解释：流动人口家庭的集体决策中，选择流动的主要原因是能够更好地实现对当期生活的优化，以及对未来阶层向上流动的愿景。

根据经济人假设，流动人口家庭的集体决策的过程实际上是实现家庭整体效用最大化的过程，而家庭实现效用最大化的过程实质上是对当期生活的优化以及对未来生活的储备与投资，最终目的是实现家庭阶层的跨越。故本书构建模型(2.1)用以刻画流动人口分配收入的行为，其中，收入主要通过储蓄、投资和消费三个主要途径发挥作用。分期来看，消费行为是流动人口对当期生活的优化，储蓄行为是流动人口对未来生活的铺垫，投资行为获得的收益既作用于流动人口的当期生活，也对流动人口未来生活产生重要影响。

从储蓄来看，虽然通过储蓄可以获得利息，增加流动人口的名义收入，但储蓄利息对收入的影响十分有限，因而对增收的逆向反馈作用较小，本书将其看作外生。从消费来看，流动人口的消费行为主要可以看作是满足日常生活需要，是对当前生活的优化，对流动人口增收和阶层流动作用有限，故本书也将其看作外生。

从投资来看，流动人口的投资行为主要可以包括创业行为和人力资本投资行为。不过不同于储蓄和消费，投资行为具有一定的风险性，投资行为的成功或失败都将对流动人口的财富水平产生直接影响，进而影响流动人口的阶层流动。从创业来看，创业行为对流动人口的作用具有两面性：一方面，创业是流动人口迅速致富的重要渠道；考虑到人力资本的局限性，流动人口在劳动力市场并不具有很大的优势和竞争力，即使异地为其提供了户籍地也并不能够充分提供的就业机会，因此对其增收的作用十分有限，甚至大部分流动人口，尤其是农村流动人口在异地的就业仅能满足其家庭的基本开支，这使得流动人口很难通过就业实现阶层的向上流动。在这一情境下，创业投资成为其实现家庭增收、实现阶层向上流动的重要手段。另一方面，在经济下行的社会大环境下，创业市场竞争激烈，社会资本、人力资本、金融资本等资源的匮乏使得流动人口异地创业的风险增加，在如此情境下，创业行为一旦失败不仅会使得流动人口的收入受损，还会使其丧失大部分财富，产生阶层的向下流动，因为创业需要一定的前期投入。

从人力资本投资来看，人力资本投资可以分为对自己的代际内教育投资以及对子代的代际间教育投资两种。其中，代际内教育投资主要是指流动人口对自己的教育培训，由于选择在异地就业的流动人口大多已经脱离学校教育体系，这里的培训主要是指流动人口的职业技能培训。在转型升级的发展趋势下，企业对技术工人的需求增加，面对供不应求的情况，技术工人价格也水涨船高，对自己进行教育投资一般短期内需要投入一定的教育资金，并且可以在短期内对家庭增收和阶层的向上流动将起到一定的积极作用。代际间教育投资主要是指流动人口对子代的教育投资，这一教育投资的目的往往是希望子代能够通过接受教育提高人力资本，进而实现家庭阶层的向上流动，这一投资过程往往时间较长，对家庭增收和阶层向上流动往往需要较长的回报期，不过根据以往研究可知，学历对于增收和阶层流动的影响效果显著（李春玲，2003），故本书将重点讨论这一机制。

根据上述分析，将(2.1)式进行变形，可得：

$$\text{收入}(t) = \text{储蓄}(t-1) + F\ \text{创业收益}(t) + F\ \text{就业收益}(t)$$
$$= \text{消费}(t) + \text{储蓄}(t) + F\ \text{创业投资}(t) + F\ \text{教育投资}(t) \tag{2.2}$$

根据 CGSS 调查数据显示，由于精力有限，流动人口在异地就业和异地创业中往往只会选择一种形式，故本书还将模型(2.2)按照不同类型的群体进行拓展。其中，对于选择创业的流动人口主体而言：

$$\begin{aligned}\text{收入}(t) &= \text{储蓄}(t-1) + F\ \text{创业收益}(t) \\ &= \text{消费}(t) + \text{储蓄}(t) + F\ \text{创业投资}(t) + F\ \text{教育投资}(t)\end{aligned} \tag{2.3}$$

对于选择就业的流动人口主体而言：

$$\begin{aligned}\text{收入}(t) &= \text{储蓄}(t-1) + F\ \text{就业收益}(t) \\ &= \text{消费}(t) + \text{储蓄}(t) + F\ \text{教育投资}(t)\end{aligned} \tag{2.4}$$

在下文中，本书将依据(2.2)至(2.4)式对流动人口的就业、创业和教育等问题进行详尽分析，并在此基础上讨论流动人口的阶层流动困境问题。本章接下来共分为三个部分：首先，本章将在第一部分梳理流动人口经济行为的相关理论国内外文献，为全书研究建立理论基础；其次，本章将在第二部分就具体研究问题构建本书研究的逻辑框架，使得研究在符合论证逻辑的基础上有序展开；最后，本章在第三部分将从经济学视角对流动人口经济行为进行经济学解读，以了解流动人口的经济行为。

第一节　流动人口经济行为的内涵和外延

根据《流动人口计划生育工作条例》，流动人口是指离开户籍所在地的县、市或者市辖区，以工作、生活为目的异地居住的成年育龄人员。流动人口的概念是基于中国独特的户籍制度而产生的。从分类上看，流动人口可以分为流入人口和流出人口，流入人口是指来到该地区的非户籍人口，流出人口是指离开该地区到其他地方居住的户籍人口。流动人口根据流动性可以分为常住流动人口和短期流动人口，常住流动人口一般指在该地区居住较长的一段时间(如五年)，短期流动人口则在该地区居住时间较短。

在人口学中，英国统计学家 Ravenstein 最早对人口流动和迁移现象进行研究，他在 19 世纪初发表的 *The laws of migration* 这篇论文中提出了人口流动的七条法则，其中指出有利的经济因素是吸引移民最重要的因素。巴格内的“推拉理论”进一步丰富了这一领域的研究，他认为人口流动与迁移的目的是改善生活条件和寻求更好的经济来源，流入地的那些有利于改善生活条件的因素就成为拉力，而流出地不利的生活条件就是推力，人口流动就由这两股力量前拉后推决定。李(E. S. Lee)在推拉理论的基础上引入了迁移人口自身因素以及介入障碍因素，进一步完善了推拉理论。“推拉理论”认为，决定人口流动的因素是迁出地的“推力”和迁入地的“拉力”。推力因素包括失业、就业不足、耕地不足、较差的基础设施和居住环境、社会经济及政治关系的紧张和自然灾害(如水涝、干旱)等;拉力因素包括迁移目的地更好的就业机会,更好的发展前途、更高的工资收入、更好的生活设施、更好的教育和卫生设施、较好的居住环境等。

经济行为是行为主体为实现一定经济目的所实施的行为,具体指作为生产、分配、消费的主体在经济活动中的经常性决策倾向和对社会环境、经济条件变化的有目的反应。本书主要以流动人口为研究对象,研究其在流动过程中的个人经济行为。经济行为是一个极其宽泛的概念,即便限定在流动人口层面,它的内涵依旧包罗万象,难以一言蔽之。从人口流动属性上看,流动人口经济行为既包含非流动人口共有的经济行为,如就业、日常消费和投资理财等,又包含其特有成分,如租房、买房和返乡创业等。按照经济学理论似乎有希望将流动人口经济行为这一复杂概念轻松地划分为消费、储蓄和投资等有限的几个方面。然而,事实并非如此,仅就消费行为来看,流动目的、流出地以及学历等因素的差异均会衍生出不同的流动人口消费行为。公务型流动人口的消费可能追求品质至上,而务工就业型流动人口普遍以生存消费为主。更特别的,流动人口中财力雄厚者会购买古玩字画、珠宝藏品、高档别墅等既能自用又可保值的消费品。在这种情况下,消费和投资的界限并不明确。对于流动人口经济行为,我们很难做出精确的划分,更遑论将其阐述得面面俱到。

回到经济行为的最初定义,本研究试图紧扣经济目的这一关键词,限定流动人口经济行为目的为阶层流动。按此经济目的抽丝剥茧,我们筛选出关键的流动人口经济行为:就业、创业和子女教育投资,并大体确定研究的逻辑路线。社会分层理论强调经济、政治与文化在社会分层过程中的重要作用。从可见性和便于量化的角度来看,陆学艺(2002)指出,职业身份应该是当代社会最基本的社会性区分指标。从事不同职业的人拥有不同的收入、声望、权力和受教育程度等,而这些因素与社会分层密切相关。因此,本研究按职业身份锁定了流动人口经济行为中的就业和创业行为。流动人口职业身份的变化更多体现了阶层的代内流动情况。目前,社会阶层两极分化现象日趋明显,阶层固化日益加剧。成功冲破阶层壁垒,实现向上流动通常需要经过几代人的努力,这体现了研究流动人口代际流动经济行为的重要性。文化与经济、政治共同作为影响阶层流动的关键因素,已得到了社会大众的普遍重视。掌握丰富的文化资源,有助于个人职业地位获取,甚至打开政治生涯通道。出于这一考虑,本书将流动人口子女教育投资行为同时纳入流动人口经济行为研究框架。

在本章中,我们主要从流动人口就业、创业和子女教育投资行为的微观层面和流动人口群体阶层流动的宏观层面这两个方面来对流动人口经济行为的以往研究进行述评。在微观方面，我们主要从流动人口就业、创业、子女受教育情况三个方面对以往文献进行整理评述；在宏观方面，我们从流动人口阶层流动的角度，对以往文献进行回顾，总结并发现以往研究的不足之处，进而构成本书研究的出发点。

第二节　流动人口经济行为的理论基础

本书针对流动人口经济行为的研究分为两步，先分析流动人口就业、创业和教育的经济行为，后研究其经济行为的最终结果，即阶层流动情况。为达到研究目标，本部分梳理了有关就业、创业、教育和社会分层的相关理论，以期为后文提供理论基础。

一、就业理论

就业是流动人口进入流入地后重要的经济行为，而就业问题也一直是社会各界广泛关注的焦点之一。西方经济学家和马克思主义经济学家对就业问题具有不同的看法，我国的经济学家则在结合具体国情的基础上，提出了自己的观点。根据本项研究的关注点，我们聚焦于微观层面就业理论的梳理，并不过多论述宏观层面就业总量的理论。由于中西方就业环境与具体国情不尽相同，由此衍生出的就业理论也各有特点，下文分别论述。

（一）西方就业理论

西方就业理论中偏微观视角的就业理论主要有新凯恩斯主义的工作搜寻理论、歧视行为假说和发展经济学的分割理论，这些理论主要关注劳动力市场信息不完全、工会垄断、劳动力雇佣的交易成本等问题。

新凯恩斯主义在隐含合同、搜寻—匹配和效率工资方面对传统的凯恩斯主义假设做了修改，从而成为现代西方就业理论的主流。该理论的核心为工资黏性，工资无法随需求变动而迅速调整。当有效需求不足时，社会无法通过降低工资的方式雇佣更多的劳动力来减少失业。因此，与传统的凯恩斯主义相比，新凯恩斯主义同样主张政府适中的干预力度，但在政府干预的侧重点方面，新凯恩斯主义更提倡供给方面的政策干预。例如，参与工资合同以使工资更具弹性，降低劳动力市场门槛促进就业，提供就业信息降低工作搜寻成本等。

信息不完全的市场环境严重阻碍了劳动力供求双方形成个体理性和利益相容的交易模式，Mortensen 等(1994)针对这一问题提出了搜寻匹配模型。基于该模型的就业理论很快成为均衡失业的标准理论，众多经济学家在此基础上不断丰富拓展，使得工作搜寻理论得到极大发展。现有的工作搜寻理论可以分为两类，一类以劳动力市场动态属性和信息流动不完全性为基础解释摩擦性失业。其基本思想是，劳动力供求双方为完成匹配，不得不为市场摩擦付出搜寻、雇佣、培训等成本，这些成本决定了均衡失业水平。此类研究一方面集中于对匹配函数作理论探讨，讨论微观基础及其在宏观经济中的作用，并以经验数据估计匹配函数的具体形式和参数值；另一方面集中于探讨工资的决定机制，对集体谈判、双层工资、内部人一外部人、效率工资等进行了拓展研究。另一类模型在劳动力市场非合作博弈的假设前提下，致力于解释与劳动者工资收入脱离其可观测的技能水平的现象。较为典型的有 Postel-Vinay 等(2002)的工资公告模型，该模型认为劳动者异质性、生产率异质性和市场摩擦均会引起劳动力工资差异。运用该模型的实证研究表明，市场摩擦显著影响工资分散程度，在高技能劳动者群体中，技能差异能够很好地解释劳动者工资差异，但在低技能劳动者群体中，技能差异对工资差异没有解释力。上述两类模型各有侧重，学者们试图综合两类模型以期全面解释劳动力市场就业情况。

发展经济学的就业理论主要关注发展中国家和经济发展不同阶段的就业问题，其中的劳动力分割理论较为著名。该理论将劳动力市场划分为内部和外部两个市场，内部市场的工作环境和工作条件较好，工资较高且大多受最低工资法、工会等制度因素的保护；外部市场工作环境和工作条件较差，工资较低且由劳动力市场供求自发决定。劳动者清楚地了解两个市场的差别，但他们无法在两个劳动力市场随意流转。内部市场的劳动者在失业后宁愿等待新的就业机会，也不愿将就到外部市场寻找工作，从而形成自愿失业；外部市场的劳动者在失业后，由于缺乏必要技能而无法进入内部市场就业，从而形成非自愿失业。劳动市场分割可由种族、性别、教育背景、产业差异及地理限制造成，而经济学家更关注内部劳动市场与外部劳动市场的结构差别与工资差异的决定机理。现今劳动力市场分割理论又发展为许多分支，如专用性人力资本理论、隐含合同理论、筛选模型、劳资谈判模型等，但都显示内部劳动力市场具有稳定的雇佣关系和工资刚性，外部人进入十分困难，因此劳动市场并非完全竞争，工资杠杆调节失效会影响劳动市场出清。

（二）中国就业理论

改革开放后，市场经济迸发出无限活力，一方面，工业化引发的城乡收入差距激励着大批农村劳动力转移；另一方面，市场化改革背景下，部分国企工人下岗。我国的就业问题日益受到经济学家的关注，理论研究也围绕相关问题从不同角度展开，具体可分为四个类别。

第一类是从劳动力市场的角度出发，如胡瑞梁(1987)等论证了社会主义市场经济下劳动力也是商品，也存在失业；徐林清(2004)、郭继强(2005)、乔明睿等(2009)等对劳动力市场的供给、需求及市场结构进行了研究，对发展经济学的劳动力市场分割理论在中国的适用性进行了检验和补充；韩占兵(2016)从劳动力主体行为特点、供给状况等的变化来研究我国就业问题。第二类强调制度对就业的影响，对我国新旧就业制度的背景、条件、结果进行比较，提出以新的就业制度解决就业。如龚玉泉等(2002)从企业在利润最大化约束下以劳动力边际产值等于工资成本时的劳动力使用量出发，认为我国经济增长方式的转变导致企业有效劳动的实际增加对就业弹性变化有一定作用。莫荣(2007)强调就业促进立法是建立就业长效机制的必然选择，主张以完善统筹城乡就业的相关制度促进城乡劳动者向充分就业目标推进。冯煜(2001)认为国企改革和就业体制转变对就业弹性影响大，20 世纪 90 年代就业弹性系数下降主要由体制性失业导致。第三类从人口学角度，即劳动力的健康、教育、性别、劳动参与率等方面差异对我国就业的影响做出分析。蔡昉(2008)认为，根据人口结构判断，我国已面临“刘易斯拐点”，劳动力由无限供给开始转向短缺，此时正是提高劳动者工资、保障劳动者权益的好时机，宏观经济不景气下的失业问题会随着经济的恢复得以解决，并不意味着劳动力过剩。第四类观点从劳动力属性出发，将马克思主义就业理论中国化。例如，朱殊洋(2009)以马克思理论为基础，以就业增长率作为状态变量建立了一个马克思就业模型，进而分析了在各种参数下就业增长率的稳定性问题，特别是分析了就业参数对就业增长率的影响，给出就业增长的路径。郭宝宏(2011)遵循马克思主义就业理论，认为将就业问题与消除贫富两极分化、促进社会成员全面发展等社会工程结合起来统筹考虑是克服我国就业难题的长远方略。他针对目前我国已经存在并且还在继续扩大的先行富裕起来的群体，提出建立无工资报酬的自愿就业和轮换就业两种新型就业体制。实施这些体制，不仅体现马克思主义就业理论的精神实质，而且代表着中国特色社会主义社会的发展方向。

纵观国内外就业理论，尤其是微观层面的就业理论，可以发现西方就业理论更注重分析市场力量在劳动力就业关系中发挥的作用，我国的就业理论多讨论制度因素对就业的影响。然而，这并不意味着单独讨论市场或是政策影响就足以透彻了解各国就业情况并解决就业问题。无论是西方还是我国的就业问题，都离不开市场机制和政府调控的共同作用。流动人口遭遇就业问题既有制度根源（如户籍制度的二元性），也有流动人口自身的原因（如人力资本的差异）。

二、创业理论

创业大多以从事非农生产、形成农业产业化经营或以开发性农业生产为主，经济效益显著高于传统农业生产。对于以农户为主力军的流动人口而言，创业无疑是聚集经济财富，实现阶层跨越的渠道。因而，梳理创业理论有助于本书界定流动人口创业行为，探究经济行为逻辑并分析阶层流动动因。查阅相关文献可以发现，创业理论的研究成果较为丰富，研究视角极其广泛，包含经济学、心理学、社会学、金融学、法学等方面，单按流派划分也有八类之多。根据主流观点对创业者个体特征重视程度的不同可以将各流派分为两类，即以创业者为主体的偏主观主义的流派和偏客观主义的流派。下文按照这一分类准则依次梳理各类创业理论的观点。

（一）主观主义流派

主观主义流派以创业者的个体特征，如判断能力、毅力、想象力和智慧等为切入点研究创业活动和创业行为。这些流派主要包括风险学派、领导学派、认知学派和创新学派。

风险学派由法国经济学家 Cantillon（1997）首先提出，他将创业者一词引入经济学领域并将其定义为买卖价差的攫取者，需要承担固定价格买入和不确定性价格卖出的风险。黄群慧（2000）进一步补充，创业者不仅需要有风险承担能力，而且需要有洞悉市场的能力，正确地把握市场则能够获利，反之则要承担损失。奈特（1921）赋予创业者不确定性决策者的角色，他认为创业者是对自己的判断有信心且愿意为之承担风险，进而指挥他人共同实现目标的人。因此，创业者需要具有领导能力以指导实际经济活动，同时向那些提供特定生产服务的工作者保证固定收入。由此可见，风险学派虽强调创业者的风险承担属性，但同样承认领导能力的重要性，它与领导学派并不完全割裂。领导学派与风险学派的不同之处在于它更重视创业者的领导职能。根据法国经济学家 Jean 的观点，创业是将各类生产要素组合的过程，创业者是这一过程的协调者和领导者（林强等,2001)。非凡的管理艺术和广博的知识是成功创业者的必备要素。创业者将租金、工资、利息和自己的收益重新组合并表现于产品价值中,他既要对经济生产和消费趋势了如指掌,也要识人用人以成功达成经济目的。

认知学派和创新学派同样是两个既有联系又有区别的创业理论学派。认知学派主要从创业者的认知角度研究创业活动和创业行为,也强调创业者的想象力等主观因素。正如 Casson(1982)对创业者的定义,他认为创业者善于做出明智决策以协调利用稀缺资源,而做出明智决策的过程体现了非凡的想象力。值得注意的是,认知学派更重视创业者认知能力的作用。Kirzner(1973)结合心理学知识引入"敏感"一词来描述创业者对市场获利机会的认知能力,其后心理学领域的相关学者纷纷从心理特性的角度解读创业活动,发展和壮大了创业理论的认知学派。创新学派以熊彼特(1934)为首,将创业者视为创新者,认为创业是实现创新的过程,创新是创业的本质和手段。为了将创业者与发明者区分开来,熊彼特(1942)指出创业是发现新的原材料、使用新的方法、技术或生产工艺或形成新的服务与产品并投入市场实现价值,最终目标是实现市场价值,而非发明某种东西。

(二) 客观主义流派

客观主义流派主张从外部世界研究创业行为和创业活动,他们不认为创业是个性或个人背景的产物,反对从主观主义角度研究创业。这些流派主要有社会学派、管理学派、战略学派和机会学派。

社会学派致力于研究社会环境和社会网络对创业活动的影响,大到各跨国企业的合作竞争关系,小至个人开办企业的案例。例如,Saxenian(1994)以硅谷为例,研究该地区各专业企业如何相互学习探索并共同更新相关技术。该地区的社会网络和人才市场形成了开拓创新、锐意进取的创业精神,而这种精神带动硅谷逐渐发展成为科技发达、人才云集的繁荣之地。Woodward(1988)以个人创业者为研究对象,研究发现社会关系网络对个体创业具有显著正向影响。社会关系网络不仅会提高个体实施创业的概率,而且好的关系网络有助于企业成长。成功的创业者普遍愿意花费大量时间构建社会关系网络,以便在创业过程中获取充足、及时的助力。

管理学派和战略学派严格说来均属于管理学范畴,不同之处在于管理学派认为创业是日常管理工作的一部分,而战略学派以战略管理视角研究创业活动的实现过程。具体而言,管理学派的代表人物德鲁克(1985)认为创业是可以并需要组织的系统工作。创业不是天赋或灵光闪现,而是需要在干中学。任何敢于面对决策的人都可以通过学习进行创业。创业需要有想象力和创新，但成功的发明家并不等同于成功的创业者。发明家如果不善于管理就不能使发明成果产业化，不能成为创业者。战略学派的代表人物 Bhide(1994)认为创业是一种战略管理过程，应当以战略目标为线索研究创业问题：首先，澄清创业目标；然后，评估目标实现方案；最后，评估自身实施方案的能力。Michael 等(2001)也认为创造企业财富是创业和战略管理的共同核心问题。Zahra 等(2001)进一步认为不应该严格区分创业和战略管理研究。

机会学派强调"有利可图的机会"和"有利可图的个人"，因此，它并不是单纯的客观主义，而是在客观与主观相结合的基础上发展了创业理论。Shane 等(2000)提出，"机会"与"个人"对创业均有影响且各不相同，不同人识别的创业机会具有不同的质量，不同质量的创业机会会影响创业成功率。创业问题的研究应该从三个方面展开：首先，为什么会存在创业机会，何时存在，如何存在；其次，为什么有人能够发现这些机会，什么时候发现，如何利用；最后，为什么会采用不同的行动模式利用创业机会，什么时候采用，如何采用。Singh(2001)据此认为，对于创业机会的识别和利用是机会学派研究的核心问题。

我们完整梳理了创业理论各类主流学派的观点，这些学派对创业问题的研究有着不同的前提假设和结论，为本书对流动人口创业问题的研究提供了多角度的思路。总结和评析这些观点有如下四点发现：① 创业的本质在于创新，创业者的功能应是实现生产要素的新组合。这种新组合内涵广泛，包括产品创新、服务创新、生产创新、市场端创新、供应端创新，甚至是企业的组织或制度创新等。② 创业离不开企业管理，需要良好的管理者思维。创业也是一种管理思想，它强调把握市场机会，准确定位产品，有效调用资源和恰当处理竞争合作关系等。③ 创业者需要承担较高风险，不管是否投入物质资本。创业者是企业中从事高智力活动的典型人力资本所有者，因此，即使创业者不承担物质资本风险，也要承担人力资本的风险。④ 成功的创业者能够通过后天努力弥补天赋差异。在承担较高风险的基础上准确把握市场机会，对创业者而言不仅是考验认知能力，更是考验心理素质。心理素质这类天赋能够通过后天训练得到不断改善，从而提高创业成功率。

三、教育理论

教育与社会之间存在着极为复杂的关系，一方面，社会的政治、经济、文化、科技等因素推动着教育的不断完善和发展；另一方面，教育不仅通过文化和科技直接作用于社会，还通过培养人才间接作用于社会。从古至今，中外发展史上出现了各种各样有关教育的理论观点，其中，具有影响力的教育理论有五个，分别是教育独立论、教育万能论、人力资本理论、筛选假设理论和劳动力市场理论。

（一）教育独立论

教育独立论的代表人物有蔡元培，他于1922年在《新教育》杂志发表《教育独立议》指出，“教育是帮助被教育的人，给他能发展自己的能力，完成他的人格，于人类文化尽一份责任。而不是把被教育的人，造成一种特别器具，给抱有他这种目的的人去应用的。所以，教育事业应当完全交给教育家，保持独立的资格，毫不受各派政党和各派教会的影响。”他主张教育事业应完全交付于教育家去发展，不应受制于任何政党组织，也不应受各派宗教的影响。教育独立论包括五个方面的要求：第一，经费独立，要求政府专门分配出财政资金用作教育支出且不能移作他用。第二，行政独立，教育事业的管理人员以及机构应独立于政府部门，由懂得教育的人担任和组建，达到不因政局变动而变动的效果。第三，思想独立，不依从某种信仰和观念。第四，内容独立，具有编辑、出版和选取并采用教科书的自由。第五，以传教为主的人不能参与教育事业。在实施方面，教育独立论认为应在全国划分出若干大学区，区内以中心大学为教育行政管理中心，管理学校及教育事宜，政府部门无权干涉。各学校内不设神科，不许传教士参与教育事业，由教授为成员组成教育委员会主持学校工作。

（二）教育万能论

教育万能论是将教育的作用无限夸大，将教育视为社会决定性因素并否定人的发展过程中遗传质素差异影响的教育理论。法国唯物主义思想家Helvetius是“教育万能论”的主要倡导者（杜友，2005），他反对天赋观念，认为人的精神活动和认识活动是基于对外界事物的感知，不存在先天观念的差异。人与人的个体差异，包括性格、气质、精神和才智都是不同教育的结果，人受了什么样的教育就会变成什么样的人。人是环境和教育的产物，要想改变人就要改造环境，而人的偏见统治着世界，要想改造环境，就必须改造人的偏见。由此形成教育万能论的核心，即通过教育改造世界。

（三）人力资本理论

人力资本理论是西方经济学中有关人力资本形成、作用和收益的理论。人力资本作为其核心概念是指，人所拥有的知识、技能以及与之类似的影响生产效率的各项能力。美国经济学家 Schultz 是人力资本理论的奠基人(任桂芳，2005)，他在《高等教育的经济价值》中指出人们需要有益的知识和技能，这些知识和技能与物资设备、建筑物和物资库存等同属资本范畴，并且人力资本投资的重要性不亚于物质资本。人力资本理论的倡导者非常重视教育投资的作用，认为教育投资不仅是一种消费，也是一种投资，教育能够提高劳动生产率，促进生产的经济效益。在各种人力投资形式中，教育投资是最有价值的。对个人而言，接受教育可以增加知识和学习技能，提高个人收入回报。对社会而言，教育为社会发展培养了人才，能够提高生产力，促进社会经济的发展。

（四）筛选假设理论

筛选假设理论是 20 世纪 70 年代美国经济学家提出的一种视教育为筛选装置，帮助雇主识别不同能力求职者，并将他们安排到不同职业岗位上的理论，其主要代表人物是 Spence(纪春梅等，2006)。筛选假设理论认为，教育是一种反映个人能力的工具，它提示了内含于人的未来生产特征，表明一个人固有的生产力，从而为雇主识别、筛选不同能力的求职者提供依据，起到筛选作用。按照筛选假设理论，人具有两个方面的属性，分别是标志和信号。标志是指人与生俱来，不可改变的属性，例如性别、种族和家庭背景等。信号是指人后天生成，能够改变的属性，例如性格、教育程度和个人经历等。筛选假设理论把教育过程看成是根据个人能力排序的过程，把教育水平看成是反映个人能力或未来生产率高低的有效信号。由此可知，在求职与招聘过程中，教育制度起着信号传递过滤器的作用，求职者以受教育水平表明个人能力，雇主根据受教育水平鉴定求职者个人能力。

（五）劳动力市场理论

劳动力市场理论的代表人物有 Doeringer、Piore、Reich 和 Gordon 等(赖德胜，1996)。这一理论认为人力资本理论有关教育与工资分析的假设前提有误，单纯认为教育水平与工资成正比的论断是不够全面的，它没有考虑劳动力市场的内部结构和机制。劳动力市场有两个组成部分，即主要劳动力市场和次要劳动力市场。不同背景的人将进入不同的劳动力市场并享受不同的待遇。因此，教育提高个人生产力，而个人生产力对应更高的个人收入这一论断并不严谨。一个人工资收入的高低主要取决于他进入了哪个劳动力市场，是主要劳动力市场还是次要劳动力市场。具体进入哪个劳动力市场又与个人的性别、年龄、种族和受教育程度等因素显著相关。

总结上述五个教育理论，可以发现教育是对人的精神活动、认识活动和个人能力的培养活动，因而不独立的教育会服从于相关利益群体的意志，从而失掉教育应有的作用。例如，由上流阶层掌握的教育资源会起到阶层巩固作用，阻碍正常的阶层流动并引发严重的社会问题。教育作为一种投资在个人和社会发展过程中发挥着举足轻重的作用，但盲目夸大教育的功能是不理智的。对于个人而言，教育能够提高个人学习技能，塑造高雅的人生追求并助力自我实现；对于社会而言，教育能够提高生产力，促进经济发展并营造和谐社会。然而，教育无法改变人生而具有的个体特征差异，包括性别、种族、天赋和家庭背景等。上述因素与教育水平共同影响个人的职业和收入，所以，教育有助于提升个人职位，但其作用不是绝对的。

四、社会分层理论

社会学所研究的人自出生以来就生活在一定的社会环境中，受到社会的照顾和制度规范的约束。任何一个有文字记载的社会都存在等级阶层的分化，换言之，社会不平等普遍存在。人与人，集团与集团之间像地质构造一般存在层级划分，具有高低有序的若干等级。流动人口经济行为的最终目标和结果是实现阶层流动，因而我们有必要了解社会分层的相关理论。由于各学者所处的社会环境、社会地位以及认识问题，分析问题的角度、方法和观点的差别，造成他们对社会分层的不同理解，并形成了不同的社会分层理论。考虑到中国发展的历史与社会制度的特殊性，下文在介绍各类主流社会分层理论时，将对国内和国外理论加以区分。

（一）西方社会分层理论

西方社会分层理论主要分为两大派别，分别是以韦伯（1978）为代表的社会分层理论和以马克思为首的社会分层理论，前者强调经济标准、社会标准和政治标准三位一体的分层体系，而后者强调阶级在社会分层中的作用，下文依次展开对二者的论述。

韦伯以经济标准、社会标准和政治标准为依据进行社会分层。其中，经济标准指个人用经济收入在市场中交换商品和劳务满足个人需求的能力，包含教育投资；社会标准指外界和自我对个人荣誉和声望的评价，主要由家族身份、生活方式以及教育水平等因素决定。按照社会标准能够分出不同的身份群体，通常在同一身份群体中的成员具有相同或相似的身份、生活方式以及教育水平。政治标准指运用资源的能力，这种能力的侧重点不在于资源配置技巧，而在于权威和权力，即为实现个人目的而反对对手的实力，或者是在遭遇对手反对时，依然能够实现个人意志的能力。三个指标联系紧密，相互影响，但不能相互取代。社会标准中的身份、地位根源于经济，但不依赖于经济。社会地位一经确立就有了荣誉和身份，在经济基础流失的情况下，荣誉和身份可以依然保持。权力并非来源于生产资料所有权，而是源自科层组织中的地位。权力虽不直接拥有资源，但可以运用资源获取经济地位。因此，经济不是社会分层的唯一标准，权力和地位都可以成为分层标准。这种三位一体的分层理论构建了一个系统且明确的分层标准，为后来的学者不断丰富和扩展。

1930 年，美国社会学家沃纳根据韦伯的分层理论发展出“韦伯—沃纳分层法”，对社会学界产生极大影响，并成为美国的一种比较固定的分层模式(官欣荣，1993)。这一分层模式的基础是财产、地位和声望等，具体以职业、收入、收入来源、文化程度、生活方式、宗教信仰、政治态度和价值观念为依据，将人们划分出六个等级，分别是上上层、下上层、上中层、下中层、上下层和下下层。上上层主要是老财阀，他们拥有大量的物质财富和上流社会的生活方式。上下层是新财阀，他们属于暴发户，在短时间内拥有大量财产并跻身上流社会，却没有学会上流社会的生活方式。中上层是高级白领，如教授、医生、律师、商人和经理，他们拥有丰厚的收入条件和优美的生活居住环境。中下层是普通白领，如秘书、助理等，他们的收入和生活条件略逊色于中上层。下上层是蓝领阶层，如工厂中的技术工人、农业技术工人，他们的收入状况尚可，但从事着体力劳动。下下层是一些从事没有技术要求工作的体力劳动者，或者领取救济金的人。

结构功能学派的社会分层理论是另一种深受韦伯思想影响，并在美国具有很大影响力的社会分层理论。该学派的代表人物 Parsons 和他的学生 Davis、Moore。Parsons(1937)提出了道德、财富、家庭出身、职业等的社会分层依据，强调职业在美国社会中的重要性，因为财富和声望多与职业挂钩。由此，Parsons 为结构功能学派的社会分层理论奠定了基础。Davis 等(1945)进一步总结并发展出戴维斯—摩尔理论，该理论主要内容是：① 每个社会都存在社会地位的层级结构；② 社会层级的出现是必要且积极的；③ 不同地位所给予的不同报酬激励着人们努力工作。因此，该理论认为社会的正常发展必须要把人们按照一定标准分配到不同的社会地位上，然后采用不同的报酬额度和方式激励人们完成各自的工作，从而实现不同的社会功能。尽管后期冲突学派和进化学派对这一理论提出了诸多质疑，并发表了各自的观点，但均未超出韦伯的多元化社会分层理论。

马克思主义分析社会结构的理论和方法与以韦伯为首的西方社会分层理论有着本质区别,它更强调阶级的存在,认为阶级分层是阶级社会分层的本质特征。阶级的不平等是阶级社会的根本不平等,社会分层受社会阶级的制约。归纳马克思对于社会分层的重要观点,共有两点:其一,阶级分析方法可以用于社会分层研究。不同职业的人们可以根据收入的不同被分入不同的阶层,同样,他们也可以按照劳动性质的不同被分成生产性劳动者和非生产性劳动者,也可以按照道德观念的不同被分成其他的层级。其二,社会分层是阶级分析和其他分层方法,诸如职业分层、收入分层、文化分层等具体分层的综合。这是因为社会不平等的形式是多种多样的,以不同的标准,从不同的角度都可以把人们分成不同的社会阶层。但是,以阶级分层替代社会分层是片面的,而以具体分层替代阶级分层也是不可取的。阶级分层是具体分层的本质,具体分层是阶级分层的深化和具体化。

(二)当代中国社会分层理论

随着改革开放进程的推进,我国社会结构发生了深刻的变化,新的社会阶层不断涌现,老的社会阶层内部分化明显。国内学者根据我国社会阶级和阶层变化的实际情况提出了不同的理论,并借助这些理论对我国的社会阶级和阶层进行分析。有的学者采用收入为标准划分社会阶层,有的学者采用职业或社会声望划分社会阶层。他们或引用韦伯三位一体的社会分层理论,或主张马克思的阶级分析方法。其中,陆学艺(2002)主编的《当代中国社会阶层研究报告》比较全面地描述了中国社会的分层局面,具有较强的解释力。因此,下文将具体梳理这一理论。

陆学艺认为中国的社会结构在改革开放前后发生了巨大的变化,不能一概而论。改革开放前,我国的社会阶层是“刚性”的,奉行严格的户籍制度,形成城市和农村分割的局面。户籍制度是最基本的社会分层,将人们分出城市户口和农村户口。在制度体系上,我国强调身份制、单位制和行政制,与之相对应的是形成干部、工人和农民三个社会阶层。这三个社会阶层界限分明,有着不同的收入、声望和权力。社会上缺乏流动性的“边缘阶层”,要实现阶层间的跨越相当困难。

改革开放后,社会结构发生了深刻的变化,这种变化的动力来源于工业化和城市化。工业化带来了两个方面的改变:其一是劳动分工的细化和专业化,其二是科层组织的扩大和发展。劳动分工细化与专业化后,出现了技术员工和普通员工的差别。普通员工中体力劳动者居多,他们的工作技术含量低,因而容易被取代。技术员工一般具有更高的学历或取得了各类专业技术资格，其晋升空间更大。他们以技术专长走上更高的岗位，经济地位和社会声望随之提高，并逐渐与普通员工产生分化。科层组织的出现与发展使得组织规模不断膨胀，所有权与管理权发生分离。在现代化的社会中，掌握大多数资源的是组织机构，而非个体。拥有了组织机构中的管理者地位，就可以对组织的物质资本和人力资源产生控制力和影响力。因此，管理者和非管理者在社会地位方面产生分化，管理者的优势地位在我国经济发展与国际接轨的过程中日益强化。市场化同样带来了两个方面的转变，其一是私有产权的出现，其二是国有部门之外新生出非国有部门。随着私有产权的出现，社会上出现了“雇员—雇主”的新的社会关系。雇员受雇于雇主，而雇主掌握生产资料所有权。雇主凭借私有产权和雇佣关系进行再生产，使得私人资本不断积累，并逐渐拉开与雇员的差距。国有部门与非国有部门共存是中国社会结构的一个重要特征，体现了制度上的分割。这种制度分割对社会结构产生着重要的影响，制度内和制度外的社会分层机制截然不同。在国有部门，行政权威是分化的根本机制，而在非国有部门生产资料的所有权起主要作用。在国有制为主，多种所有制共同发展的基本经济制度指导下，我国大量的和最重要的资源仍然归国有部门所有。因此，体制内还是体制外，体制内的核心还是体制内的边缘，对于资源分配权力的大小和社会阶层的划分有着深刻的影响。一般而言，越接近体制内的核心就越处于优势地位。综上，陆学艺将改革开放后的社会分层机制归纳为劳动分工、权威等级、生产关系和制度分割。

在当代社会中，职业身份是最基本的社会性区分。从事不同职业的人拥有不同的收入、声望、权力和受教育程度等，而这些因素与社会分层密切相关。考虑到职业数据获取的便捷性，以职业为基础划分社会阶层具有一定可行度。此外，陆学艺从四个社会分层机制中，观察到组织资源、经济资源和文化资源的重要性，由此提出了以职业为基础，以组织资源、经济资源和文化资源为依据的社会分层理论。其中，组织资源是指依靠国家政权和执政党系统而拥有的支配社会资源的能力；经济资源是指资产的所有权、生产权和经营权；文化资源是指学历或专业技术资格的证明。根据这一理论来确定人们的社会地位，可以划分出十个社会阶层，由高到低依次是：国家与社会管理者阶层、经理人员阶层、私营企业主阶层、专业技术人员阶层、办事人员阶层、个体工商户阶层、商业服务业员工阶层、产业工人阶层、农业劳动者阶层和城乡无业、失业、半失业者阶层。

比较分析国内外社会阶层理论给我们的启示是：经济、政治与文化对社会分层具有重要作用。首先，我国的国情和社会主义制度决定了应当大力推进社会公平正义建设，清除在社会分层方面的歧视性、不公正制度设计，消除社会不稳定因素；其次，构建良好的专业技术人员的社会分层体系，使社会分层公正，又能够促进社会生产力发展；最后，知识精英可以使一个国家有尊严地屹立于世界之林，也是国家创新和活力的源泉，应当继续发展教育事业，尽最大的努力实现教育公平。

第三节　流动人口经济行为的文献述评

根据本章第一节对流动人口经济行为的定义，本书主要从流动人口就业、创业、子女教育等经济行为方面对以往文献研究进行综述，并总结了以往研究的不足之处，为随后的研究奠定基础。

一、流动人口就业的文献综述

通过对以往文献的归纳和总结，现有关于流动人口就业的研究主要集中在影响因素研究方面，且可以大致分为人口学因素、资本性因素、环境因素三大类。

（一）人口学因素

在人口学因素方面，现有研究认为影响流动人口就业的人口学因素主要包括性别（Carr，2009；朱宇等，2014；周春芳等，2019；张幸福等，2019）、年龄（宁光杰，2012；Kidd，1993）、婚姻状况（George 等，1986）等。

从性别来看，现有关于性别影响就业的研究大多集中于就业过程中的性别歧视现象，认为人口就业具有一定的性别异质性。朱宇等（2014）运用 2013 年福建省调查数据，从性别差异的角度出发，实证研究流动人口的职业流动对于收入水平的影响，重点关注职业流动对不同性别收入水平影响的差异，最终发现了由于男性与女性在生理、心理等方面存在的差异以及市场中的性别歧视现象，虽然职业流动提升了流动人口的收入水平，但职业流动对女性流动人口收入的促进作用明显大于男性流动人口。周春芳等（2019）基于 2009 年与 2013 年中国家庭收入项目调查数据，采用 RIF 无条件分位数回归的 FFL 分解法，实证研究职业流动对农民工就业质量提升促进效应的性别差异，结果发现，职业流动对于农民工就业质量提升的促进效应在男性中比在女性中更为显著，进而扩大了就业质量的性别差异，且这种促进效应在高层次劳动力市场中更为明显。基于美国 1980 年 PUMS 数据，Carr（2009）分析了在公司和非公司企业中从事个体经营的男性和女性的社会人口特征，研究发现，相比于男性，女性更倾向于选择工时灵活的自雇就业，原因在于“男主外、女主内”的传统家庭性别分工观念以及女性在劳动力市场上受到更多的歧视。张幸福等(2019)利用2015年全国流动人口卫生计生动态监测调查数据，在将流动人口划分为区域内流动人口与跨区域流动人口的基础上，实证发现了性别只对区域内流动人口就业具有显著作用，相比于女性，男性选择成为自营劳动者的概率更高。

从年龄来看，学者们普遍认为年龄对就业的影响主要与人体机能的变化有关。在青壮年时期随着人体机能的增强将有利于促进就业，而当人体机能到达顶峰后，随年龄增长，就业将受到阻碍，因此，年龄对就业有倒“U”形影响。宁光杰(2012)运用2008年农村—城市移民调查数据研究发现，年龄与自我雇佣的概率之间表现为倒U形的曲线关系。在一定范围内，年龄越大，自我雇佣的可能性越大，原因在于年长的劳动者拥有用于自雇就业的初始资本，但超过了这个范围，自我雇佣的概率随着年龄的增加而减小，因为年龄越大的劳动者对于风险的可接受程度降低，倾向于选择稳定的工作。Kidd(1993)同样认为，年龄与自我雇佣的可能性之间为倒U形关系，随着年龄的增长，自我雇佣的可能性先增加后减少。

从婚姻来看，一方面，已婚者比未婚者承受更大的生活压力与养育成本，增加其就业动力，另一方面，已婚者比未婚者更有可能得到家庭的就业支持，增加其就业机会，故婚姻对促进就业具有一定的积极作用。George等(1986)认为，与未婚者相比，已婚者生活成本与生活压力较大，也更可能得到家庭的情感支持，因此更有可能自雇就业。许玮等(2016)的研究表明，汉族流动人口以及处于已婚状态的流动人口就业的可能性更高。

（二）资本性因素

人力资本和社会资本是影响流动人口就业的重要资本性因素。其中，人力资本是指流动人口的受教育程度、工作经验、工作技能等，社会资本主要是指流动人口在社会结构中所处的位置给他们带来的资源。

在人力资本方面，现有研究总体上认为人力资本越高，例如受教育水平越高、工作经验越多，劳动者收入越高。由于流动人口大多属于受教育程度较低和缺乏工作技能的群体，其往往无法跨越主要劳动力市场受雇就业的门槛，无法进入收入较高的高端领域就业，只能进入次要劳动力市场的低收入部门或自雇就业，抑制其收入的增加(Mata等，1999)。

从教育的边际效应上看，现有研究显示不同教育程度对收入的影响具有一定的异质性。段成荣等(2011)以2005年全国1%人口抽样调查数据为基础,分析流动劳动力收入的影响因素,发现在控制其他相关因素的情况下,受教育水平越高,收入越高,教育回报不断提升,且高中教育对流动劳动力收入的影响最大。朱农等(2003)基于微观分析调查数据计算各种层次教育的回报率发现,农村地区劳动者的个人收入随受教育程度的提高而上升,但不同受教育程度对收入增加的回归系数不同。其中,初中教育与大学教育对收入提升具有较大的促进作用,会明显增加收入,然而高中教育不具较高回报率。从就业稳定性上看,由于受教育程度越高,流动人口更有可能在流入地找到满意工作,故受教育程度越高,农民从非农业部门回流到农业部门的可能性越低,即受教育程度与农民回流到农业部门就业的可能性呈反向变化(方黎明等,2013)。邵敏等(2019)基于2002年、2007年、2008年和2013年CHIP数据实证研究出口贸易、人力资本与农民工就业稳定性之间的关系,最终发现,出口贸易的扩张使得农民工主动转换工作的概率增加,就业稳定性变差,且农民工以受教育年限来表征的人力资本越高,主动转换工作的概率越大。从流动范围来看,教育的增加对城镇劳动力和外来劳动力的影响具有较大差异。庞念伟等(2013)运用2002年和2007年中国居民收入调查数据,采用Blinder-Oaxaca分解方法对城镇与外来劳动力的工资差异进行分析,发现了人力资本差异是导致城镇劳动力和外来劳动力工资差异的主要原因,且不同阶段的教育回报率也存在差异。具体来看,对于受教育程度在高中及以下的劳动力来说,相比于城镇劳动力,教育对于外来劳动力的回报率更小;对于受教育程度在高中以上的劳动力来说,相比于城镇劳动力,教育对外来劳动力的回报率更大。从就业方式上看,受教育程度的提高可能会降低流动人口以自我雇佣形式就业的可能性。Lee等(2001)认为,受教育程度高的移民面临更多的就业机会选择,从而增加了自我雇佣的机会成本,因此受教育程度的提高反而会阻碍他们选择自我雇佣。在工作经验方面,Evans等(1989)认为,工作经验的提升对选择自我雇佣有两方面影响:一方面,工作经验的增加提升了劳动者的生产效率,会为受雇就业的劳动者带来更高的工资收入与隐性福利,也代表着自我雇佣较高的机会成本,从而降低个体自雇的概率;另一方面,工作经验越丰富,劳动者自我雇佣的能力就越强,丰富的工作经验使得劳动者具备自我雇佣的资本,从而有助于个体选择自雇就业。

在社会资本层面,学者们主要从社会关系网络视角出发对流动人口就业进行了研究,部分学者将社会网络理论与劳动者求职就业相结合,得出了许多有价值的研究结论。Granovetter(1973)提出了“弱关系强度”理论,他认为弱关系是在社会经济特征不同的个体间发展起来的,它将处于不同等级社会地位的人们连接起来，在求职和社会流动等方面为个体提供更为有用的信息。Lin(2004)在“弱关系强度”理论的基础上，进一步地提出了社会资本理论，把资源获得当作中介变量，从资源获取的角度用社会网络解释了就业。不同于 Granovette 强调“弱关系力量”的重要性，Bian(1997)的“强关系力量”假说阐明了“强关系”对于求职就业的重要作用，他以天津市居民为研究样本，发现了居民工作的获得更多是通过强关系而非弱关系，求职者和最终的帮助者是通过中间人的强关系联系起来的。在中国，社会关系在人们经济生活中更是至关重要。李树茁等(2007)基于 2005 年“深圳外来农村流动人口调查”数据，实证研究社会网络对农民工职业阶层和收入的影响。研究发现，求职关系网络的规模大小与关系构成对农民工职业阶层的提升和收入的提高有正向影响，弱关系为主导的关系构成对职业阶层具有显著正向影响，社会网络在中国社会转型期对农民工求职具有不可忽视的作用。唐为等(2011)利用 2002 年 CHIPs 微观调查数据，从社会关系网络、信任与和谐等不同层次的社会资本角度，实证检验社会资本与中国农民收入的关系。研究发现，社会关系网络、信任水平等社会资本因素等对农民收入产生了显著正向作用。李培林(1996)通过对济南市流动民工调查情况的分析，认为对于流动民工来说，以亲缘、地缘为纽带的社会关系网络贯穿于民工的流动、生活和交往的整个过程，在其求职就业的过程中发挥着重要的作用。赵剑治等(2009)运用 2004 年中国农村调查数据，采用基于回归的分解研究社会关系对中国农村家庭收入差距的影响，最终发现社会网络对收入差距的贡献达到 12.1%～13.4%，且相比于中西部地区，社会网络对于东部地区农村家庭收入的提高作用以及收入差距的贡献度都明显更高。

（三）环境因素

环境因素主要是指外部宏观经济环境与制度环境对流动人口就业的影响，具体包括经济结构、市场化程度、经济周期、技术变迁、产业结构、产业布局、税收政策、户籍制度等。现有关于流动人口的宏观制度因素研究大多集中于户籍制度下户籍歧视对流动人口就业的影响，故本部分我们主要对户籍制度因素进行文献综述。

现有研究总体认为户籍制度将不利于流动人口的异地就业行为，具体表现为减少了流动人口就业机会、增加求职成本和失业成本(Zhang，2010)。Zhang(2010)通过对北京、无锡、珠海三个城市的工人工作流动率的研究发现，户籍制度歧视减少了移民的就业机会，增加了他们的求职成本和失业成本。章莉等(2016)基于 2002 年和 2007 年 CHIPs 数据，运用 logit 模型研究劳动力市场上就业机会的户籍歧视现象，研究发现，与城镇居民相比，农民工在职业获得、行业进入和所有制部门进入三个维度上都遭受了明显的户籍歧视，且户籍歧视呈现恶化趋势。章莉等(2014)基于2007年CHIPs，使用Oaxaca-Blinder分解方法对农民工与城镇职工的工资差异进行分解，最终发现农民工由于户籍歧视而受到的工资收入歧视在该年的劳动力市场上依然较为严重，农民工与城镇职工工资差异中无法用禀赋解释的部分超过三分之一。

还有学者考虑到户籍制度影响在不同职业、不同岗位、不同就业形式的异质性结果，认为户籍制度带来的户籍歧视对人口就业中低层次职业、正规性就业影响更大。周世军等(2012)基于2009年中国健康与营养调查的研究认为，由于户籍歧视的原因，农民工在低层次职业上存在户籍进入门槛，而在高层次职业上存在人力资本进入门槛。余向华等(2012)基于1993—2009年中国健康与营养调查数据，针对户籍歧视带来的农民工工资与就业机会不平等问题进行研究，最终发现了尽管岗位进入上的户籍歧视有所减弱，但部门进入的户籍歧视依然较大。张书博等(2017)采用中国综合社会调查数据(CGSS)2013年数据，使用倾向得分匹配法研究户籍歧视对于劳动者在正规就业与非正规就业选择的影响，研究发现，拥有农业户口的个体选择正规就业的可能性比非农业户口个体低13%，说明户籍歧视对于劳动者的正规就业具有负面影响，导致农村户籍人口难以正规就业。宁光杰等(2017)以2007年广东与浙江两省的流动人口为研究样本，实证发现非农户籍以及是否进行户籍改革会增加流动人口选择自我雇佣的概率，且非农户籍、本省或本市户籍都对流动人口自我雇佣收入提升有正向促进作用，进一步说明了户籍对于流动人口选择自雇就业及其自雇就业收入的作用。

现有关于流动人口影响因素的研究大多从人口学因素、资本性因素、环境因素三个方面进行展开，可以发现，现有文献从多个角度出发，在理论和实证方面取得了新的发现和突破，得到了许多理论意义与实践意义兼具的研究结论，为后续研究做好了准备工作。但是，既有文献仍然存在一定的不足之处，这主要表现为以下三个方面：① 上述研究大多是针对农民工的，而针对包含非农业户口在内的流动人口的相关研究还比较少。② 现有研究普遍认为人力资本与社会资本越高，就业状况越好，工资水平越高，但是关于人力资本对就业身份选择的影响，即人力资本高低如何影响流动人口选择自我雇佣或受雇佣，现有研究还未得出一致的结论，这一影响具有不确定性。③ 部分研究使用的某区域的调查数据，研究结论难以推广到全国层面。考虑到不同区域之间的异质性，各区域流动人口就业的影响因素可能也会有一定的异质性，关于这方面的研究还比较有限。

二、流动人口创业的文献综述

自李克强总理提出“大众创业、万众创新”后，创业问题越来越引起人们的重视。目前，国内对个体创业的研究文献主要围绕政府管制、营商环境、基础设施等宏观制度因素(陈刚，2015)，以及资金、人力资本、社会资本等微观因素(周广肃等，2015)。现有研究大多认为金融资本、人力资本、社会资本等个人层次的资本越多，其拥有的各类资源越多，创业者创业意愿更强，创业成功可能性更大。而针对流动人口创业的研究还相对较少。与一般创业行为不同的是，流动人口创业往往受到户籍限制、社会关系限制，以及工资制度等因素的影响较大。通过对以往文献的整理和总结，我们发现除了人力资本、个人以及家庭基本情况等传统的对创业有影响的因素外，国内对流动人口创业的研究文献主要围绕社会关系、工资制度、户籍制度三个方面。基于此，本部分主要从这三个方面对流动人口创业影响因素相关研究进行综述。

(一) 社会关系与流动人口创业

现有关于社会关系与流动人口创业的研究大多认为社会关系对创业具有正向促进作用，即社会关系有助于创业活动。冯建喜等(2016)基于2010年江苏省城镇暂住人口的抽样调查数据研究农村流动人口的创业行为，采用二元Logistic模型实证发现，距离增加使得社会网络资本下降，从而降低自主创业的可能性。具体来说，他将农村人口流动划分为在同一县级行政区内流动、不在同一县级行政区但在同一地级行政区内流动、在同一区域但不在同一地级行政区内流动、不在同一区域流动四类，最终发现不在同一区域流动人口的自主创业比例比其他三种情况下的自主创业比例更低，可见由于远离家乡而产生的社会关系网络疏离确实会使得农村流动人口自主创业比例下降。Ibrahim(2011)等人的研究认为，社会资本中的关系网络资本是农村流动人口创业的重要驱动力，且对于处于起步阶段的群体更为重要。韦吉飞等(2008)基于西北五省区的调查数据，运用Logit离散选择模型对农民创业行为进行分析，结果发现具有较强家庭背景等社会资本的农民创业成功的可能性更大。郭红东和陈亦悠(2015)基于全国22个省农民创业者的随机调查数据，以中国农村地区创业者为研究对象，通过构建“社会关系—资源获取—农民创业绩效”中介效应模型，研究发现具有较强社会关系的农民创业者能够更容易获得更多资源从而提升其创业绩效，即农民创业者的社会关系规模越大、社会关系强度越强、资源获取效率和资源获取效果越好,创业绩效就越好。徐超等(2017)基于2007年CHIPS数据探讨农民外出务工经历、社会资本与返乡创业之间的关系,研究发现,与留守本地的居民相比,有过外出务工经历的农民具有更加广泛的社会关系网络与更多的社会资本,且更容易获取与创业相关的各项资源,从而增加农民自主创业的概率。马光荣等(2011)通过使用2009年中国农村金融调查数据实证研究社会网络、非正规金融与就业之间的关系,最终发现农民社会网络越丰富,其进行民间借贷的渠道就越多,从而更有可能创办自营工商业。

虽然社会关系的丰富总体上有利于流动人口创业,但不同的关系主体对流动人口创业的影响却具有一定的异质性。周世军等(2018)基于上海、武汉、成都等七市流动人口调查数据实证研究发现,在Granovetter(1973)将关系分为强关系和弱关系的基础上,说明了对流动人口而言,亲友和老乡属于强关系,外地人和本地人属于弱关系。最终实证发现流动人口与本地人交往的"弱关系"对其创业具有显著影响,能够显著促进流动人口创业,且作为弱关系的"与本地人关系"的边际影响要超过"与亲友关系"的强关系影响,而作为弱关系的"与外地人交往"对创业具有负向影响。杨向阳等(2018)基于2013年2527份全国七个城市农村流动人口调研数据,研究"双边"社会关系网络与农户异地创业的关系,研究发现,社会关系网络增强能够显著促进农户异地创业。具体来说,分别考察流入地和流出地社会关系对农户创业的影响,最终发现,流出地社会关系对农户异地创业决策的影响更大,而流入地社会关系对农户异地创业成功度的影响更大;流出地社会关系对农户异地创业的影响主要表现在前期物质资本的投入上,流入地社会关系对农户异地创业的影响主要表现在社会资本的传递上。

(二)工资制度与流动人口创业

最低工资制度作为保护劳动者权益的重要手段,在一定程度上决定了劳动者就业的机会成本,进而成为影响流动人口自主创业的重要因素。现有研究关于最低工资与流动人口创业间关系的结论尚不明确,大多认为最低工资的提升对创业具有负向影响,即最低工资水平提升对创业具有一定的抑制作用。根据李经等(2018)的研究,造成这种作用的可能原因在于几个方面:一是最低工资直接改变了创业的机会成本和劳动成本,离职创业的机会成本随工作收入上升而增加,进而会拉高创业门槛,降低创业意愿(吴群锋等,2016);二是最低工资可能通过影响流动人口就业可能性,来改变自雇创业倾向;三是最低工资的上涨可能加剧流动人口与本地人的竞争,从而恶化彼此之间的关系,增大交易成本,进而降低到流动人口创业的可能性与成功概率。具体来看,李经等(2018)基于

2011—2016年流动人口动态监测数据和区县层面最低工资数据实证研究最低工资制度对流动人口创业的影响，研究发现，总体而言，最低工资水平对于流动人口创业意愿具有抑制作用，最低工资的上涨使得流动人口创业意愿降低，其中对生存型创业倾向的抑制作用尤其明显，且这种创业抑制效应在不同流动人口群体中具有一定异质性，在工作地点较远、学历较低、经济情况较差地区中创业抑制效应十分显著。吴群锋等(2016)在构建一个包含最低工资标准与企业家能力的创业选择模型的基础上，用2011年中国家庭金融调查与各地区最低工资标准数据，实证检验最低工资标准对创业的影响，最终发现最低工资标准的提升对各地区创业活力具有显著抑制作用，具体表现在对创业倾向与创业规模的抑制作用上。

但也有少数研究认为最低工资提升对创业具有正向影响。周广肃(2015)基于中国家庭追踪调查(CFPS)数据和与之相配的县(区)最低工资数据，实证发现最低工资标准提升对于家庭创业具有显著的正向促进作用，即最低月工资标准每提高100元，家庭创业的概率显著提高1%，这一结论主要适用于低人力资本与社会资本的群体。影响机制探讨部分表明，造成这种现象的原因在于最低工资水平提高带来的工资效应与挤出雇佣就业效应：一方面，最低工资水平提升挤出了生产率较低的低技能劳动者的雇佣就业，使得这部分劳动者不得不进行创业，从而增加了被动型的自雇创业；另一方面，最低工资水平的提升具有一定的收入效应，促进了家庭收入水平的提高，从而使家庭有资本用于创业活动，进而促进其创业。

（三）户籍与流动人口创业

在中国特有的制度环境下，流动人口创业行为和户籍制度息息相关，户籍会通过影响金融约束、风险承受能力、创业持续性预期、公共服务、就业门槛、就业歧视来双向影响流动创业(宁光杰等，2017；隋艳颖等，2010)。户籍按性质分为农业户口和非农业(城镇)户口，按属地分为本地户口、非本地户口，因而存在本地农业户口、本地非农业户口、外地农业户口、外地非农业户口四种类型(Song，2014)。部分研究认为流动人口获得本地户籍有利于创业。具体来看，宁光杰等(2017)基于2011年全国流动人口动态监测数据中广东和浙江两省数据，实证检验户籍对于流动人口创业的影响，最终发现非农户籍、本省或本市户籍、户籍改革以及户籍隐含的公共服务政策都显著提高了流动人口选择自主创业的概率。隋艳颖等(2010)通过对中国多个省市美发服务行业农民工的调查研究，发现户籍是农民工创业受到创业排斥的主要原因。获得本地户籍的农民工融资约束程度较低，容易获得金融资本用于创业。宁光杰等(2017)还认为，户籍促进流动人口创业的可能原因在于增强了流动人口的风险承受能力，获得本地非农户籍，也就意味着可以享受本地政府提供的就业、社会保险、子女教育、保障房等一系列公共服务，这会降低流动人口所承担的风险，提高流动人口的创业风险承受能力。

另一些研究认为，本地户籍可能会由于增加劳动者受雇就业从而降低创业的概率。宁光杰(2012)运用2008年农村—城市移民调查数据(RUMIC)研究农村外出劳动力就业选择的影响因素，发现拥有本地户口对选择自我雇佣具有负向影响，即拥有本地区户口的移民选择自我雇佣的概率较低，原因在于地区内流动的移民有更多的就业机会。这意味着本地户籍的获得会消除就业歧视，使得流动人口选择正规部门的工作，进而降低自主创业的概率。Kenneth(2001)以上海市流入人口为研究样本分析发现，相对于进入乡镇小企业而言，拥有上海本地户籍的流动人口进入国有企业和集体企业的概率更高，这说明拥有本地户口更有助于流动人口进入国有企业工作，从而获得较为稳定的收入和较高的社会地位，降低其自主创业的意愿。

除以上三种主要因素外，现有研究还分析了一些其他因素对流动人口创业的影响。例如，魏下海等(2016)基于利用2013—2014年全国流动人口动态监测数据，研究方言技能与流动人口创业间的关系，最终发现方言技能对于流动人口创业具有积极作用。那些具有较强当地方言技能的流动人口创业的可能性更高，原因在于方言对社会网络、社会认同感、降低歧视等方面的积极作用。

现有的关于流动人口创业的研究取得了一定的进展，但还有一定的不足之处，总的来说表现为以下三个方面：① 直接研究流动人口创业行为的文献还比较少，部分研究使用的是家庭调查数据，还有部分研究以农民工和农民作为调查对象。事实上，流动人口的创业选择有别于家庭层面的创业决策机制，农民工创业决策行为的影响因素与流动人口创业的影响因素不尽相同，这方面的研究还有待加强。② 关于最低工资制度与流动人口创业的关系，现有研究从不同角度给出不同结论。同样，关于户籍与流动人口创业的关系，现有研究得到的观点也不尽一致。③ 国内关于流动人口创业的研究近几年才开始丰富起来，研究早期以农民工为研究主体，且部分研究使用某一区域或几个城市的调查数据，由于区域之间的异质性，所得到的研究结论缺乏一定的代表性，很难推广到全国。

三、流动人口子女教育研究的文献综述

近年来，全国流动人口数量连年上升，伴随流动人口规模增加，其子女受教育问题也越发受到社会关注。流动人口子女受教育问题成了一个极具影响的社会性问题，也成为劳动经济学领域研究的热点。现有研究普遍认为，与本地人口相比，流动人口子女受教育年限、学习成绩与心理健康情况普遍较差，处于社会弱势群体地位，且容易受到来自学校里同学、老师的一系列排斥，很难拥有平等的教育机会。基于此，本节我们从流动人口子女受教育问题及影响因素、流动人口子女受教育问题的解决对策两个方面对以往文献进行综述。

（一）流动人口子女教育问题及原因

现有研究指出了流动人口子女受教育过程中可能面临的歧视与不平等现象。Peguero 等(2011)基于 2002 年美国公共教育纵向研究数据，使用多元回归分析方法研究移民子女与教师关系间的影响因素，实证发现许多学校及教师对流动人口子女具有一定的歧视现象，在教育过程不能保持平等的态度，进而导致教育不平等现象加剧。Daoud(2003)指出，流动儿童在进入新环境学习生活时，面对陌生环境，心理和行为上都不能得到积极的引导，极易在学校被同学排斥，处于教育的边缘化地位。Dunn(2003)的研究发现，相比于本地儿童，流动儿童普遍学习成绩更差，且儿童流动率与学习成绩之间呈反向关系，即儿童流动率越高，学习成绩越差。余少华(2008)以广州市某区为研究样本，进一步分析总结出流动人口子女受教育问题主要集中于三个方面，即入学机会不平等、受教育过程不平等、学业成功机会不平等。

现有研究进一步分析了造成这些现象背后的原因，也就是流动人口子女受教育情况的影响因素，且从多个角度分析了流动人口子女受教育情况的影响因素，总的来说，可以分为两类，一是内生于家庭内部的影响因素，例如父母的收入、社会地位、受教育程度，等等；二是外生于家庭的影响因素，例如教育资源分配的地域差异、公共财政政策与配套措施、户籍制度、义务教育经费划拨制度，等等。从家庭内部因素出发，大多数研究认为，父母受教育程度、社会地位与收入水平越高，其子女的受教育程度越高。具体而言，孙永强等(2015)采用 2012 年中国家庭追踪调查(CFPS)数据实证研究城乡居民教育代际传递问题，最终发现总体上，父母的教育背景对子女受教育水平有显著传递效应，即父母受教育程度越高，子女受教育水平越高，且发现了父亲与母亲的受教育程度对子女不同受教

育阶段的影响作用程度不同。父亲的教育背景在子女接受高等教育方面具有显著正向影响,父亲受教育程度越高,其子女接受高等教育的可能性越大;而母亲的受教育程度对子女大学以下教育阶段的教育机会影响更大。Bourdieu(1973)从文化资本传承的角度提出文化再生产理论解释子女受教育问题,认为子女在文化资本较多的家庭会接受更多的学校教育,从而继承其家庭的文化资本。张云运等(2015)通过研究家庭经济地位与教育投资对流动儿童学业成就的影响后发现,家庭收入和父母受教育水平会通过父母教育期望和家庭学习资源这一路径影响流动儿童学业成就。家庭收入与父母受教育水平越高,父母对于教育的期望越高、家庭学习资源越丰富,从而有助于提升子女的学习成绩。杨向阳等(2018)运用2013年全国东中西部地区七个典型城市的流动人口调研数据,通过构建有序因变量模型和中介效应模型实证研究发现,总体而言,流动人口社会地位越高,其子女安全教育与心理健康教育的获得情况越好,且教育观是社会地位影响子女安全与心理健康教育的中间渠道。

在外生于家庭的影响因素方面,孙玥等(2008)从公共财政角度分析农民工子女受教育问题,认为公共财政及其配套措施的完善程度是影响到农民工子女受教育的重要因素,造成农民工子女受教育不公平现象的原因在于公共财政及其配套措施不完善。邬志辉等(2016)认为,由于户籍制度等原因限制,农民工随迁子女在城市接受义务教育普遍面临着就读公办学校难、教育花费高、参加中考难及学习适应难等问题。孙红玲(2001)从社会结构的角度探讨流动人口子女的教育公平问题,认为流动人口子女受教育机会不均等的原因在于社会转型时期社会结构的调整滞后于经济结构的变化。朱晓斌(2003)从义务教育角度分析流动人口子女受教育不平等的原因,认为以户籍制度为基础的义务教育政策造成义务教育经费由户籍所在地的地方政府承担,然而流动人口子女的户籍在外地,从而造成流动人口子女无法享受当地义务教育经费,进而造成教育不平等现象。

(二) 流动人口子女受教育问题的解决对策

现有研究也从多个角度提出了解决流动人口子女受教育不公平问题的对策建议。一方面,解决流动人口子女教育问题需要家庭优化教育观念,提升子女的学业成绩与身心健康教育。李伟梁等(2005)认为,在子女接受教育的过程中,家长的教育观念尤为重要,要想解决流动人口子女受教育问题,就要优化家长教育观念,从而提升流动人口整个家庭及其子女的素质。Takanish(2004)也认为,流动儿童家长的教育观对解决流动人口子女受教育问题十分关键,树立正确的教育观念、提升流动儿童家长的教育责任意识、关注子女的学习情况以及心理状态，是解决流动人口子女教育问题的重要前提。另一方面，解决流动人口子女受教育问题离不开政府的参与。Green(2003)认为，地方政府应结合当地实际情况，根据各个学校接收流动儿童的实际数量进行一定的资金补贴，流动儿童接受数量不同，补贴的比例也应不同，从而提升流动人口教育补贴的使用效率，使教育补贴资金真正发挥作用。王涤(2004)认为，义务教育制度对解决流动人口子女教育问题最为关键，只有制定和实行与社会结构相匹配的义务教育政策，深化义务教育体制改革，才能真正解决流动人口子女教育问题。沈继楼等(2009)以上海浦东新区为调研样本，分析说明了要解决外来人口的教育问题，必须加强和完善外来流动人口子女教育的体制改革和政策建设，减少或取消流动人口异地入学的户籍限制，且政府应在流动人口子女教育政策上营造更加公平、良好、稳定的教育环境。

现有关于流动人口子女受教育问题的研究仍旧有一些不足之处，这主要表现为以下两个方面：① 部分研究局限于理论与现状分析层面，从实证角度开展关于流动人口子女受教育问题研究还有较大空间；② 许多研究以农民工作为研究样本，直接研究包含农民工在内的流动人口子女受教育的文献还相对较少。

四、流动人口阶层流动研究的文献综述

目前，社会阶层两极分化现象日趋明显，社会阶层流动受阻，阶层固化日益加剧。阶层流动是指社会中的个人或群体社会地位的变动，一般分为代际流动和代内流动，前者指父代与子代之间职业地位或阶级阶层位置的变化情况；后者指个人在一定时间内所经历的职业地位或阶级阶层位置的变化情况。无论是代内流动还是代际流动，都对促进社会公平、维护社会稳定具有重要意义。目前国内外关于阶层流动的研究有很多，考虑到本书的研究目的，在本节我们将从收入、职业和教育的阶层流动效应三个方面对以往文献进行综述。大量文献显示，收入和职业具有明显的代际传递性，而教育作为一个外生冲击将对阶层流动产生了重要影响。

（一）收入的阶层流动效应

从收入来看，父母收入水平对子女收入水平有显著正向作用，即父母收入越高，子女收入就越高(Solon，1992；Zimmerman，1992；Black 等，2011；王海港，2005；孙三百等，2012)。Solon(1992)基于美国收入动态面板研究代际数据

(PSID)在避免以往研究可能产生的偏误的基础上,实证发现了长期收入的代际相关系数至少为0.4,验证了父母与子女收入水平显著正相关。Zimmerman(1992)基于国家纵向调查代际数据,研究发现父亲终身收入与子女终身收入的相关性为0.4。在中国,王海港(2005)利用1988年和1995年中国社会科学院城乡居民收入分配调查数据,实证发现了1998年和2005年代际收入弹性分别为0.384和0.424。孙三百等(2012)研究发现,迁移者的代际收入弹性较未迁移者较低,部分人群面临贫困传递陷阱。由此可见,收入具有很强的代际传递性,究其原因,Black等(2011)认为,收入的代际正相关来源于能力和人力资本上的差异。Moore(2005)认为,父代收入较高能够使其子代拥有更好的生活条件,这增加了子代未来获得更好生活条件的机会。Lefgren等(2012)认为,父辈的收入高低决定了家庭在对子女进行投资决策时面临的收入约束强弱程度,高收入家庭的收入约束较弱,能够为子女提供更多的投资。相反,贫困家庭处于社会的弱势地位,拥有较少的社会资本与金融资本,面临的投资决策较多,较难得到更好的发展机会,更有可能陷入贫困(D'Addio,2007)。

(二) 职业的阶层流动效应

从职业来看,职业的代际传递效应同样对阶层流动产生了重要影响。大量研究表明父代职业背景对子代职业层次具有显著的正向影响,即父代社会职业地位越高,子代拥有较高社会地位的可能性较大(Dunn等,2000;Case等,2005;Behrman等,2002)。Case等(2005)、Behrman等(2002)认为较高职业阶层家庭子代的认知和学习能力较强,将拥有较高的社会阶层。Dunn等(2000)认为,父代职业阶层较低时,子代社会经济地位较高的可能性较小,从而加剧阶层固化。另一些关于职业代际流动的研究则关注于劳动力市场上普遍存在的"子承父业"现象,即职业的代际传承(周兴等,2014)。周兴等(2014)通过对中国城乡家庭代际间职业流动的研究发现,我国城乡各职业阶层代际职业传递性较强,且城镇家庭子女的职业随其职业生涯的发展有向父辈职业"回归"的趋势。这与部分研究观点相一致,都认为在许多职业中子承父业现象较为明显(孙凤,2006;邢春冰,2006;吴晓刚,2007)。孙凤(2006)运用对数线性模型研究中国城镇职业流动的代际效应,发现中国城镇职业代际传递效应显著,不同的职业都有明显的子承父业特征。邢春冰(2006)通过分析农村家庭非农就业机会的代际相关性,认为这种相关关系一部分是由家庭的背景特征所引起的,且通过人力资本投资而传递。吴晓刚(2007)基于1996年"当代中国生活史和社会变迁"的全国性抽样调查数据来研究家庭背景与职业流动的关系,发现中国城乡分割的户籍制度使得农村家庭代际职业继承性较高，农村中从事非农职业、没有改变户口性质的农民子女继续务农的可能性较大。

此外，作为就业的一种特殊形式，创业行为也成为学者研究阶层流动问题的一个重要方向。虽然现有关于创业对阶层流动的影响较少，但也有一些证据表明创业行为具有一定的代际传递效应。张宇清等(2017)通过对多位青年草根创业者进行深度访谈，从精准帮扶、信贷支持、技能教育等多个方面为创业者创业成功提出了切实可行的政策建议，以求通过创业打破阶层固化。刘爱楼(2017)从父代与子代代际传递的视角出发，通过实证研究与案例分析方法研究创业绩效的影响因素，最终认为虽然创业是打破阶层固化、促进社会流动的重要工具，但阶层固化本身所带来的贫困人员在家庭资源禀赋上的代际传递作用会对这一过程形成抑制。具体来看，刘爱楼(2017)认为，弱势群体中存在着父代向子代的四大贫困(知识贫困、经济贫困、关系贫困、权利贫困)传递，致使出身草根的青年创业者面临着极大制约，且大城市高额的租金、物价、用工费用带来了巨大的创业成本，成为创业路上极大的障碍。较低的家庭资源禀赋所带来的不全是负面影响，出身贫寒对草根青年创业者也有着有利的一面，儿时较为艰苦的生活环境培养了创业者吃苦耐劳的品质，这有利于创业成功。

(三) 教育的阶层流动效应

教育是推动社会阶层流动的重要因素，现有关于阶层流动的研究大多与教育有关。在中国，以学历程度为代表的受教育程度，早已成为反映一个人社会地位的标签与谋求更高收入的凭证(张明等，2016)。目前，关于教育与阶层流动之间的关系存在两种观点，第一种观点认为教育对阶层流动具有积极作用，教育可以促进代际阶层流动从而打破阶层固化(解雨巷等，2019)；第二种观点认为教育对阶层流动具有消极作用，教育已成为优势阶层保持其子女地位的主要工具，可能会起到加剧社会阶层固化的作用(Constantin，2013)。

从第一种观点来看，现有研究认为教育能够促进代际流动从而打破阶层固化的可能原因在于，教育作为人力资本的重要来源，直接影响个人的经济地位，受教育程度的提高能够带来个体职业地位或社会地位的提升，从而进入更高的阶层，打破阶层固化。Schoon(2008)基于英国 20 世纪 70 年代的数据研究发现，无论是对男性还是女性，接受全日制教育的时间是社会阶层决定中最为重要的因素，教育也是造成社会阶层分化非常重要的原因。杨志顺(2006)认为，高等教育学历不仅为最初的职业选择提供更多、更好的机会，为未来的职业发展也提供着更为广阔的前景。蒋亚丽等(2015)认为，在目前我国社会阶层还未固化的情况下，高等教育依旧是农村学生转变自身社会阶层的重要途径：在公平的高考制度下，可以通过自身的努力实现向上层社会流动的目的。由此可见，教育对于促进社会阶层流动、打破阶层固化具有积极作用。

从第二种观点来看，现有研究认为教育对阶层流动具有消极作用的原因在于，教育已成为优势阶层保持其子女地位的主要工具。这主要是从父母教育背景与社会资源角度考虑的结果。教育机会的获得与父母的受教育水平、社会地位状况密切相关。一般认为，父母受教育程度越高，子女越有可能拥有良好的接受教育的文化氛围（Stephens 等，2012），而且能享受到优越的初等教育调节（Lareau，2000），并且父母往往能凭借拥有的社会资本为子女接受高等教育提供机会与条件（Ream 等，2008）。父母会通过潜移默化的方式影响子女的学习习惯、生活方式，学历较高者的子女往往拥有良好的学习习惯与认知能力，辅之以良好的外部环境与社会资本的作用，其保持较高社会地位，成为精英的可能性更高（Constantin，2013）。反之，那些父母受教育程度较低的家庭拥有的社会资本与教育资源较少，子代鲜有社会阶层向上流动的机会（张明等，2016），从而使教育成为优势阶层保持子女地位的主要工具，起到了加剧社会阶层固化的作用。社会中的教育不公平现象进一步使得教育对于社会阶层的固化作用加剧。对于流动人口来说，其子女的教育机会、教育条件与城市同龄孩子相比存在着明显的不平等。由于户籍、区域等一系列限制，流动人口子女往往只能就读于师资、生源、教学条件等方面较差的偏远地区的学校或民工子弟学校（张红霞，2014）。这使得本就出身文化水平较低家庭的子女想要通过读书改变命运变得难上加难，教育甚至成为加剧阶层固化的工具。

现有关于流动人口阶层流动的影响因素研究仍旧有一些不足之处，这主要表现为以下两个方面：第一，在实证计量方面进行的研究大多采用截面数据，且关于阶层流动的刻画采用被调查者对于阶层认同的主观评价，这就导致可能产生一定的偏误，实证研究不够严谨；第二，现有大多数文献从职业和教育角度考察阶层流动问题，关于其他方面的影响因素分析较少，这一领域还有较大的研究空间。

第四节　研究框架设计

本书主要关注现阶段流动人口的经济行为动机、后果以及背后的逻辑，依上文所言，本节将从流动人口的就业、创业和教育等经济行为入手来探索在当前现状下流动人口通过改变经济行为策略实现阶层跨越的可能路径，破解流动人口阶层流动困境。基于此，本书将依照“人口流动—经济行为—阶层流动”的研究框架展开分析，主要包括两块：一是对现阶段流动人口就业、创业、教育等经济行为的影响因素进行研究；二是对流动人口的经济行为与阶层流动的关系进行研究。图 2－4－1 给出了本书的逻辑框架图，由于本书的研究对象为流动人口，故我们对虚线框中关于非流动人口的内容不做过多描述。

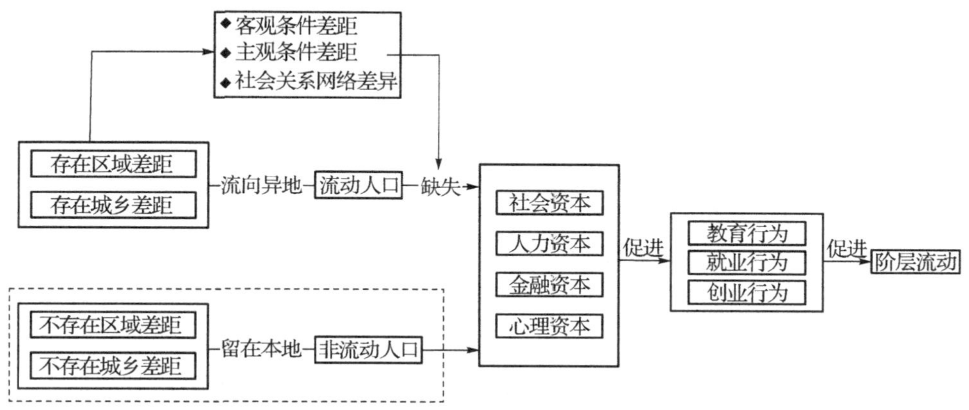

图 2－4－1　阶层流动视角下的流动人口经济行为研究逻辑框架

一、人口流动的内在逻辑

改革开放以来，我国经济保持了持续四十多年的高速增长，被誉为增长“奇迹”，但不容忽视的是，随着经济的不断发展，我国地区间、城乡间的差距也在不断扩大。为了缓解这种区域间发展不平衡导致的“城乡二元结构”问题，越来越多的落后地区人口产生了流动动机。

本书将这些流动动机主要概括为四类。① 求职动机。随着教育改革的不断推进，我国各个地区的人力资本不断积累，九年义务教育的推进更是使得落后地区，特别是落后农村地区的人力资本相对于改革前有了明显的提高，但在此期间，“城乡二元结构”问题却日益凸显。在这一发展趋势下，拥有较高人力资本的落后地区人口无法找到与自身人力资本相匹配的职业。为了获得更匹配的职业，这些人口将逐渐流入发达地区和城市地区，成为流动人口。② 增收动机。改革开放以来，我国的工业化水平不断提高，尤其是东部沿海地区的经济突飞猛进，相较之下，发展中地区的经济发展则差强人意。在这一发展趋势下，我国地区间、城乡间的收入差距不断增加。国家统计局数据显示，我国城乡居民可支配收入比已从1978年的2.57∶1上升至2015年的3.19∶1。地区间和城乡间收入差距的不断扩大使得落后地区人口为获得更多的收入以补贴家用，不得不选择流动的方式流入发达地区，这部分群体成为流动人口。③“羊群效应”。随着人口流动规模的不断增加，“空心城”“空心村”现象逐渐凸显，越来越多的落后地区，特别是农村地区的流动呈现举村流动的特征。这些流动人口中有部分是以增收和求职为动机的，还有一部分可能是因为“羊群效应”跟随同乡产生流动行为，成为流动人口。④阶层跨越动机。相较于落后地区和农村地区，发达地区和城市地区往往拥有更丰富的教育资源和就业升职机会。为了获得更多的就业升职机会完成代际内的阶层跨越，并使子代获得更优质的教育资源以实现代际阶层跨越，落后地区的人口选择流动。

在城乡、区域经济发展不平衡的社会环境下，上述四种动机成为人口从落后地区向发达地区流动的主要动因，流动人口试图打破地理的边界通过异地的求职、增收最终实现阶层跨越的目标。但打破地理边界是否真的能够促进流动人口阶层流动？这成为本书关注的重点问题。本书将循着“人口流动—经济行为——阶层流动”这一主线，首先，分析当前存在的城乡、区域不平衡对流动人口经济行为的影响；其次，对流动人口经济行为与阶层流动的关系进行研究，试图找出流动人口阶层流动困境的原因以及探讨打破阶层固化效应的机制。

二、流动人口经济行为的影响因素分析

人口流动将使得流动人口与非流动人口存在三大显著差异，本书将其概括为客观条件差异、主观条件差异和社会关系网络差异。下文我们将分别分析这三种主要差异对流动人口经济行为的主要影响机制。

（一）客观条件差异对流动人口经济行为的影响

客观条件差异主要是指由外部环境所导致的流动人口与非流动人口的差异，主要包括由户籍制度导致的客观条件差异、由城乡差距导致的客观条件差异。

就户籍制度而言，1958年起，我国开始正式实行户籍制度。不可否认，户籍制度在我国的人口管理中发挥了重要作用，但由户籍制度导致的“城乡二元结构”问题也日益突出。对于流动人口而言，户籍制度的存在使得流动人口在流入地无法分享流入地的社会福利资源，如教育资源、医疗资源等。这种与非流动人

口的差异将对流动人口的教育行为、就业行为和创业行为造成重要影响。由人力资本理论来看,教育和健康是影响人力资本的重要因素,对于流动人口而言,户籍制度造成的教育资源和医疗资源的缺失限制了流动人口人力资本的积累,阻碍了流动人口的教育、就业和创业机会的获得。

就城乡差距而言,改革开放以来,以我国城乡收入差距为代表的城乡差距正在逐渐扩大。据国家统计局数据显示,2015 年我国的城乡收入差距已经达到3.19∶1,日渐扩大的城乡收入差距也对流动人口的经济行为产生重要影响。一方面,城乡收入差距的增大会对落后地区人口的流动行为产生心理激励;另一方面,城乡收入差距又从社会资本、金融资本、人力资本和心理资本等方面影响并阻碍流动人口在迁入地的经济行为。从心理激励来看,城乡收入差距增大造成的城乡不平等会直接刺激农户的心理使农户产生对财富的渴求,而发达地区的致富机会更多,这会使落后地区人口产生流动动机。从人力资本来看,就教育而言,低收入限制了农户对自身及子女教育的投资使得农户普遍存在学历较低的特征。就健康而言,城乡收入差距的扩大对农民的医疗服务也会产生不利影响,一是农村医院的医疗水平与城市相差甚远,二是低收入约束了农民的日常医疗保健行为。从金融资本来看,城乡收入差距的扩大会在无形中加大金融机构借贷资金给农户的风险,金融机构对这一风险进行评估后往往会选择将资金借贷给风险更低的城镇居民,因此,城乡差距将影响流动人口金融资本的获得。从心理资本来看,城乡差距的不断扩大将导致流动人口在迁入地遭受歧视的可能性增大,户籍和地域歧视将通过影响流动人口的社会融合和心理资本进而影响流动人口的经济行为。从社会资本来看,城乡收入差距的增大无形中会增加农户天然的自卑感,以及增加城镇居民对进城农民的歧视。较为典型的是,农户进城后具有典型的"抱团行为",具体而言,农户进城后更喜欢与自己的老乡打交道,这一行为的发生约束了农户在创业地社会资本的形成。此外,近年来,随着发达城市人口的不断集聚,发达城市越发拥挤,为了缓解城市公共服务的压力,越来越多的发达城市倾向于实行对流动人口的限制政策,如北京、上海等,这也在一定程度上限制了流动人口的经济行为。

(二)主观条件差异对流动人口经济行为的影响

除了户籍制度、城乡差距导致的客观条件差异,流动人口的社会融入感、观念等主观差异也将影响其在流入地的经济行为。

就社会融入而言,一方面,流动人口的社会融入将关系到流动人口的流动频率;另一方面,流动人口的社会融入也将会影响其在迁入地的受教育、就业与创业行为。对于社会融合度高的流动人口而言,其决策往往考虑的是在迁入地的长期收益。而对于社会融合度低的流动人口而言,其决策则往往更多考虑在迁入地的短期收益。例如,社会融合度高的流动人口往往更具职业忠诚度,不会因为其他地区工资更高等因素而产生更换迁入地的想法,相比较而言,社会融合度低的流动人口则更具逐利动机。这种社会融入感将直接影响流动人口在迁入地的流动频率。在人力资本层面,在迁入地流动时间的增加将提高流动人口在迁入地的定居意愿和定居可能,增加流动人口子女在迁入地获得教育资源的可能性,提高流动人口子女的人力资本。此外,对于流动时间较短的流动人口而言,为了尽快就业,其往往从事的是门槛较低、重复性强、替代性强的工作,工作岗位的变动性更大,不利于人力资本的积累;而流入时间较长的流动人口更易通过工作经验的积累提升自身的人力资本水平。在社会资本层面,相对迁入时间较短的流动人口而言,迁入时间更长的流动人口更能积累其在流入地的社会资本。流动人口的每一次迁移都会导致原有的社会关系网络在新的环境下不再发挥作用,无法为其提供便利,这意味着流动人口的每一次迁移,其社会资本都会产生损耗。因此,增加流动人口在流动地的时间是提高其社会资本的重要手段。

就观念层面,由于落后地区信息更新的速度比起发达地区来说更慢,其思想观念与发达地区也存在差异,如教育观念的差异。首先,发达地区的教育形式更为多样化,在搜寻和选择各种教育资源的过程中,家长往往接触到更多的教育信息,这使得其意识到教育对于子女重要性的机会增加。这样的正向作用不断强化,使得发达地区的家庭愈加重视子女的文化教育。而在落后地区,由于教育资源的先天匮乏使得家长往往只有单一的教育投资方式,即九年制义务教育,其投入在子女教育上的精力更少,对教育的重视程度也更低。此外,随着社会一些热点话题的传播,如本科毕业生月薪不如农民工等,社会各阶层"反智主义"的声音、"教育无用"的论调日益增多。流动人口由于自身认识的局限性,容易盲从,更易形成错误的教育观念。这种教育观念的差异,将直接影响子女获得教育的质量,不利于流动人口子女人力资本积累。

(三)社会关系网络差异对流动人口经济行为的影响

与非流动人口相比,流动人口由于户籍地与工作地分属两地,其社会关系网络更为复杂,具体表现为社会关系网络的割裂。对于流动人口而言,其社会关系被地理因素强制分裂为以亲友为主要社会关系网络的"户籍地"关系网和以同事为主要关系网络的"迁入地"关系网。这一关系网络的割裂使得流动人口在迁入地无法运用其在户籍地的社会资本,进而影响其在迁入地的受教育、就业和创业行为。

三、流动人口阶层流动的影响因素分析

考虑到由于客观差距、主观差距与社会关系网络差异造成的流动人口社会资本、人力资本、金融资本和心理资本的缺失会影响流动人口的就业、创业以及教育行为。鉴于本书研究目的，我们将继续探讨就业、创业和教育三个主要因素对流动人口阶层流动的影响，以分析流动人口阶层流动困境产生的根本原因。

从就业层面来看，就业问题一直是劳动经济学关注的重点问题。从宏观来看，就业是社会进行物质与精神财富创造的手段和方式；从微观来看，就业是人们获得生活来源、实现自身价值的重要手段。就业状况的好坏直接影响个人及家庭的经济状况，从而对社会阶层的固化及流动产生重要影响。通过优化就业实现增收是一个家庭实现阶层跨越的重要途径：首先，收入较高的家庭拥有较高的经济地位；其次，经济地位较高的家庭在进行教育投资决策时面临着较少的约束，更易使家庭成员获得更高的人力资本，使家庭获得更高文化地位成为可能；最后，更高的人力资本将帮助家庭成员在劳动力市场获得更好的就业机会，提高其职业地位。由此可见，优化就业形成的正反馈机制将在阶层流动中扮演重要角色。

从创业层面来看，在“大众创业、万众创新”的社会氛围下，创业日渐成为居民实现增收的重要路径，但创业行为自身具有较为典型的两面性。一方面，如果创业成功，则会为个人和家庭带来较多的经济收入，提高生活水平与社会地位，为自身及后代提供较多的发展机会，从而实现阶层的跨越。另一方面，如果创业失败，则会导致一代人甚至是几代人的财力、物力、人力付诸东流，生活水平急剧下降，社会阶层地位较创业之前明显下降。由此可见，流动人口的创业选择行为将是影响其阶层流动的关键性因素之一。

就教育层面来看，教育是决定人力资本的重要因素，也是个人实现阶层跨越的重要手段。但对社会而言，教育对整个社会阶层流动的影响却具有两面性。一方面，对于贫困家庭而言，通过教育提升人力资本往往是贫困家庭子代实现阶层跨越的主要路径；另一方面，富裕家庭拥有更多的资源，其中包括教育资源，随着阶层固化的加剧，教育已成为优势阶层保持其子女地位的主要工具，不利于阶层流动。由此可见，对于流动人口而言，教育也是影响其阶层流动的重要因素。

由上述机制可见，流动人口阶层跨越的渠道可能包括就业、创业和受教育三种。本书将从流入地情境下分析区域间和城乡间差距对流动人口的就业行为、

创业行为和子女教育行为产生的影响，以及流动人口现阶段面临的阶层流动困境。

综上所述，一方面，区域间、城乡间的差异使得落后地区人口选择流入发达地区获得更多阶层跨越的机会；另一方面，区域间、城乡间的三大差异带来的人力资本、社会资本、金融资本和心理资本的缺失又在阻碍流动人口教育、就业和创业行为，使得阶层固化现象加剧。两种机制的并存最终使得流动人口陷入阶层跨越困局，而如何破解这一困局将成为下一阶段流动人口服务工作的关键。

第五节　流动人口经济行为的经济学解读

从经济学角度解读流动人口的经济行为需要抓住两个重点：一是流动人口流动前的状态，旨在了解流动人口为何流动，实现流动的条件或个体特征以及如何实现流动；二是流动人口流动后的状态，重点剖析流动人口的异地发展情况。下文针对这两个重点依次展开：

一、流动人口迁移的动因与特征

大规模的流动人口不仅为流入地居民的生活带来了一系列不便，也给当地政府部门提出了难题。尽管各大媒体、报纸、杂志经常援引的现象，在统计学上未必成立，但一些现象毕竟与流动人口的增加难脱干系，如流动人口犯罪率、城市卫生状况等。反观流动人口本身，其在流入地也未必总能获得舒心的生活环境和便利的城市服务。然而，这些因素并没有削减流动人口的迁移热情，各发达城市人口过剩的现象也丝毫没有缓解。

究竟是什么原因激励流动人口背井离乡，外出务工？根据美国学者伊沃里特·S·李提出的推拉力理论，劳动力所感知到的收入差距是他们流动的根本原因。这一解释对我国流动人口，特别是农民工行为选择具有一定的解释力度，但还是有其局限性。流动人口之所以选择外出不仅是因为收入差异的推拉力作用，还有其他原因和动机，比如对现代化生活方式的追求和对便捷消费环境的向往。此外，他们在流动过程中也在不断构建和发现新的迁移动机和原因。尽管一些流动人口在流入地无法找到工作，或者工资收入十分微薄，但是他们并不愿意回乡，这些都不是推拉力理论能够解释的。

无论是城乡收入差距还是转移成本，都会随个体特征的差异而有所不同。个人特征的差异会影响异地就业概率、工资收入、转移成本，进而使人们对流出地和迁入地做出不同的评价并作用于迁移决策和迁移程度。这些个体特征中最为重要的莫过于年龄和受教育程度。

从年龄构成来看，流动人口中青壮年所占比重较大，“80后”的新生代流动人口已成为流动人口的主体(梁勇等，2018)。国家卫生和计划生育委员会流动人口司的调查数据显示，根据第六次全国人口普查数据估算，新生代流动人口规模已达1.18亿人，占全部流动人口的53.6%。《中国流动人口发展报告2016》显示，2015年劳动年龄的流动人口中，“90后”所占比重为12.3%。预计到2030年，新生代流动人口总量将达到2.79亿，占全部流动人口的90%。多数研究认为随着劳动力年龄的上升，其迁移概率会降低(程名望等，2006；王美艳，2005；林善浪等，2010)。其中的逻辑不难理解，其一，从终身收入假说出发，年轻人的流动行为更像是“拿青春换明天”，按退休年龄60岁计算，20岁的年轻人有40年的工作年限积累个人财富。然而，对于50岁的年长者而言，迁移决策相对并不经济。其二，就业机会随着年龄的增长而减少。在劳动力市场供给充足的情况下，年轻的劳动力更受欢迎。随着我国工业化的发展，大量劳动力流向经济发达区域。制造业，尤其是建筑业为流动人口创造了大量的工作岗位，但是这些岗位更需要身体素质较好的青年男性劳动力。其三，年轻人学习能力更强，对新事物的接受能力和对迁入地生活环境的适应能力更强。相反，老年人的精力已难以跟上变化发展的新生活环境和科技新变化。

从受教育程度来看，我国流动人口的受教育水平不断提高，平均受教育年限越来越长，素质结构不断优化。2015年流动人口动态监测数据显示，流动人口平均受教育年限为9.3年，“80后”流动人口平均受教育年限为9.8年；相比2013年(流动人口平均受教育年限为9.2年，“80后”受教育年限为9.6年)，中国流动人口整体受教育程度有所提高。目前，流动人口以初中学历为主，高中学历所占比重迅速增长，大专及以上学历所占比例也在不断攀升，文盲所占比例明显下降。地区收入差距刺激着人们不断迁移，但是仍然有不少居民固守在经济欠发达地区，除了年龄限制外，还有一个原因就是受教育水平。受教育程度越高的劳动力越倾向于外出打工或创业(王志刚，2003；程名望等，2006)，原因有二：一是人力资本提升有利于在竞争激烈的劳动力市场获取就业机会，迁入地的就业机会往往更倾向于本地户口，流动人口更需要人力资本加持；二是经济欠发达地区缺乏对社会资源的吸引力，人财物流失导致其很难提供高水平就业岗位，也无法形成良好创业环境。

二、流动人口的异地发展情况

在户籍制度中，城与乡、内与外的“双二元性”将流动人口区分为“城—城”流动人口和“乡—城”流动人口。鉴于中国流动人口的多样性和复杂性，我们在此以“乡—城”流动人口为主要分析对象。尽管如此，该理论框架略加修改即可适用其他群体异地发展现状的经济学分析。流动人口的流动性决定了其身份的二重性和社会关系的复杂性，下文分别按照这两个视角展开对流动人口异地发展情况的分析。

从户籍制度角度分析，“乡—城”流动人口处于社会身份和职业身份分离的状态。这些流动人口的社会身份是农民，但职业是非农生产，我们经常以农民工来称呼这样一个特殊群体。按职业声望来看，农民工的社会地位远远高于农业劳动者。种田农民的声望最低，不如三轮车夫、保姆、搬运工、矿工和农民工等(王春光，2003)。按收入来看，农民工的收入高于农业劳动者。全国抽样调查数据显示务工经商的收入高于务农收入，纯粹务工经商的收入比农业和非农兼业的收入高很多，而兼业的收入又高于纯粹务农的收入(姚懿桐，2015)。尽管与流出地的农村居民相比，农民工的职业声望和收入都有了较大的提升，但是这种提升与流入地的城市居民相比显得微不足道，农民工仍然是一个社会底层群体。形成于 1958 年的传统户籍制度承担着人口登记、户口迁移和福利分配三项功能，其中福利分配功能使得户籍制度成为地方性利益分配的基础性机制。农民工改变了职业，却没有改变社会身份。附着利益分配功能的户籍制度将农民工系统地排斥在城市公共服务和福利分配体系之外，从政治参与、经济适应、社会接纳和心理归属等维度全面地阻碍着农民工社会融入和阶层流动。在城市里，农民工干着与城市居民相同的工作，却领着更少的薪水。许多大型企业招聘了众多农民工，而原先的工人却成了管理者。农民工大都属于弱势群体，权益时常得不到有效保障，享受不了养老保险、医疗保险和失业保险。低技术含量和频繁的权益侵害问题使得农民工在工作单位中得不到成就感和归属感，他们频繁更换工作，而这些工作无一例外具有上述两个特点。换言之，农民工无法从职业流动中获得社会地位的提高，他们的职业流动多属于水平流动，从一个职位变换到另一个相似或相近的职位。这种频繁变动，使他们永远以“新人”的状态出现在工作单位中，没有工作资历的积累，强化了他们的阶层流动困境。就业资源方面的不平等和职位流动的频繁性体现在农民工子女教育问题上亦如是。农民工子女无法和城市孩子一样享受同等的教育资源，尽管很多学校言明“有教无类，一视同仁”的教育理念，但在实践中又是另一回事。此外，父母频繁地调动工作带动子女更换学校，不利于为他们构建良好的成长环境和稳定的教育资源获取渠道。

从社会关系角度分析，“乡—城”流动人口具有“双边”社会关系，即流出地社会关系和流入地社会关系。我国劳动力市场的信息是不透明的，同时也是信息内生的。对于农民工来说尤其如此，他们需要利用社会关系收集有关信息来弥补劳动力市场的信息不充分。就大多数流动人口而言，他们对流出地社会关系的依赖性更强，因此，他们的经济行为表现出以下三个特点：第一，在亲朋好友、左邻右舍的带动下一同外出务工经商；第二，流入目的地较为集中且形成聚居格局；第三，从事职业大都相近。理性流动者的求职决策依据是潜在的预期收入高于迁移成本，而他们往往在迁移前就在心中预设了最低收入接受水平。值得注意的是，流动人口寻找工作的过程并不等于流动过程。身在家乡的流动人口同样可以开始他们的求职过程，这时候的求职信息大多源自身在异地的亲朋好友或拥有多次迁移经验的左邻右舍。在这些强关系的帮助之下，他们能够很快在异地找到一份工作。由于文化、生活习惯和身份认同方面的障碍，初来乍到的流动人口会遭遇本地人的排斥。有的人选择努力融入，而大多数人则选择同乡聚居，城市里的村庄应运而生。在聚居效应和老乡效应的共同作用下，流动人口逐步建立起非正规的自组织，用于帮助同乡求职和维护共同利益。这种自组织多以亲缘和地缘为纽带，成为流动人口异地求职的主要渠道，促使流动人口职业趋同。流出地社会关系对流动人口的异地发展确实发挥了一定的支持作用，但是以同乡、亲缘为核心的社会关系网阻碍了流动人口对于流入地社会关系的构建。更多的社会资源掌握在本地人的手中，流入地社会关系的匮乏加剧了流动人口边缘化，并使他们在就业上表现出频繁的横向流动，缺乏上升空间。

根据上述分析可知，流动人口大多怀揣着对高质量生活水平的追求和对社会地位的提升来到经济发达的地区务工、经商。尽管初次就业使流动人口的收入、职业声望和社会地位比流动之前有所提升，但是流动人口的双重身份依旧使他们处于弱势地位并难以获得社会资源的公平分配。出于权益保护和互帮互助的共同意识，流动人口自发形成聚居格局和自组织。在流出地社会关系得到不断加强的同时，流入地社会关系反而削弱，从长远角度而言，不利于流动人口的发展。

第六节　基本结论

本章主要完成了五个方面的工作：界定本书研究的流动人口经济行为的内涵与外延，找寻本研究的理论基础，回顾流动人口经济行为的以往文献，构建流动人口经济行为研究的逻辑框架和对流动人口经济行为进行经济学解读。

在流动人口经济行为的界定方面，由于经济行为内涵相当广泛，即便限定为流动人口经济行为，依然难以将其论述得面面俱到。出于这一考虑，本书仅聚焦流动人口经济行为中以阶层流动为经济目的的行为。根据这一逻辑，本研究参考社会分层理论选取就业、创业和子女教育投资三个关键性经济行为，并框定了本书中“流动人口经济行为”的概念。

在理论基础方面，本书的理论基础主要包括就业理论、创业理论、教育理论和社会分层理论。就业理论主要梳理了微观层面有关劳动力就业的理论，流动人口就业受限问题既有制度根源，也有个体差异原因。创业理论主要包括主观主义流派和客观主义流派两大类，创业的本质在于创新，创业的成功需要依托于良好的管理者思维、较高风险承受力和后天努力。教育理论包含教育独立论、教育万能论、人力资本理论、筛选假设理论和劳动力市场理论，教育对个人的发展具有双重作用。通过比较中西方社会分层理论可以发现，经济、政治与文化对社会分层具有重要作用，各阶层的正常流动是维持社会和谐稳定的必要条件，而这其中尤其要关注社会底层人群的阶层流动情况。

在文献回顾方面，本书主要回顾了流动人口就业研究、流动人口创业研究、流动人口子女受教育研究、流动人口阶层流动研究四个方面的文献。首先，本书从人口学因素、人力资本因素、社会资本因素、宏观经济环境与制度因素四个方面对流动人口就业的以往研究进行综述；其次，本书从社会关系与创业、工资制度与创业、户籍与创业三个方面对流动人口创业的以往研究进行综述；再次，本书从流动人口子女受教育问题及原因、流动人口子女受教育问题的解决对策两个方面对流动人口子女受教育相关研究进行综述；最后，本书从就业（含创业）与阶层流动、教育与阶层流动两个方面对流动人口阶层流动相关研究进行综述。

在逻辑框架构建方面，本书循着“人口流动—经济行为—阶层流动”这一主要思路，尝试建立逻辑框架来具体阐释流动人口阶层流动困局产生的机制与原因。我们研究发现，区域间、城乡间的差异使得落后地区人口选择流入发达地区获得更多阶层跨越的机会，同时，区域间、城乡间差异带来的客观条件差异、主观条件差异以及社会关系网络差异带来的人力资本、社会资本、金融资本和心理资本的缺失，又在阻碍流动人口教育、就业和创业行为，使阶层固化现象加剧。两种机制的并存最终使得流动人口陷入阶层跨越困局。

在流动人口经济行为解读方面，本书分别从流动人口迁移的动因与特征以及流动人口异地发展的现状展开。就流动人口迁移的动因与特征而言，本书发现流动人口迁移的动因很多，不能一概而论，但迁移者的特征具有诸多共性。具体而言，流动人口的迁移决策除了有从成本收入角度的考虑以外，还有心理因素（如对大城市生活的向往）以及在流动过程中不断形成的新的流动动机，难以通过单一的理论进行解释。就流动人口异地发展现状而言，从户籍制度角度来看，附着于户籍制度上的衍生社会福利制度使流动人口在流入地无法充分获得社会服务和权益保障；从社会关系角度来看，流动人口更倾向于依赖流出地社会关系。在流动之前，流动人口已普遍利用流出地社会关系完成异地求职；而流出以后，由于流入地较为紧张的社会关系和自身维护权益的需求，导致流动人口自发形成非正式同乡组织。

第三章　流动人口基本现状分析

在研究流动人口经济行为之前，需要对流动人口的生存现状进行详尽了解。本章从流动人口的自然特征、社会特征和流动特征三个方面对流动人口的基本情况进行具体的描述分析，并在此基础上从微观和宏观两个视角探讨了我国流动人口经济行为的现状。其中，在微观层面，本章需要分析我国流动人口的就业、创业以及子女受教育现状。在宏观层面，本章要从阶层流动角度出发，描述并分析流动人口阶层变动的现状。

第一节　流动人口的基本情况

一、性别结构：总体上较为均衡

由表 3－1－1 的结果，在抽取的样本中，男性流动人口的数量为 108 190 人，占总流动人口数的 53%；女性流动人口的数量为 95 810 人，占总流动人口数的 47%。通过数据可以看出，全国范围内男性流动人口的比重略高于女性流动人口的比重，但总体看来两者处于持平状态，也就是说，男女比例相对较为均衡。

表 3－1－1　2015 年全国流动人口的性别构成

性　别	人　数	百分比
男	108 190	53%
女	95 810	47%
合　计	204 000	100%

数据来源：2015 年全国流动人口动态监测数据

表 3－1－2 列出了 2015 年全国各省流动人口的性别构成及性别比情况，图 3－1－1 和图 3－1－2 则为相应的图示结果。从流动人口数量上看，除山东和安

徽两省外，其余省份流动人口中男性流动人口的数量要高于女性流动人口数量。从性别比上看，全国流动人口的性别比为1.12，超过该比例的地区有天津、河北、山西、辽宁、江苏、浙江、福建、江西、广西、海南、贵州、云南、西藏、陕西、甘肃、青海等地。其中，西藏、河北和贵州流动人口的性别比分别达到了1.52、1.36和1.30，其余地区均低于全国平均水平。

表3－1－2　2015年全国各省按性别分的流动人口数量

省　份	男　性	女　性	性别比	省　份	男　性	女　性	性别比
北京	4 140	3 860	1.07	湖北	3 055	2 945	1.04
天津	3 227	2 773	1.16	湖南	3 620	3 380	1.07
河北	5 756	4 244	1.36	广东	7 665	7 335	1.04
山西	2 705	2 295	1.18	广西	3 219	2 781	1.16
内蒙古	2 559	2 441	1.05	海南	2 704	2 296	1.18
辽宁	2 649	2 351	1.13	四川	4 155	3 845	1.08
吉林	2 060	1 940	1.06	贵州	2 261	1 739	1.30
黑龙江	2 594	2 406	1.08	云南	2 687	2 313	1.16
上海	4 131	3 869	1.07	西藏	2 415	1 585	1.52
江苏	6 530	5 470	1.19	重庆	3 134	2 866	1.09
浙江	7 468	6 532	1.14	陕西	3 218	2 782	1.16
安徽	2 475	2 525	0.98	甘肃	3 294	2 706	1.22
福建	3 720	3 280	1.13	青海	2 794	2 206	1.27
江西	2 651	2 349	1.13	宁夏	2 066	1 934	1.07
山东	2 970	3 030	0.98	新疆	3 122	2 878	1.08
河南	3 146	2 854	1.10				

数据来源：2015年全国流动人口动态监测数据

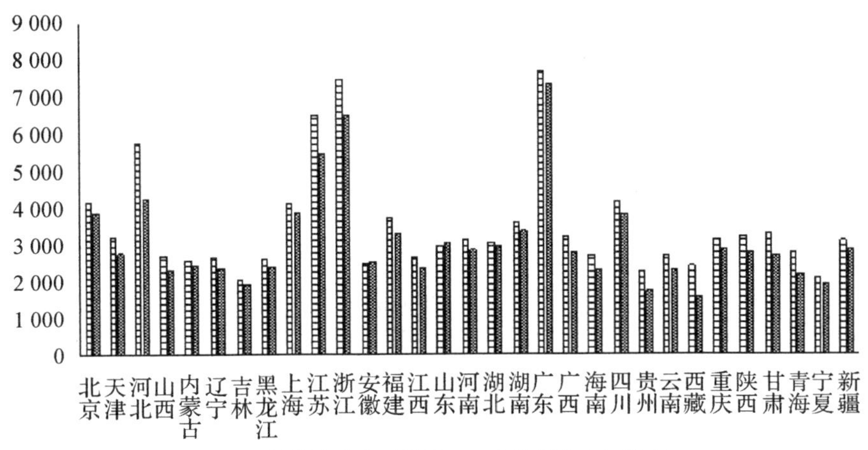

图3－1－1　2015年全国各省按性别分的流动人口数量

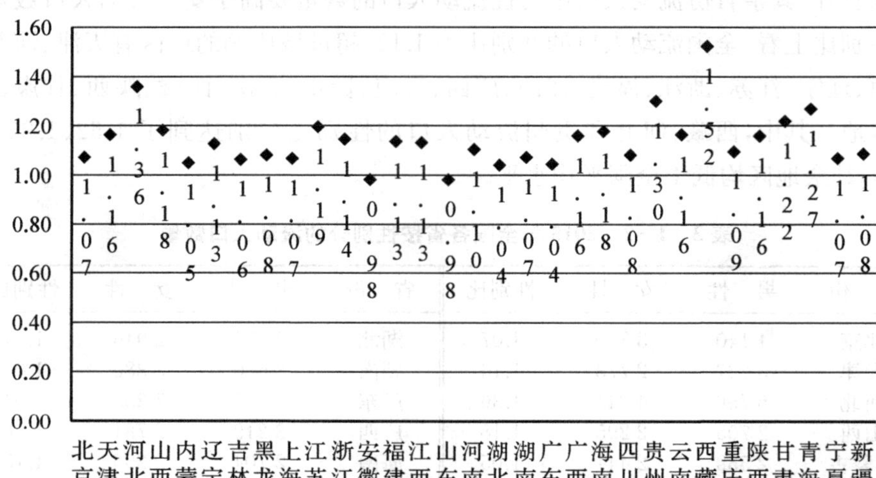

图 3-1-2　2015 年全国各省流动人口的性别比

二、年龄结构：中青年为流动人口主力军

表 3-1-3 给出了 2015 年全国流动人口的年龄结构。从流动人口整体来看，年龄分布不均匀，各个年龄段之间分布的比例存在较大差异。具体来看，全国流动人口中，年龄段为 20—29 岁以及 30—39 岁的流动人口占比分别达到 32.07%和 31.20%，居于前两位，并且两者占比之和超过 60%，这表明在全国流动人口中，中青年人口成为流动人口的主力军。40—49 岁的流动人口占比为 24.12%，仅次于 20—29 岁和 30—39 岁的流动人口。而 15—19 岁（青少年）和 50 岁及以上（老年人）流动人口的占比最低，分别为 3.19%和 9.42%。

表 3-1-3　2015 年全国流动人口的年龄结构

年龄组	人　数	百分比
15—19 岁	6 510	3.19
20—29 岁	65 413	32.07
30—39 岁	63 645	31.20
40—49 岁	49 206	24.12
50 岁及以上	19 226	9.42
合　计	204 000	100

数据来源：2015 年全国流动人口动态监测数据

表 3-1-4 和表 3-1-5 给出了 2015 年全国各省流动人口的年龄构成，图 3-1-3 为相应的图示。从全国各省流动人口的年龄构成来看，20—29 岁以及 30—39 岁的流动人口仍是各个省份流动人口的主要组成部分，但是省份之间存在较大差异。中青年流动人口（20—29 岁和 30—39 岁）占比超过 70%的省份有山东、广东和安徽，这三个省份都是人口大省，吸纳了较多的中青年流动人口；占比介于 60%和 70%之间的省份有陕西、广西、海南、北京、天津、湖北、河南、福建、河北、江苏、甘肃、上海、江西、宁夏、浙江、云南，这些地区大部分都位于经济相对发达的东部地区；而其余省份中青年流动人口的占比都在 60%以下。此外需要注意的是，50 岁及以上流动人口占比位于前列的省份为黑龙江、吉林、辽宁、内蒙古、四川和重庆，这表明东北地区和西南地区流动人口中老年人口也占据了相当一部分的比重。

表 3-1-4　2015 年全国各省流动人口的年龄构成（规模）

省　份	15—19 岁	20—29 岁	30—39 岁	40—49 岁	50 岁及以上	合　计
北京	213	2 399	3 005	1 653	730	8 000
天津	137	1 720	2 270	1 502	371	6 000
河北	216	3 435	3 041	2 346	962	10 000
山西	115	1 338	1 658	1 330	559	5 000
内蒙古	58	1 316	1 604	1 220	802	5 000
辽宁	122	1 402	1 471	1 159	846	5 000
吉林	92	1 098	1 186	975	649	4 000
黑龙江	123	1 204	1 322	1 301	1 050	5 000
上海	174	2 540	2 573	1 801	912	8 000
江苏	363	4 299	3 438	2 842	1 058	12 000
浙江	778	4 708	3 988	3 426	1 100	14 000
安徽	63	1 664	1 873	1 173	227	5 000
福建	296	2 403	2 191	1 613	497	7 000
江西	187	1 612	1 563	1 289	349	5 000
山东	86	2 111	2 501	1 165	137	6 000
河南	277	2 156	1 797	1 445	325	6 000
湖北	99	1 942	2 016	1 522	421	6 000
湖南	229	2 223	1 865	1 916	767	7 000
广东	606	5 613	5 147	3 019	615	15 000
广西	111	1 886	2 255	1 287	461	6 000
海南	110	1 577	1 816	1 100	397	5 000
四川	274	2 271	1 833	2 352	1 270	8 000
贵州	216	1 172	1 085	1 037	490	4 000

续 表

省 份	15—19岁	20—29岁	30—39岁	40—49岁	50岁及以上	合 计
云南	265	1 514	1 487	1 314	420	5 000
西藏	150	1 174	970	1 194	512	4 000
重庆	135	2 097	1 308	1 553	907	6 000
陕西	134	2 027	2 129	1 338	372	6 000
甘肃	196	1 976	1 863	1 530	435	6 000
青海	311	1 519	1 332	1 302	536	5 000
宁夏	165	1 217	1 280	882	456	4 000
新疆	209	1 800	1 778	1 620	593	6 000

数据来源：2015年全国流动人口动态监测数据

表3-1-5　2015年全国各省流动人口的年龄构成(百分比)

省 份	15—19岁	20—29岁	30—39岁	40—49岁	50岁及以上	合 计
北京	2.66	29.99	37.56	20.66	9.13	100.00
天津	2.28	28.67	37.83	25.03	6.18	100.00
河北	2.16	34.35	30.41	23.46	9.62	100.00
山西	2.30	26.76	33.16	26.60	11.18	100.00
内蒙古	1.16	26.32	32.08	24.40	16.04	100.00
辽宁	2.44	28.04	29.42	23.18	16.92	100.00
吉林	2.30	27.45	29.65	24.38	16.23	100.00
黑龙江	2.46	24.08	26.44	26.02	21.00	100.00
上海	2.18	31.75	32.16	22.51	11.40	100.00
江苏	3.03	35.83	28.65	23.68	8.82	100.00
浙江	5.56	33.63	28.49	24.47	7.86	100.00
安徽	1.26	33.28	37.46	23.46	4.54	100.00
福建	4.23	34.33	31.30	23.04	7.10	100.00
江西	3.74	32.24	31.26	25.78	6.98	100.00
山东	1.43	35.18	41.68	19.42	2.28	100.00
河南	4.62	35.93	29.95	24.08	5.42	100.00
湖北	1.65	32.37	33.60	25.37	7.02	100.00
湖南	3.27	31.76	26.64	27.37	10.96	100.00
广东	4.04	37.42	34.31	20.13	4.10	100.00
广西	1.85	31.43	37.58	21.45	7.68	100.00
海南	2.20	31.54	36.32	22.00	7.94	100.00
四川	3.43	28.39	22.91	29.40	15.88	100.00
贵州	5.40	29.30	27.13	25.93	12.25	100.00
云南	5.30	30.28	29.74	26.28	8.40	100.00

续　表

省　份	15—19 岁	20—29 岁	30—39 岁	40—49 岁	50 岁及以上	合　计
西藏	3.75	29.35	24.25	29.85	12.80	100.00
重庆	2.25	34.95	21.80	25.88	15.12	100.00
陕西	2.23	33.78	35.48	22.30	6.20	100.00
甘肃	3.27	32.93	31.05	25.50	7.25	100.00
青海	6.22	30.38	26.64	26.04	10.72	100.00
宁夏	4.13	30.43	32.00	22.05	11.40	100.00
新疆	3.48	30.00	29.63	27.00	9.88	100.00

数据来源：2015 年全国流动人口动态监测数据

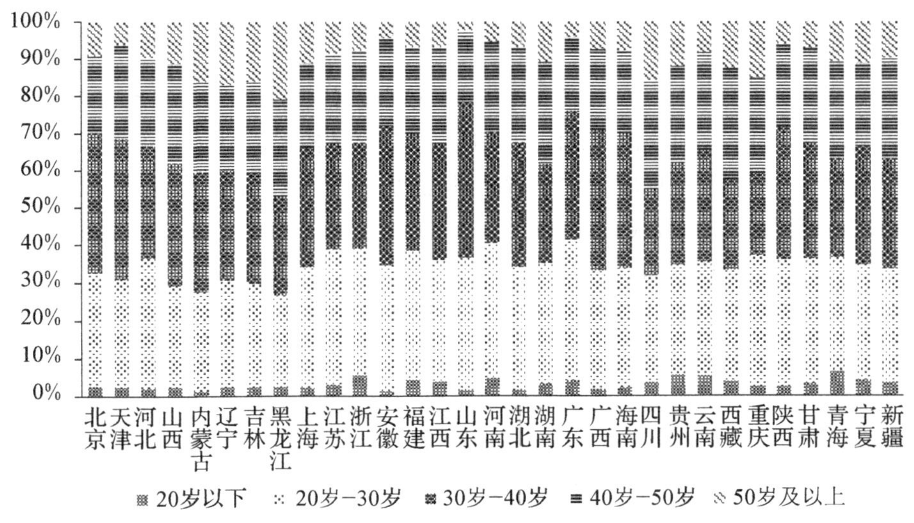

图 3-1-3　2015 年全国各省流动人口的年龄构成(百分比)

三、受教育程度：中学学历的流动人口占据主导地位

表 3-1-6 给出了 2015 年全国流动人口受教育程度分布情况。从流动人口整体来看，受教育程度分布不均，存在较大差异，其中，受教育程度为中学水平的流动人口(初中、高中/中专)为 147 564 人，占总流动人口的 72.33%；接受过高等教育的流动人口(大学本科、大学专科、研究生及以上)为 25 636 人，占总流动人口的 12.57%；未接受过任何教育的流动人口为 3 825 人，占总流动人口的 1.88%。通过数据可以看出，绝大多数流动人口拥有过受教育的经历，但超过

70%的流动人口的受教育程度较低，受教育程度仅为中学水平，这表明流动人口整体的受教育水平较低。

表 3-1-6　2015 年全国流动人口的受教育程度分布情况

受教育程度	人　数	百分比
未上过学	3 825	1.88
小学	26 975	13.22
初中	103 091	50.53
高中/中专	44 473	21.80
大学本科/大学专科	25 034	12.27
研究生	602	0.30
合　计	204 000	100

数据来源：2015 年全国流动人口动态监测数据

表 3-1-7 和表 3-1-8 给出了 2015 年全国各省流动人口受教育程度的分布情况，图 3-1-4 则给出了相应的图示。从全国各省流动人口受教育程度的分布来看，各省受教育程度为中学水平的流动人口仍然占据主导地位，但各省之间存在一定的差异。西藏、青海、浙江、云南、黑龙江、甘肃、宁夏、河南、福建等地的流动人口中，受教育程度为中学水平的流动人口占比超过总流动人口数的 90%，而受教育程度为高等教育水平的流动人口占比均小于 10%。除浙江、河南和福建外，其他地区的地理位置较为偏僻，经济发展水平相对落后，教育资源相对稀缺，流动人口整体的受教育水平较低。在经济发展水平较为领先的北京、上海和重庆等省份，流动人口中受过高等教育的人数占比超过 20%，这表明这些地区更加能够吸引高学历的人才来促进地区经济的发展。

表 3-1-7　2015 年全国各省流动人口的受教育程度分布情况(规模)

省　份	初中及以下	高中/中专	大学本科/专科	研究生	合　计
北京	3 686	1 800	2 310	204	8 000
天津	4 324	1 009	658	9	6 000
河北	6 424	2 174	1 376	26	10 000
山西	3 411	1 004	571	14	5 000
内蒙古	3 553	775	662	10	5 000
辽宁	3 217	1 088	683	12	5 000
吉林	2 645	861	488	6	4 000
黑龙江	3 789	836	371	4	5 000
上海	4 626	1 651	1 628	95	8 000

续　表

省　份	初中及以下	高中/中专	大学本科/专科	研究生	合　计
江苏	7 996	2 433	1 538	33	12 000
浙江	11 087	2 070	827	16	14 000
安徽	3 269	1 030	692	9	5 000
福建	5 061	1 264	670	5	7 000
江西	3 117	1 312	562	9	5 000
山东	3 388	1 598	1 003	11	6 000
河南	3 742	1 689	568	1	6 000
湖北	3 813	1 557	627	3	6 000
湖南	3 899	2 231	858	12	7 000
广东	9 478	3 999	1 508	15	15 000
广西	3 467	1 523	997	13	6 000
海南	2 939	1 357	697	7	5 000
四川	5 099	1 894	996	11	8 000
贵州	2 845	739	414	2	4 000
云南	3 799	878	321	2	5 000
西藏	3 227	614	159	0	4 000
重庆	3 148	1 562	1 250	40	6 000
陕西	3 644	1 613	731	12	6 000
甘肃	4 220	1 259	516	5	6 000
青海	3 830	876	294	0	5 000
宁夏	2 990	651	355	4	4 000
新疆	4 158	1 126	704	12	6 000

数据来源：2015 年全国流动人口动态监测数据

表 3－1－8　2015 年全国各省流动人口的受教育程度分布情况（百分比）

省　份	初中及以下	高中/中专	大学本科/专科	研究生	合　计
北京	46.08	22.50	28.88	2.55	100.00
天津	72.07	16.82	10.97	0.15	100.00
河北	64.24	21.74	13.76	0.26	100.00
山西	68.22	20.08	11.42	0.28	100.00
内蒙古	71.06	15.50	13.24	0.20	100.00
辽宁	64.34	21.76	13.66	0.24	100.00
吉林	66.13	21.53	12.20	0.15	100.00
黑龙江	75.78	16.72	7.42	0.08	100.00
上海	57.83	20.64	20.35	1.19	100.00
江苏	66.63	20.28	12.82	0.28	100.00

续　表

省　份	初中及以下	高中/中专	大学本科/专科	研究生	合　计
浙江	79.19	14.79	5.91	0.11	100.00
安徽	65.38	20.60	13.84	0.18	100.00
福建	72.30	18.06	9.57	0.07	100.00
江西	62.34	26.24	11.24	0.18	100.00
山东	56.47	26.63	16.72	0.18	100.00
河南	62.37	28.15	9.47	0.02	100.00
湖北	63.55	25.95	10.45	0.05	100.00
湖南	55.70	31.87	12.26	0.17	100.00
广东	63.19	26.66	10.05	0.10	100.00
广西	57.78	25.38	16.62	0.22	100.00
海南	58.78	27.14	13.94	0.14	100.00
四川	63.74	23.68	12.45	0.14	100.00
贵州	71.13	18.48	10.35	0.05	100.00
云南	75.98	17.56	6.42	0.04	100.00
西藏	80.68	15.35	3.98	0.00	100.00
重庆	52.47	26.03	20.83	0.67	100.00
陕西	60.73	26.88	12.18	0.20	100.00
甘肃	70.33	20.98	8.60	0.08	100.00
青海	76.60	17.52	5.88	0.00	100.00
宁夏	74.75	16.28	8.88	0.10	100.00
新疆	69.30	18.77	11.73	0.20	100.00

数据来源：2015 年全国流动人口动态监测数据

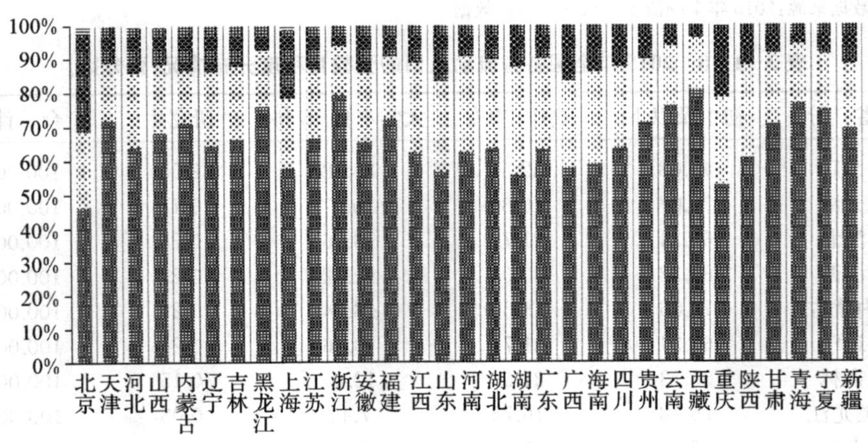

图 3-1-4　2015 年全国各省流动人口的受教育程度分布情况

四、户籍类型:农业流动人口占据主导地位

表3-1-9给出了2015年全国流动人口户籍类型的分布情况。从表中可以看出,全部流动人口中,83.57%的流动人口拥有农业户口,而仅有15.01%的流动人口拥有非农业户口。众多研究表明,户籍性质影响流动人口的就业、教育、医疗等各方面的待遇。相比非农业户口,拥有农业户口的流动人员在迁入地面临着更大的就业难度,在社会公共服务等方面也与常住居民存在较大的差异。在推进新型城镇化过程中,如何将这些拥有农业户口的流动人员转化为市民,改善其社会状况是重要的挑战之一。

表3-1-9　2015年全国流动人口户籍类型的分布情况

受教育程度	人　数	百分比
农业	170 477	83.57
非农业	30 611	15.01
农业转居民	2 505	1.23
非农业转居民	407	0.20
合　计	204 000	100

数据来源:2015年全国流动人口动态监测数据

表3-1-10和表3-1-11给出了2015年全国各省流动人口户籍类型的分布情况,图3-1-5则给出了图示。从全国各省流动人口户籍类型的分布情况来看,拥有非农业户口的流动人口仍是各省流动人口的主要组成部分,但各省之间仍存在较大的差异。在河南、浙江、山东等地区,拥有农业户口的流动人口占比均达到了90%以上,这说明这些地区的流动人口主要以农业人口为主。在北京、上海、江苏等地区,拥有农业户口的流动人口占比相对较低,同时拥有非农业户口的流动人口的占比均超过了20%。这说明这些经济发达地区不仅吸收了农村转移到城市的流动人口,也吸收了一部分城市间转移的流动人口。经济发达地区往往会吸引高层次人才聚集,这些地区也为人才在当地落户提供了便利的条件。

表3-1-10　2015年全国各省流动人口的户籍分布情况(规模)

省　份	非农业	农　业	农业转居民	非农业转居民	合　计
北京	2 768	5 207	23	2	8 000

续 表

省 份	非农业	农 业	农业转居民	非农业转居民	合 计
天津	787	5 199	11	3	6 000
河北	1 569	8 412	18	1	10 000
山西	728	4 265	6	1	5 000
内蒙古	714	4 282	2	2	5 000
辽宁	1 301	3 653	34	12	5 000
吉林	869	3 124	7	0	4 000
黑龙江	1 266	3 727	5	2	5 000
上海	1 958	5 929	72	41	8 000
江苏	1 958	5 929	72	41	8 000
浙江	902	12 957	118	23	14 000
安徽	648	4 293	39	20	5 000
福建	383	5 361	1 169	87	7 000
江西	839	4 120	35	6	5 000
山东	546	5 431	20	3	6 000
河南	335	5 646	16	3	6 000
湖北	794	5 191	15	0	6 000
湖南	851	6 091	52	6	7 000
广东	1 564	13 322	88	26	15 000
广西	944	5 025	23	8	6 000
海南	1 176	3 788	25	11	5 000
四川	1 517	6 313	146	24	8 000
贵州	623	3 359	15	3	4 000
云南	495	4 440	59	6	5 000
西藏	464	3 511	17	8	4 000
重庆	1 693	4 029	214	64	6 000
陕西	649	5 262	80	9	6 000
甘肃	657	5 332	10	1	6 000
青海	504	4 438	56	2	5 000
宁夏	550	3 445	4	1	4 000
新疆	1 168	4 819	7	6	6 000

数据来源:2015 年全国流动人口动态监测数据

表 3－1－11　2015 年全国各省流动人口的户籍分布情况(百分比)

省　份	非农业	农　业	农业转居民	非农业转居民	合　计
北京	34.60	65.09	0.29	0.03	100.00
天津	13.12	86.65	0.18	0.05	100.00
河北	15.69	84.12	0.18	0.01	100.00
山西	14.56	85.30	0.12	0.02	100.00
内蒙古	14.28	85.64	0.04	0.04	100.00
辽宁	26.02	73.06	0.68	0.24	100.00
吉林	21.73	78.10	0.18	0.00	100.00
黑龙江	25.32	74.54	0.10	0.04	100.00
上海	24.48	74.11	0.90	0.51	100.00
江苏	24.48	74.11	0.90	0.51	100.00
浙江	6.44	92.55	0.84	0.16	100.00
安徽	12.96	85.86	0.78	0.40	100.00
福建	5.47	76.59	16.70	1.24	100.00
江西	16.78	82.40	0.70	0.12	100.00
山东	9.10	90.52	0.33	0.05	100.00
河南	5.58	94.10	0.27	0.05	100.00
湖北	13.23	86.52	0.25	0.00	100.00
湖南	12.16	87.01	0.74	0.09	100.00
广东	10.43	88.81	0.59	0.17	100.00
广西	15.73	83.75	0.38	0.13	100.00
海南	23.52	75.76	0.50	0.22	100.00
四川	18.96	78.91	1.83	0.30	100.00
贵州	15.58	83.98	0.38	0.08	100.00
云南	9.90	88.80	1.18	0.12	100.00
西藏	11.60	87.78	0.43	0.20	100.00
重庆	28.22	67.15	3.57	1.07	100.00
陕西	10.82	87.70	1.33	0.15	100.00
甘肃	10.95	88.87	0.17	0.02	100.00
青海	10.08	88.76	1.12	0.04	100.00
宁夏	13.75	86.13	0.10	0.03	100.00
新疆	19.47	80.32	0.12	0.10	100.00

数据来源:2015 年全国流动人口动态监测数据

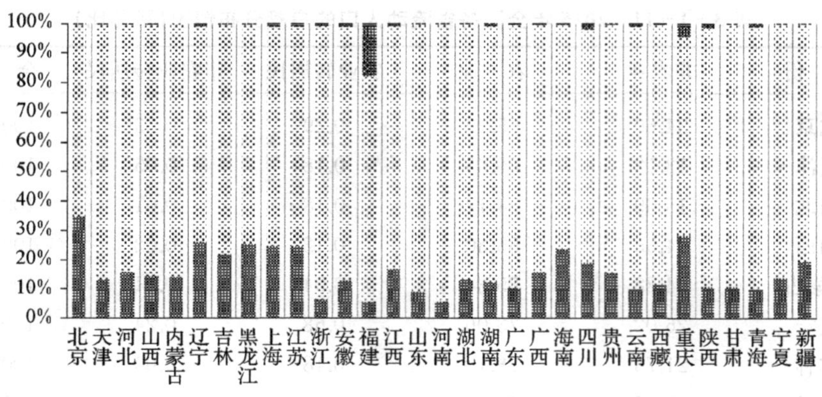

图 3-1-5　2015 年全国各省流动人口的户籍分布情况

五、社会医疗保险参与情况

表 3-1-12 给出了 2015 年全国流动人口的社会医疗保险参与情况。从流动人口整体来看，在新农村合作医疗保险方面，66.29%的流动人口都参加了该保险。而在城乡居民合作医疗保险方面，仅有 4.09%的流动人口参加了该保险；在城镇居民医疗保险方面，仅有 5.48%的流动人口参加了该保险。上述数据说明，在以农业流动人口为主导的现实情况下，这些农业流动人口在进入城镇后，在城镇社会医疗保险的参与率普遍处于偏低水平。这与我国流动人口很难享受与当地人相同待遇的现实情况相吻合。大量农村人口的涌入加剧了医疗等公共资源的紧张，地方政府可能通过与户籍制度挂钩的方式来提供公共产品。但在新型城镇化的推进过程中，政府应进一步推进城镇基本公共服务的均等化，保证流动人口基本的社会地位和社会公共服务的享有权。

表 3-1-12　2015 年全国流动人口的社会医疗保险参与情况

保险类型	参保人数	百分比
新农村合作医疗保险	135 223	66.29
城乡居民合作医疗保险	8 337	4.09
城镇居民医疗保险	11 171	5.48
城镇职工医疗保险	35 539	17.42
公费医疗	262	0.13

数据来源：2015 年全国流动人口动态监测数据

六、流动特征

(一) 流动原因:务工经商成为流动的主要原因

表3-1-13给出了2015年全国流动人口流动原因的分布情况。在全部流动人口样本中,84.46%的流动人口因为“务工经商”而进行流动,这说明大部分流动人口主要是为了寻求更好的工作机会而选择离开家乡。此外,约11.72%的流动人口的流动原因为“家属随迁”,这部分流动人口往往是随着家庭核心成员的流动而流动,这表明家庭化的流动现象也成为流动人口的一个重要特征。

表3-1-13 2015年全国流动人口流动原因的分布情况

流动原因	人 数	百分比
务工经商	172 296	84.46
家属随迁	23 902	11.72
婚姻嫁娶	981	0.48
出生	290	0.14
投靠亲友	2 079	1.02
学习培训	1 126	0.55
拆迁搬家	1 461	0.72
参军	30	0.01
其他	1 835	0.90
合 计	204 000	100

数据来源:2015年全国流动人口动态监测数据

(二) 流入地区:东部地区流入人口最多,中西部地区吸引回流人口

表3-1-14给出了2015年全国流动人口流入地区的分布情况。东部地区流入人口占比为44.61%,居于首位;西部地区流入人口占比为31.86%,仅次于东部地区;中部地区流入人口占比为16.67%,居第三位;东北地区流入人口占比仅为6.86%,居末位。东部地区经济领先,发展迅速,创造的就业机会多,与其他地区相比在各方面都具有明显的区位优势,因此吸引了最多的流动人口。而中西部地区也吸引了较多的流动人口,可能是因为随着东部沿海城市建设的相应饱和、产业结构升级,一部分产业逐步向中西部转移,促进了流动人口向中西部回流。此外,中西部地区三四线城市凭借人口的增长和互联网的普及迎来了发

展空间，人口红利也吸引了制造企业的内迁落户，带动了当地经济的发展，这些因素都增强了中西部地区吸引流动人口的能力。而东北地区目前经济发展水平和产业结构相对落后，大量人口外流，成为人口净流出地区。

表 3-1-14　2015 年全国流动人口流入地区的分布情况

流入地区	人　数	百分比
东部地区	91 000	44.61
中部地区	34 000	16.67
西部地区	65 000	31.86
东北地区	14 000	6.86
合　计	204 000	100

数据来源：2015 年全国流动人口动态监测数据

（三）流动范围：跨省流动和省内跨市流动成为主要选择

表 3-1-15 给出了 2015 年全国流动人口流动范围的分布情况。在全部流动人口中，跨省流动人口为 101 131 人，占比为 49.57%；省内跨市流动人口为 62 170 人，占比为 30.48%；市内跨县流动人口为 40 673 人，占比为 19.94%。通过数据可以看出，全部流动人口中将近半数都属于跨省流动，这可能是因为随着经济的发展和交通环境的改善，流动人口突破了地理距离的限制，有意愿并且有能力到更远的地方去寻求新的发展机会。此外，数据表明，省内跨市流动也是流动人口的一个重要选择，既能够为流动人口提供充足的发展机会，又能使流动人口不远离家乡。由此可见，跨省流动和省内跨市流动成为流动人口的主要选择。

表 3-1-15　2015 年全国流动人口流动范围分析

流动范围	人　数	百分比
跨省流动	101 131	49.57
省内跨市流动	62 170	30.48
市内跨县流动	40 673	19.94
跨境	26	0.01
合　计	204 000	100

数据来源：2015 年全国流动人口动态监测数据

表 3-1-16 和表 3-1-17 给出了 2015 年全国各省流动人口流动范围的分布情况，图 3-1-6 给出了相应的图示。北京、天津、上海、浙江、广东等地区成

为跨省流动人口的主要集中地。这些地区经济发展水平高，区位优势明显，发展机会多，吸引了大量省外的流动人口。河南、山东、四川、湖南、广西、黑龙江、吉林、内蒙古等地成为省内跨市流动人口的主要集中地，这些地区大都处于中西部地区，且地域面积相对较大，省内流动基本满足了流动人口各方面的需求。

表 3-1-16　2015 年全国各省流动人口流动范围分布情况(规模)

省　份	跨省流动	省内跨市流动	市内跨县流动	合　计
北京	8 000	0	0	8 000
天津	6 000	0	0	6 000
河北	4 216	2 291	3 492	9 999
山西	2 215	1 688	1 097	5 000
内蒙古	1 207	2 264	1 528	4 999
辽宁	2 965	1 410	625	5 000
吉林	1 080	1 681	1 239	4 000
黑龙江	779	3 484	736	4 999
上海	8 000	0	0	8 000
江苏	7 850	3 443	705	11 998
浙江	12 461	1 148	386	13 995
安徽	508	2 142	2 350	5 000
福建	4 140	2 020	838	6 998
江西	1 478	1 804	1 716	4 998
山东	779	3 981	1 240	6 000
河南	937	2 972	2 090	5 999
湖北	1 512	2 168	2 320	6 000
湖南	792	3 190	3 018	7 000
广东	10 690	3 903	402	14 995
广西	1 370	2 435	2 193	5 998
海南	2 923	1 878	199	5 000
四川	1 226	4 520	2 253	7 999
贵州	1 412	1 580	1 007	3 999
云南	2 177	2 044	779	5 000
西藏	2 694	858	448	4 000
重庆	1 803	0	4 196	5 999
陕西	1 876	1 753	2 371	6 000
甘肃	1 899	2 272	1 829	6 000
青海	2 666	1 824	509	4 999
宁夏	1 590	1 778	632	4 000
新疆	3 886	1 639	475	6 000

表 3-1-17　2015 年全国各省流动人口流动范围分布情况(百分比)

省　份	跨省流动	省内跨市流动	市内跨县流动	合　计
北京	100.00	0.00	0.00	100.00
天津	100.00	0.00	0.00	100.00
河北	42.16	22.91	34.92	100.00
山西	44.30	33.76	21.94	100.00
内蒙古	24.14	45.29	30.57	100.00
辽宁	59.30	28.20	12.50	100.00
吉林	27.00	42.03	30.98	100.00
黑龙江	15.58	69.69	14.72	100.00
上海	100.00	0.00	0.00	100.00
江苏	65.43	28.70	5.88	100.00
浙江	89.04	8.20	2.76	100.00
安徽	10.16	42.84	47.00	100.00
福建	59.16	28.87	11.97	100.00
江西	29.57	36.09	34.33	100.00
山东	12.98	66.35	20.67	100.00
河南	15.62	49.54	34.84	100.00
湖北	25.20	36.13	38.67	100.00
湖南	11.31	45.57	43.11	100.00
广东	71.29	26.03	2.68	100.00
广西	22.84	40.60	36.56	100.00
海南	58.46	37.56	3.98	100.00
四川	15.33	56.51	28.17	100.00
贵州	35.31	39.51	25.18	100.00
云南	43.54	40.88	15.58	100.00
西藏	67.35	21.45	11.20	100.00
重庆	30.06	0.00	69.94	100.00
陕西	31.27	29.22	39.52	100.00
甘肃	31.65	37.87	30.48	100.00
青海	53.33	36.49	10.18	100.00
宁夏	39.75	44.45	15.80	100.00
新疆	64.77	27.32	7.92	100.00

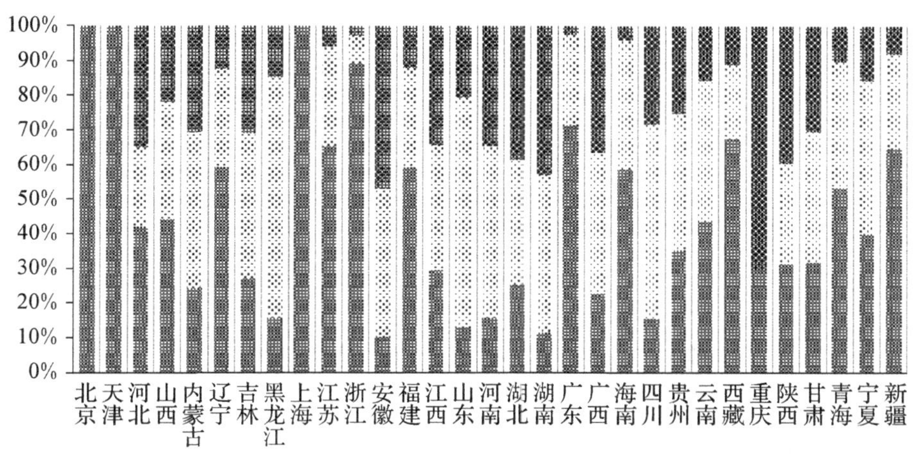

图 3-1-6　2015 年全国各省流动人口的流动范围分布情况

（四）流动时间：短期流动占主导地位，中长期流动占重要地位

表 3-1-18 给出了 2015 年全国流动人口流动时间的分布情况。流动时间在 1 年及以下的流动人口为 91 000 人，成为总流动人口的主要组成部分，占总流动人口的 44.61%；流动时间在 2—3 年的流动人口为 34 000 人，占总流动人口的 16.67%；流动时间在 3—4 年的流动人口为 65 000 人，是总流动人口的重要组成部分，占总流动人口的 31.86%；流动时间为 5 年及以上的流动人口为 14 000 人，占比最低，为总流动人口的 6.86%。通过数据可以看出，短期流动（1 年及以下）和中长期流动（4—5 年）是全国流动人口的主要特征。由于农业流动人口是总流动人口的主要组成部分，这部分流动人口在进入城市后往往扮演农民工的角色，流动性较强，因而短期流动成为这部分人群的主要流动特征。此外，一部分流动人口在迁入地通过工作时间和工作经验的积累，能够寻求到更高层次的工作，社会地位和社会融入程度逐渐提高。这部分群体更加倾向于在当地生活和工作，他们构成了中长期流动人口的重要组成部分。

表 3-1-18　2015 年全国流动人口流动时间的分布情况

流动时间	人　数	百分比
1 年及以下	91 000	44.61
2—3 年	34 000	16.67

续　表

流动时间	人　数	百分比
4—5 年	65 000	31.86
5 年以上	14 000	6.86
合　计	204 000	100

数据来源：2015 年全国流动人口动态监测数据

第二节　流动人口的就业现状

流动人口在迁入地面临的一个重要挑战便是就业问题，流动人员在迁入地能否顺利实现就业，就业收入如何，等等，都是值得关心的问题，故本节利用 2015 中国流动人口动态监测数据来描述和分析流动人口的就业状况。具体而言，本节分别从流动人口的就业状态、就业行业、从事职业、就业单位性质、就业身份和就业收入六个方面展开，以对流动人口的就业状况进行较为详细的刻画。

一、就业状态

表 3－2－1 给出了 2015 年全国流动人口按性别与就业状况的分布情况。从流动人口整体来看，82.32％的流动人口在迁入地顺利实现了就业，4.44％的流动人口在迁入地处于失业状态，约 10％的流动人口因为家庭、学习等原因而处于无业状态。这些数据表明流动人口在迁入地仍以就业作为主要目标。分性别来看，90.45％的男性流动人口在迁入地实现了就业，73.13％的女性流动人口在迁入地实现了就业。可以看出，相比于女性，男性流动人口更容易实现就业。一个可能的原因是，男性往往为了寻求更好的工作机会而进行流动，就业意愿比较明确，而女性流动人口中有一部分属于家庭随迁人口，在迁入地并没有选择工作，而是在家庭中操持家务。

表 3－2－1　2015 年全国流动人口按性别与就业状况的分布

就业状况	男		女		合　计	
	人数	百分比	人数	百分比	人数	百分比
就业	97 862	90.45	70 065	73.13	167 927	82.32

续　表

就业状况	男		女		合　计	
	人数	百分比	人数	百分比	人数	百分比
失业	5 222	4.83	3 833	4.00	9 055	4.44
怀孕或哺乳	0	0.00	2 617	2.73	2 617	1.28
操持家务	516	0.48	14 619	15.26	15 135	7.42
学习培训	699	0.65	844	0.88	1 543	0.76
退休	1 954	1.81	1 331	1.39	3 285	1.61
其他	1 939	1.79	2 499	2.61	4 438	2.18
合　计	108 192	100.00	95 808	100.00	204 000	100.00

二、就业行业

图 3－2－1 给出了 2015 年全国流动人口就业行业的分布情况。2015 年全国流动就业人口中，25.66％的流动就业人口从事批发零售行业，19.75％的流动就业人口从事制造业，15.58％的流动就业人口从事居民服务、修理和其他服务业，13.94％的流动就业人口从事住宿餐饮业，而从事一些更高层次行业（如信息传输、软件和信息技术服务、金融、科研和技术服务等）的流动就业人口占比均小于 3％。通过数据可以看出，流动就业人口从事的大多是制造业和生活性服务

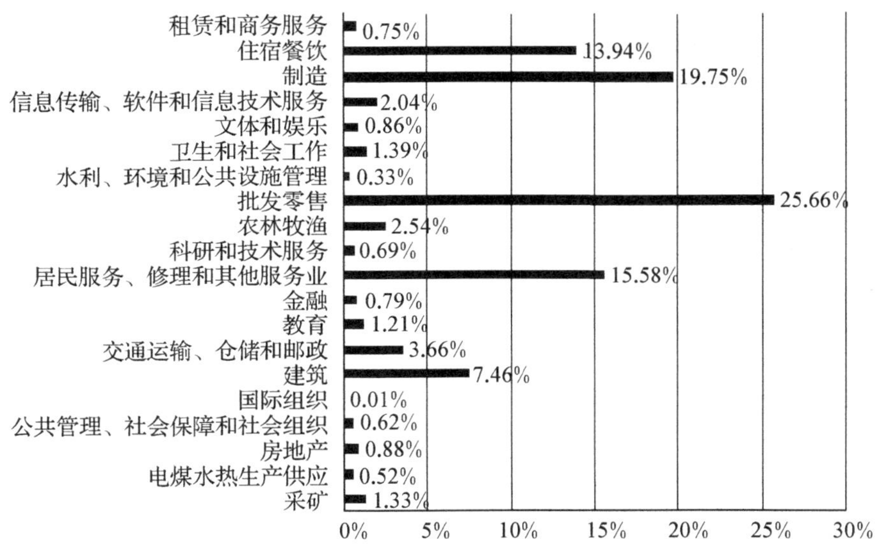

图 3－2－1　2015 年全国流动人口就业行业分布情况

业等传统行业的工作，较少有流动就业人口从事专业化和职业化层次更高的行业工作。这可能是因为流动就业人口的主体是农业人口，他们的人力资本水平相对较低，缺乏从事高层次行业工作的专业技能，只能从事一些传统制造业和生活性服务业等行业的工作。

表 3-2-2 给出了 2015 年全国流动人口按性别分的就业行业分布情况。相比之下，男性流动就业人口从事采矿业、建筑业、交通运输、仓储和邮政等行业的比例更高，而女性流动就业人口从事教育、卫生和社会工作、文体和娱乐、住宿餐饮等行业的比例更高。可以看出，男性流动就业人口更可能从事一些耗费体力大的传统制造业行业，女性流动就业人口更可能从事一些生活服务类行业。

表 3-2-2　2015 年全国流动人口按性别分的就业行业分布情况

从事行业	男		女		合　计	
	人数	百分比	人数	百分比	人数	百分比
采矿	1 988	2.01	259	0.37	2 247	1.33
电煤水热生产供应	640	0.65	241	0.34	881	0.52
房地产	965	0.98	529	0.75	1 494	0.88
公共管理、社会保障和社会组织	633	0.64	421	0.60	1 054	0.62
国际组织	7	0.01	5	0.01	12	0.01
建筑	10 622	10.75	2 033	2.88	12 655	7.46
交通运输、仓储和邮政	5 336	5.40	867	1.23	6 203	3.66
教育	611	0.62	1 437	2.03	2 048	1.21
金融	638	0.65	693	0.98	1 331	0.79
居民服务、修理和其他服务业	15 795	15.98	10 611	15.01	26 406	15.58
科研和技术服务	831	0.84	338	0.48	1 169	0.69
农林牧渔	2 530	2.56	1 777	2.51	4 307	2.54
批发零售	22 296	22.56	21 206	30.00	43 502	25.66
水利、环境和公共设施管理	369	0.37	195	0.28	564	0.33
卫生和社会工作	854	0.86	1 508	2.13	2 362	1.39
文体和娱乐	731	0.74	730	1.03	1 461	0.86
信息传输、软件和信息技术服务	2 183	2.21	1 272	1.80	3 455	2.04
制造	19 287	19.51	14 189	20.07	33 476	19.75
住宿餐饮	11 827	11.97	11 805	16.70	23 632	13.94
租赁和商务服务	698	0.71	572	0.81	1 270	0.75
合　计	98 841	100.00	70 688	100.00	169 529	100.00

数据来源：2015 年全国流动人口动态监测数据

三、就业职业

图 3-2-2 给出了 2015 年全国流动人口就业职业的分布情况。2015 年全国流动就业人口中，18.11%的流动就业人口从事经商类工作，13.05%的流动就业人口从事生产类工作，10.54%的流动就业人口从事餐饮类工作，18.94%的流动就业人口从事其他商业和服务类工作。通过数据可以看出，商业和服务业成为流动人口选择就业职业的主要领域。

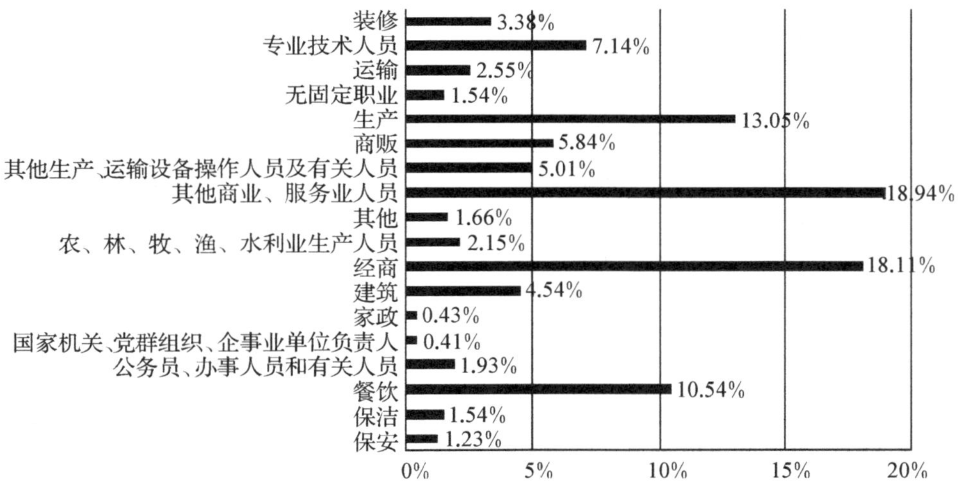

图 3-2-2　2015 年全国流动人口就业职业分布情况

表 3-2-3 给出了 2015 年全国流动人口按性别划分的就业职业分布情况。相比之下，男性就业流动人口从事建筑、保安、运输、装修、专业技术人员等职业的比例更高，而女性就业流动人口从事保洁、餐饮、家政等职业的比例更高，这与劳动力市场对这些职业的性别需求有很大关系。

表 3-2-3　2015 年全国流动人口按性别划分的就业职业分布情况

从事职业	男		女		合计	
	人数	百分比	人数	百分比	人数	百分比
保安	1 924	1.95	160	0.23	2 084	1.23
保洁	677	0.68	1 930	2.73	2 607	1.54
餐饮	9 243	9.35	8 632	12.21	17 875	10.54
公务员、办事人员和有关人员	1 507	1.52	1 770	2.50	3 277	1.93

续 表

从事职业	男		女		合 计	
	人数	百分比	人数	百分比	人数	百分比
国家机关、党群组织、企事业单位	484	0.49	205	0.29	689	0.41
家政	123	0.12	601	0.85	724	0.43
建筑	6 621	6.70	1 072	1.52	7 693	4.54
经商	17 113	17.31	13 587	19.22	30 700	18.11
农、林、牧、渔、水利业生产人员	2 124	2.15	1 524	2.16	3 648	2.15
其他	1 527	1.54	1 290	1.82	2 817	1.66
其他商业、服务业人员	15 001	15.18	17 116	24.21	32 117	18.94
其他生产、运输设备操作人员	5 847	5.92	2 652	3.75	8 499	5.01
商贩	5 590	5.66	4 315	6.10	9 905	5.84
生产	12 272	12.42	9 844	13.93	22 116	13.05
无固定职业	1 798	1.82	814	1.15	2 612	1.54
运输	4 022	4.07	304	0.43	4 326	2.55
专业技术人员	8 144	8.24	3 968	5.61	12 112	7.14
装修	4 824	4.88	904	1.28	5 728	3.38
合 计	98 841	100.00	70 688	100.00	169 529	100.00

数据来源：2015 年全国流动人口动态监测数据

四、就业单位性质

图 3-2-3 给出了 2015 年全国流动人口就业单位性质的分布情况。2015 年全国流动人口中，40.61%的流动就业人口的单位性质属于“个体工商户”，27%的流动就业人口的单位性质属于“私营企业”，可以看出这两部门吸收了超过 60%的流动就业人口。就业单位性质为“机关、事业单位”“国有及国有控股企业”“外商独资企业”的占比分别为 1.96%、4.83%和 1.54%，这表明在国企、外企和企事业单位就业的流动人员还比较少，流动就业人员进入这些单位的难度较大。

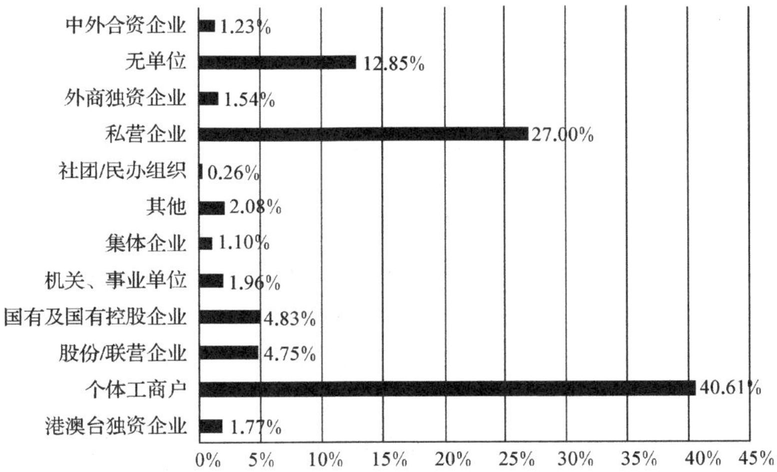

图 3-2-3　2015 年全国流动人口就业单位性质分布情况

五、就业身份

图 3-2-4 给出了 2015 年全国流动人口就业身份的分布情况。2015 年全国流动人口就业身份中，"雇员"占总样本的 56.92%，超过 1/2 的比例；"自营劳动者"占总样本的 33.86%，将近 1/3 的比例；"雇主"较少，仅占总样本的 7.59%。从图中数据可以看出，流动就业人口在迁入地的就业身份主要为被雇佣者和自营劳动者，这也体现出流动就业人口在创业意愿和创业能力上的欠缺。

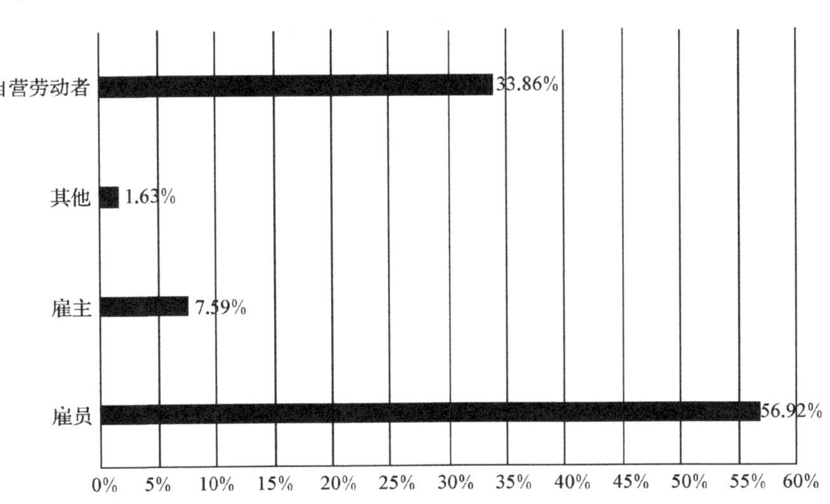

图 3-2-4　2015 年全国流动人口就业身份分布情况

六、就业收入

图 3－2－5 给出了 2015 年全国流动人口就业月收入分布情况。2015 年流动就业群体中，月收入为 3 000—3 999 元的样本占比最高，达到了 27.46%；月收入为 2 000—2 999 元的样本占比居第二位，为 23.48%；月收入为 4 000—4 999 元的样本占比居第三位，为 15.19%；月收入超过 5 000 元的样本占比也达到了将近四分之一。通过数据可以看出，超过半数流动就业人口的月收入水平主要分布在2 000—3 000 元这一区间，处于相对较低的收入水平，同时也有将近 1/4 的流动就业人口月收入水平超过了 5 000 元，处于相对较高的收入水平。这说明，尽管总体上流动就业人口处于相对较低的收入水平，但在该群体内部也出现了一定的收入差距，部分流动就业人员获得了超过平均水平的高收入。

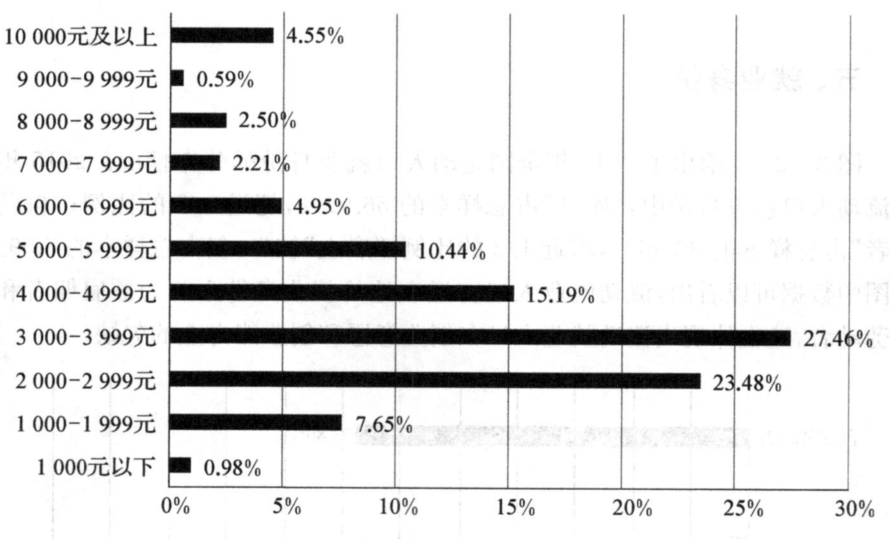

图 3－2－5　2015 年全国流动人口就业月收入分布情况

第三节　流动人口的创业现状

对于流动人口而言，虽然就业是大部分人的选择，但创业也是一个可行的选择，故本节利用 2015 年 CGSS（中国综合社会调查）家户问卷数据，对流动人口的创业情况进行描述与分析。该调查数据对象包含中国各城市常住人口和流动人口，本章将常住人口剔除后，得到了 904 个流动人口的样本。在此基础上，本章将从流动创业人口的性别分布、城乡分布、年龄分布、受教育程度四个方面展开分析，对流动人口的创业情况进行详细刻画。

一、按性别分类的创业情况

表 3－3－1 给出了 2015 年全国流动人口按性别分类的创业分布情况。2015 年全国流动人口的 904 个总样本中，约 14%的流动人口选择了创业，创业类型为“个体工商户”的创业者占总流动人口的 10.18%，而创业类型为“自己是老板/合伙人”的创业者占总流动人口的 3.43%。可以看出，超过 1/10 的流动人口在迁入地选择了创业，但多数创业者都是规模较小的个体工商户，较少的创业者能够成为雇主/合伙人。这可能是因为相对于“个体工商户”，“自己是老板/合伙人”对创业者的资本、能力要求都更高，创业的难度也更大。

表 3－3－1　2015 年全国流动人口按性别分类的创业分布情况

创业类型	男		女		合　计	
	人数	百分比	人数	百分比	人数	百分比
个体工商户	58	13.12	34	7.36	92	10.18
自己是老板/合伙人	15	3.39	16	3.46	31	3.43
其他就业状态	369	83.48	412	89.18	781	86.39
合　计	442	100	462	100	904	100

数据来源：2015 年 CGSS（中国综合社会调查）家户问卷数据

进一步，从性别来看，流动创业人口中男性创业者的比例为 16.51%，高于女性创业者的比例 10.82%，可以看出，男性的创业意愿和创业能力相对更为强烈。在创业类型为“个体工商户”中，男性创业者占总流动人口的比例为13.12%，要高于女性创业者占总流动人口的比例 7.36%，这可能是因为相比于女性，男性创业的可能性更高。在创业类型为“自己是老板/合伙人”中，男性和女性创业者占总流动人口的比重相近，这可能是因为，“自己是老板/合伙人”这种创业类型要求创业者拥有一定的资本基础、创业能力，而对性别的要求较低，因此两者的比重相近。

二、按城乡分类的创业情况

表 3－3－2 给出了 2015 年全国流动人口按城乡分类的创业分布情况。2015 年全国流动人口的 904 个总样本中，城市流动创业人口为 111 人，占总流动人口样本的 25.11％，而农村流动创业人口为 11 人，占总流动人口样本的 2.38％。进一步分析发现，在两种创业类型中，城市流动人口创业的比例要明显高于农村流动人口创业的比例。一个可能的原因是，相比于农村流动人口，城市流动人口自身的素质较高、能力更强，且拥有更多的创业机会和创业资源，因而创业的意愿更高。

表 3－3－2　2015 年全国流动人口按城乡分类的创业分布情况

创业类型	城市		农村		合　计	
	人数	百分比	人数	百分比	人数	百分比
个体工商户	84	19.00	8	1.73	92	10.18
自己是老板/合伙人	27	6.11	3	0.65	31	3.43
其他就业状态	331	74.89	451	97.62	781	86.39
合　计	442	100.00	462	100.00	904	100.00

数据来源：2015 年 CGSS（中国综合社会调查）家户问卷数据

三、按年龄分类的创业情况

表 3－3－3 给出了 2015 年全国流动人口按年龄分类的创业分布情况。2015 年全国流动人口的 904 个总样本中，60 前创业者有 26 人，占 60 前流动人口的 14.21％；60 后创业者有 6 人，占比 4.65％；70 后创业者有 38 人，占比 19.9％；80 后创业者有 46 人，占比 17.04％；90 后创业者有 7 人，占比 5.34％。通过数据可以看出，在各个年龄段的流动人口中，70 后和 80 后成为创业的主力军。这可能是因为，70 后和 80 后已经拥有了较高的人力资本水平，并且完成了一定的资产积累，具有较强的创业意愿和创业能力，通过创业来进一步改善自身的经济地位和社会地位。90 后相对较为年轻，在社会上仍处于探索阶段，工作经验不足，同时也缺乏相应的创业资金支持，因此，该年龄段的流动创业人口占比较低。

表3-3-3　2015年全国流动人口按年龄分类的创业分布情况

创业类型	60前	60后	70后	80后	90后
个体工商户	20	4	22	40	6
自己是老板/合伙人	6	2	16	6	1
总样本	157	129	191	270	131
比例	14.21	4.65	19.90	17.04	5.34

数据来源:2015年CGSS(中国综合社会调查)家户问卷数据

四、按受教育程度分类的创业情况

表3-3-4给出了2015年全国流动人口按受教育程度分类的创业分布情况。在2015年全国流动人口的904个总样本中,初中及以下学历的创业者有72人,占该学历流动人口的16.98%;高中/中专学历的创业者有30人,占比为23.26%;大学专科学历的创业者有12人,占比为10.26%;大学本科和研究生以上学历中无创业人口。通过数据可以看出,流动人口中创业者的受教育程度总体偏低,主要集中在中学学历水平,其中,高中/中专学历的流动人口创业占比较高。高等学历的流动人口无一创业是因为,在流动人口的总样本中,受过高等教育的流动人口占比不足1%,由于样本量的限制并不能准确反映该学历流动人口的创业情况。

表3-3-4　2015年全国流动人口按受教育程度分类的创业分布情况

创业类型	初中及以下	高中/中专	大学专科	大学本科	研究生及以上
个体工商户	58	21	7	0	0
自己是老板/合伙人	14	9	5	0	0
总样本	424	129	117	137	21
比例	16.98	23.26	10.26	0.00	0.00

数据来源:2015年CGSS(中国综合社会调查)家户问卷数据

第四节　流动人口子女受教育现状

子女教育问题一直以来都是我国各个家庭十分重视的话题,对流动人口而言更是如此。长辈外出打工,受教育子女是否随迁到新的环境继续接受教育,是一个值得探讨的话题，故本节利用 2015 年全国流动人口动态监测数据，对流动人口子女是否随家庭迁移、在何地继续接受教育进行了简单的描述与分析。

表 3－4－1 给出了 2015 年全国流动人口子女受教育程度的分布情况。在 2015 年全国流动人口的总样本中，41.07％的流动人口子女受教育程度为小学，25.85％的流动人口子女受教育程度为初中，17.47％的流动人口子女受教育程度为高中。可以看出，流动人口子女的受教育程度主要为中小学水平，一个可能的原因是由家庭随迁导致的，子女跟随父母迁移到新的环境并在当地继续接受教育。

表 3－4－1　2015 年全国流动人口子女受教育程度分布情况

受教育程度	人　数	百分比
未上过学	3 219	4.92
小学	26 859	41.07
初中	16 907	25.85
高中/中专	11 426	17.47
大学专科	4 154	6.35
大学本科	2 639	4.04
研究生	189	0.29
合　计	65 393	100.00

数据来源：2015 年全国流动人口动态监测数据

表 3－4－2 给出了 2015 年全国流动人口子女（中小学）的家属随迁和本地接受教育的分布情况。从家属随迁情况来看，73.65％的流动人口子女都属于家庭随迁，其中小学组家庭随迁人口占小学组样本的 79.71％，初中组家庭随迁人口占初中组样本的 68.85％，高中组家庭随迁人口占高中组样本的 66.5％，可以看出流动人口子女随家庭迁移已经成为较普遍的现象。进一步地，从流动人口子女是否在本地接受教育的情况来看，小学组、初中组、高中组分别有99.15％、92.24％、97.62％的流动人口子女在当地接受教育，这说明流动人口随迁子女（中小学）大多能够在迁入地继续接受教育。

表 3－4－2　2015 年全国流动人口子女（中小学）家属随迁及本地接受教育分布情况

受教育程度	家属随迁			本地接受教育		
	人数	总样本	百分比	人数	总样本	百分比
小学	21 463	26 859	79.91	26 632	26 859	99.15
初中	11 640	16 907	68.85	15 595	16 907	92.24

续　表

受教育程度	家属随迁			本地接受教育		
	人数	总样本	百分比	人数	总样本	百分比
高中	7 547	11 426	66.05	10 150	11 426	97.62
合　计	40 650	55 192	73.65	52 377	55 192	94.9

数据来源：2015 年 CGSS 全国流动人口动态监测数据

第五节　流动人口阶层流动现状

上文对流动人口的就业、创业以及子女受教育的现状进行了较为详细的刻画，但这些都属于微观层面的分析。在此基础上，本节从阶层流动这个宏观角度出发，利用 2015 年 CGSS（中国综合社会调查）家户调查问卷数据，考察流动人口阶层流动的现状，从性别分布、城乡分布、年龄分布、受教育程度四个方面展开分析，以对流动人口阶层流动的现状进行详细刻画。关于流动人员所处阶层的衡量，问卷中将流动人员所处的阶层划分为 10 个等级，1 代表处于最底层，10 代表处于最顶层，由被调查对象根据实际情况进行回答。该调查同时包含了流动人员十年前的阶层、流动人员目前所处的阶层以及对十年后所处阶层的预期三个方面，为本节刻画流动人员阶层变动提供了便利。

一、性别与阶层流动

表 3－5－1 给出了 2015 年全国流动人口按性别分类的阶层流动分布情况。从流动人口整体来看，与十年前相比，55.39％的流动人口实现了阶层上升，32.13％的流动人口保持阶层不变，而 12.47％的流动人口则出现了阶层下降。虽然超过 1/2 的流动人口都实现了阶层上升，但其中超过 2/3 的流动人口阶层上升的幅度都在两个等级以内。这意味着，对于流动人口这一特殊群体而言，实现阶层间的跨越上升并非一件易事。从性别结构来看，男性流动人口中实现阶层上升的人数为 251 人，占比 57.7％；女性流动人口中实现阶层上升的人数为 252 人，占比 53.19％。从中可以看出，相比于女性，男性流动人口在实现阶层上升的过程中仅具有微弱优势。

表 3-5-1　2015 年全国流动人口按性别分类的阶层流动分布情况

变动类型	男		女		合　计	
	人数	百分比	人数	百分比	人数	百分比
阶层上升	251	57.70	242	53.19	493	55.39
阶层不变	136	31.26	150	32.97	286	32.13
阶层下降	48	11.03	63	13.85	111	12.47
合　计	435	100.00	455	100.00	890	100.00

数据来源：2015 年 CGSS（中国综合社会调查）家户问卷数据

二、城乡与阶层流动

表 3-5-2 给出了 2015 年全国流动人口按城乡分类的阶层流动分布情况。在城市流动人口中，实现阶层上升的流动人口为 444 人，占比 55.57%；阶层保持不变的流动人口为 255 人，占比 31.91%；阶层下降的流动人口为 100 人，占比 12.52%。在农村流动人口中，实现阶层上升的流动人口为 49 人，占比 53.85%；阶层保持不变的流动人口为 31 人，占比 34.07%；阶层下降的流动人口为 11 人，占比 12.09%。通过数据可以看出，相比于农村流动人口，城市流动人口实现阶层上升的可能性稍大。

表 3-5-2　2015 年全国流动人口按城乡分类的阶层流动分布情况

变动类型	城市		农村		合　计	
	人数	百分比	人数	百分比	人数	百分比
阶层上升	444	55.57	49	53.85	493	55.39
阶层不变	255	31.91	31	34.07	286	32.13
阶层下降	100	12.52	11	12.09	111	12.47
合　计	799	100.00	91	100.00	890	100.00

数据来源：2015 年 CGSS（中国综合社会调查）家户问卷数据

三、年龄与阶层流动

表 3-5-3 给出了 2015 年全国流动人口按年龄分类的阶层流动分布情况，图 3-5-1 给出了不同年龄段下各阶层流动人口的构成比例。“60 前”实现阶层上升的人数有 83 人，占该年龄段流动人口的 46.37%；“60 后”实现阶层上升的

人数有 55 人，占该年龄段流动人口的 42.97%；“70 后”实现阶层上升的人数有 110 人，占该年龄段流动人口的 58.51%；“80 后”实现阶层上升的人数有 169 人，占该年龄段流动人口的 63.3%；“90 后”实现阶层上升的人数有 76 人，占该年龄段流动人口的 60.8%。通过数据可以看出，相较于老一辈的流动人口，“70 后”“80 后”“90 后”的流动人口中实现阶层上升的可能性更大，这也表明“年轻化”的流动人口实现阶层上升的可能性更大。

表 3－5－3　2015 年全国流动人口按年龄分类的阶层流动分布情况

变动类型	“60 前”	“60 后”	“70 后”	“80 后”	“90 后”
阶层上升	83	55	110	169	76
阶层不变	70	43	59	73	41
阶层下降	26	30	19	25	11
总样本	179	128	188	267	125
比例	46.37	42.97	58.51	63.30	60.8

数据来源：2015 年 CGSS(中国综合社会调查)家户问卷数据

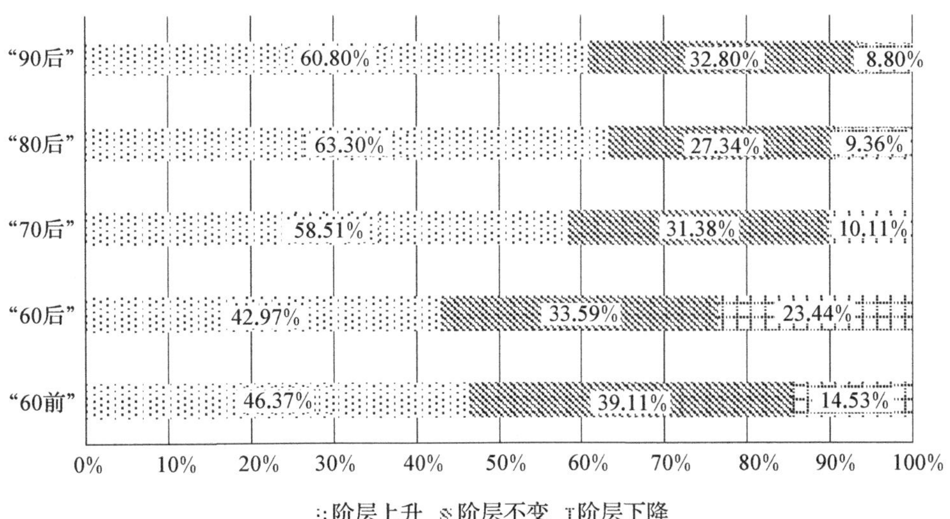

图 3－5－1　2015 年全国流动人口按年龄分类的阶层流动分布情况

四、受教育程度与阶层流动

表 3－5－4 给出了 2015 年全国流动人口按受教育程度分类的阶层流动分

布情况，图 3-5-2 给出了不同受教育程度下各阶层流动人口的构成比例。在受教育程度为“初中及以下”的流动人口中，实现阶层上升的人数有 221 人，占比为 53.13%；受教育程度为“高中/中专”的流动人口中，实现阶层上升的人数有 107 人，占比为 53.23%；受教育程度为“大学本科”的流动人口中，实现阶层上升的人有 75 人，占比为 60.48%；受教育程度为“大学专科”的流动人口中，实现阶层上升的人有 74 人，占比为 54.41%；受教育程度为“研究生及以上”的流动人口中，实现阶层上升的人有 15 人，占比 71.43%。通过数据可以看出，受教育程度对流动人口实现阶层上升具有显著的促进作用，受教育水平越高，流动人口越容易实现阶层上升。

表 3-5-4　2015 年全国流动人口按受教育程度分类的阶层流动分布情况

变动类型	初中及以下	高中/中专	大学专科	大学本科	研究生及以上
阶层上升	221	107	75	74	15
阶层不变	145	65	26	44	5
阶层下降	50	29	23	18	1
总样本	416	201	124	136	21
比例	53.13	53.23	60.48	54.41	71.43

数据来源：2015 年 CGSS(中国综合社会调查)家户问卷数据

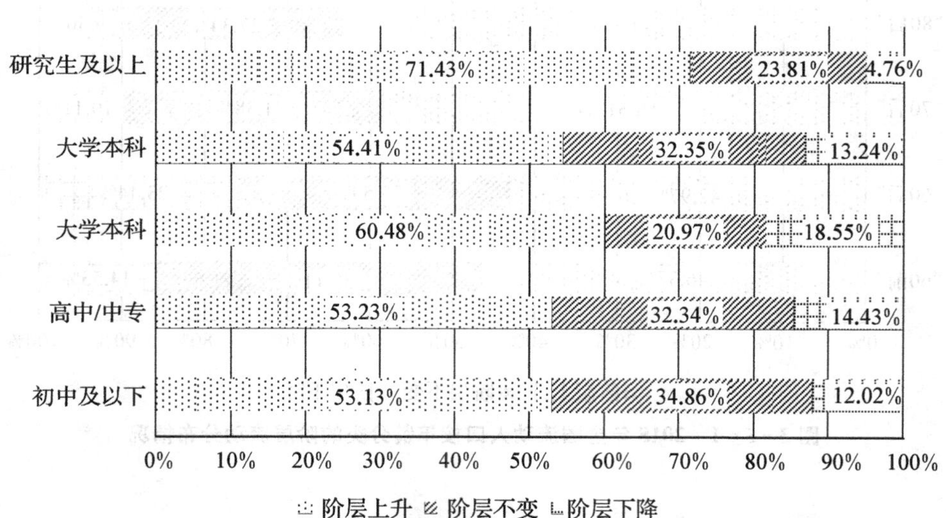

图 3-5-2　2015 年全国流动人口按受教育程度分类的阶层流动分布情况

第六节　流动人口经济行为的时间演化特征

上文对流动人口的就业、创业以及子女受教育的现状进行了较为详细地刻画，但这些都属于截面分析。事实上，在经济发展的不同阶段，流动人口对应的经济行为也会产生明显的阶段性特征。在此基础上，为更好地刻画流动人口经济行为的动态变化情况，本节利用 2011—2015 年《中国流动人口卫生计生动态监测调查数据》，首先对流动人口的基本特征进行梳理，然后重点对流动人口经济行为中的就业和创业两大重点进行动态比较和分析。

一、流动人口基本情况的时间演化特征

图 3-6-1 给出了 2011—2018 年全国流动人口性别结构的分布情况。总体来看，男性流动人口比例持续高于女性流动人口比例。具体而言，2011—2018 年，男性流动人口的比例始终保持在 50%以上，女性流动人口的比例始终低于 50%。此外，尽管男性流动人口的比重略高于女性流动人口的比重，但男女比例相对较为均衡，并且有逐步缩小的趋势。2011 年流动人口的男女性别比为 1.12，2018 年流动人口的男女性别比为 1.07，可以看出流动人口的性别结构趋于均衡。

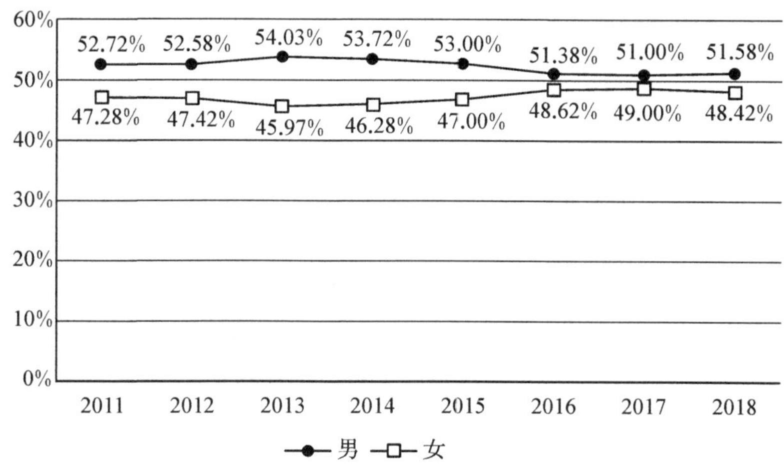

图 3-6-1　2011—2018 年全国流动人口性别结构分布情况

图 3－6－2 给出了 2011—2018 年全国流动人口年龄结构的分布情况。总体来看，“70 后”和“80 后”构成流动人口的主力军。具体来看，尽管“70 后”在流动人口中占据重要地位，但 2011—2018 年，“70 后”流动人口所占的比例呈现逐步下降趋势。相较于 2011 年，2018 年流动人口中“70 后”的占比下降了 10.76％。这可能是因为随着“70 后”年龄的增加，其更倾向于在本地定居，追求安稳的生活。2011—2018 年，“80 后”流动人口一直是流动人口的核心主体，其占流动人口的比例基本保持在 35％以上，这可能是因为“80 后”多处于事业上升期，并且自身的人力资本水平正处于较高水平，因而倾向于流动到工作机会多的地区。此外，2011—2018 年，“90 后”流动人口的比例呈现出逐步上升的趋势。相较于 2011 年，2018 年流动人口中“90 后”的比例上升了 12.93％。这可能是因为“90 后”一代更为年轻，多是毕业大学生，留在本地工作的意愿更为强烈。

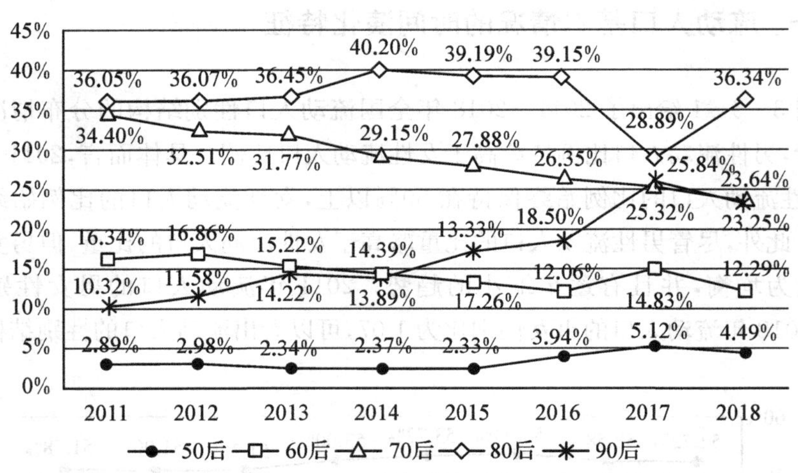

图 3－6－2　2011—2018 年全国流动人口年龄结构分布情况

图 3－6－3 给出了 2011—2018 年全国流动人口学历结构的分布情况。总体来看，2011—2018 年，学历为初中及以下的流动人口占主要地位，而学历为高中及以上的流动人口占比相对较低。此外，流动人口中学历为初中及以下的比重呈现出波动下降的趋势，学历为高中的流动人口比重相对稳定，保持在 20％水平左右，而学历为本科及以上的流动人口比例呈现波动上升的趋势。可以发现，2011—2018 年，高学历人口的流动意愿和流动比例有所上升。

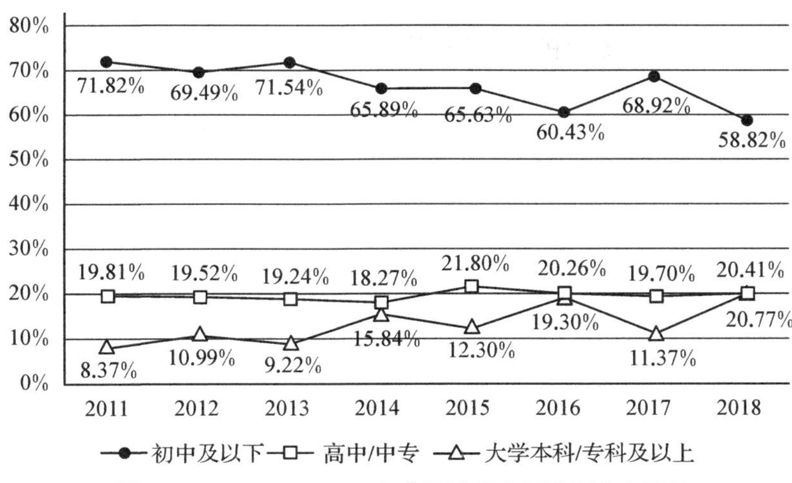

图 3-6-3　2011—2018 年全国流动人口学历分布情况

图 3-6-4 给出了 2011—2018 年全国流动人口流动范围分布情况。总体来看，2011—2018 年，跨省流动是流动人口流动的主要选择。各年份选择跨省流动的人口比例波动较大，但基本都保持在 50%的水平之上。跨省流动能够突破省域资源禀赋限制带来的制约，通过向东部发达地区的迁移能够获取更多的工作机会和生活条件。此外，省内跨市流动也是流动人口的一个重要选择，正如前文所述，省内跨市流动既能够为流动人口提供充足的发展机会，又能使流动人口不远离家乡，因而也是流动人口的重要选择之一。

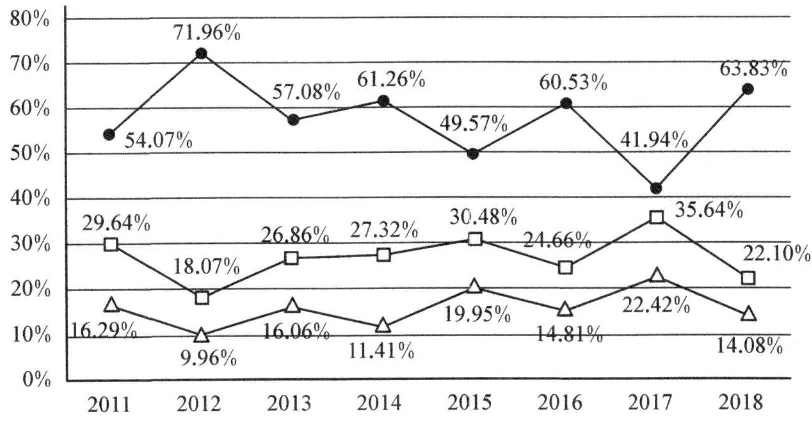

图 3-6-4　2011—2018 年全国流动人口流动范围分布情况

二、流动人口就业的时间演化特征

图 3-6-5 给出了 2011—2015 年全国流动人口就业总体分布情况。总体来看，2011—2015 年，流动人口就业率相对较高，流动人口中成功就业人员的占比始终在 80%以上。其中，男性在流动人口就业人员中占比较高，保持在 60%左右的水平；女性在流动人口就业人员中占比较低，保持在 40%左右的水平。可以看出，相比于女性，男性流动人口在实现就业的过程中具有比较优势。

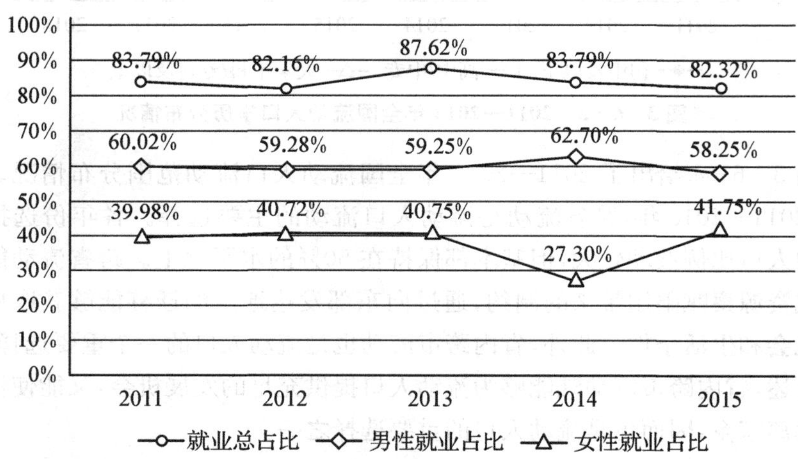

图 3-6-5　2011—2015 年全国流动人口就业总体分布情况

图 3-6-6 给出了 2011—2015 年全国流动人口就业行业的分布情况。总体而言，2011—2015 年流动人口的就业主要集中在建筑行业、社会服务行业、批发零售行业、制造行业和餐饮住宿行业。一方面，各个行业对流动人口的吸纳能力存在明显差异，但各行业的吸纳能力保持相对稳定。具体来看，批发零售行业和制造业对流动人口就业的吸纳能力最强，流动人口就业比重始终保持在 20%左右。餐饮住宿行业和社会服务行业对流动人口就业的吸纳能力次之，流动人口的就业比重保持在 10%—15%。建筑行业对流动人口就业的吸纳能力相对较弱，并且对流动人口就业的吸纳能力逐渐降低。另一方面，2011—2015 年流动人口就业的行业分布呈现出由第二产业向第三产业转变的趋势。具体来看，流动人口在批发零售行业和社会服务行业的就业比重逐渐提高。相较于 2011 年，2015 年流动人口在批发零售行业的就业比重上升了 2.29 个百分点，在社会

服务行业的就业比重上升了 4.33 个百分点。流动人口在制造行业和建筑行业的就业比重呈现波动下降趋势。相较于 2011 年，2015 年流动人口在制造行业和建筑行业的就业比重分别下降了 0.87%和 2.86%。

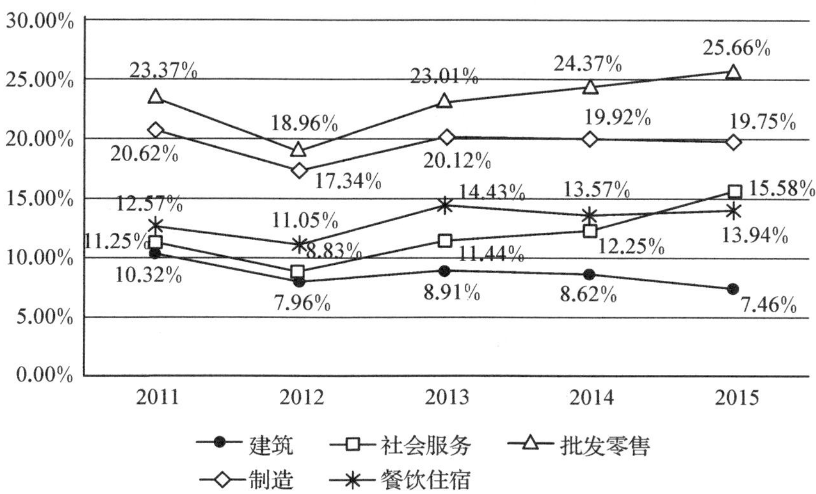

图 3-6-6　2011—2015 年全国流动人口就业行业分布情况

图 3-6-7 给出了 2011—2015 年全国流动人口就业职业的分布情况。总体而言，2011—2015 年流动人口就业职业主要分布在经商、商业和服务业、生产、餐饮住宿等职业。一方面，2011—2015 年各职业对流动人口的就业吸纳能力存在明显差异，但各职业的吸纳能力保持相对稳定。具体来看，经商和商业、服务业对流动人口就业的吸纳能力最高，这两大职业分别吸收了 17%和 15%左右的流动人口就业人员。生产和餐饮住宿业对流动人口就业的吸纳能力次之，分别吸收了 13%和 10%左右的流动人口就业人员。专业技术人员对流动人口就业的吸纳能力较弱，这是因为流动人口的受教育程度普遍集中在初高中学历，无法胜任技术含量较高的专业技术工种。另一方面，2011—2015 年流动人口就业的职业分布同样呈现出由第二产业向第三产业转变的趋势。具体来看，流动人口在经商和商业、服务业的就业比重呈现出波动上升趋势。相较于 2011 年，2015 年流动人口在经商中的就业比重上升了 0.55%，在商业、服务业的就业比重上升了 5.47%。流动人口在餐饮住宿业的就业比重相对稳定，保持在 10%左右。流动人口在建筑业的就业比重呈现波动下降趋势。相较于 2011 年，2015 年流动人口在建筑业的就业比重下降了 1.46%。

图 3-6-8 给出了 2011—2015 年全国流动人口就业单位性质的分布情况。

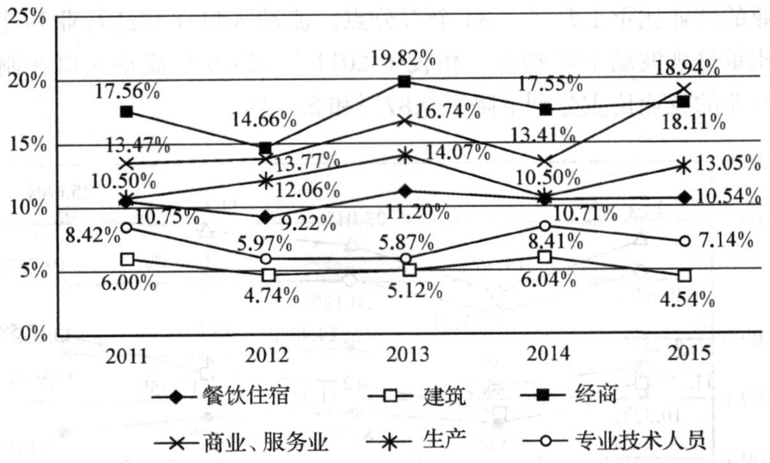

图 3-6-7　2011—2015 年全国流动人口就业职业分布情况

总体而言，个体工商户和私营企业成为吸收流动人口就业的两大部门。一方面，2011—2015 年，个体工商户和私营企业始终是流动人口就业单位选择的主力军。两部门共吸纳了流动人口就业人员的七成，其中，个体工商户大约吸纳了 40%的流动人口就业人员，私营企业大约吸纳了 30%的流动人口就业人员。另一方面，国有企业对流动人口就业的吸纳能力十分稳定，保持在 4%～5%的区间内。流动人口中低学历的农村流动人口居多，只有少数高学历的城市流动人口才有机会到国有单位工作，因而国有企业对流动人口的就业吸纳能力相对较低。

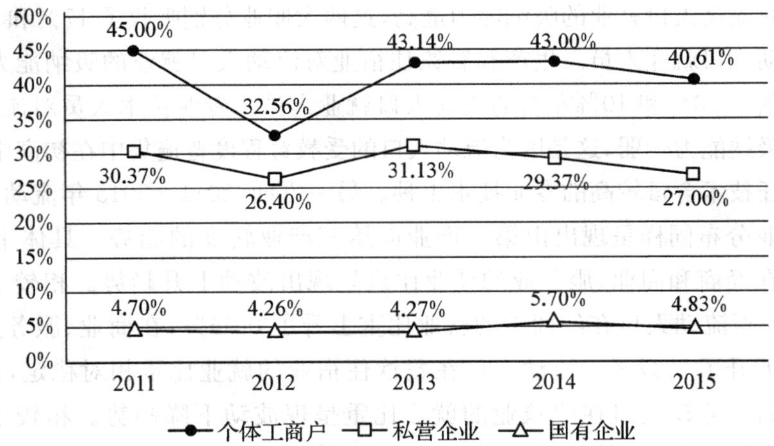

图 3-6-8　2011—2015 年全国流动人口就业单位性质分布情况

图 3-6-9 给出了 2011—2015 年全国流动人口就业月收入的分布情况。总体来看，各个收入阶层的流动人口占比在 5 年间都具有较为明显的变化。一方面，相对较低收入阶层(包括 1 999 元以下、2 000—2 999 元两档)的流动就业人员占比显著下降。相较于 2011 年，月收入在 1 999 元以下的流动就业人员占比下降了 20.01%，月收入在 2 000—2 999 元的流动人口就业人员占比下降了 2.86%。另一方面，中等收入阶层(包括 3 000—3 999 元、4 000—4 999 元两档)的流动就业人员占比呈现逐步上升态势。相较于 2011 年，月收入在 3 000—3 999 元的流动就业人员占比上升了 7.35%，月收入在 4 000—4 999 元的流动就业人员占比上升了 10.85%。可以看出，2011—2015 年，流动就业人口的月收入水平逐渐从较低档次转向中等档次，总体收入水平较 2011 年显著提高。

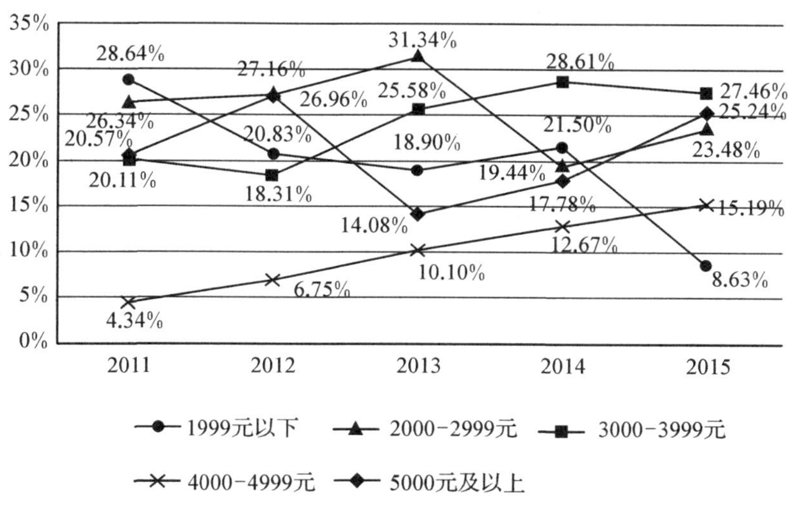

图 3-6-9 2011—2015 年全国流动人口就业月收入分布情况

三、流动人口创业的时间演化特征

图 3-6-10 给出了 2011—2015 年全国流动人口创业的总体分布情况。总体来看，2011—2015 年流动人口中创业者占就业者的比例较为稳定，始终保持在 7%—9%之间。从性别结构来看，流动人口中男性创业的比例始终高于女性创业比例。流动人口创业者中男性占比保持在 4.5%—5.5%的较高水平，而女性创业者的比例维持在 2.5%～3.5%的较低水平，这可能是因为女性流动人口中有相当一部分比例选择照顾家庭而非在外打拼，从而导致女性创业比例偏低。

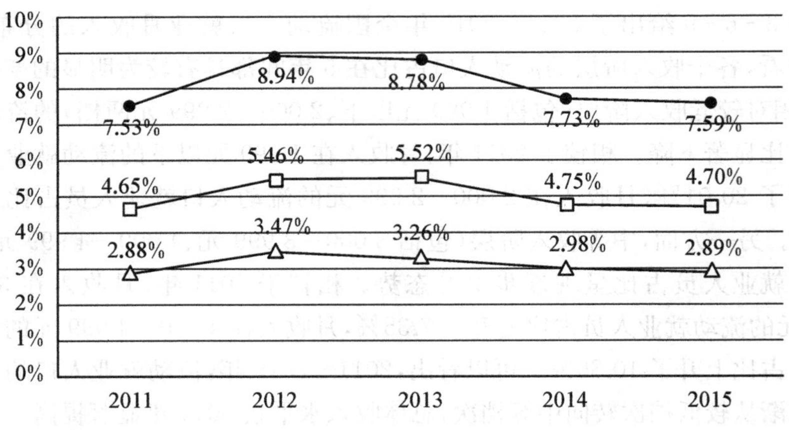

图 3-6-10　2011—2015 年全国流动人口创业总体分布情况

图 3-6-11 给出了 2011—2015 年全国流动人口创业的年龄分布情况。总体来看，流动人口创业群体主要集中在中青年群体上。一方面，“70 后”“80 后”始终是流动人口中创业的主力军，“90 后”创业人员在流动人口创业人员中的占比处于较低水平。2011—2015 年，流动人口中“70 后”和“80 后”的占比始终处于前两位，而“90 后”所占比例不足 10%。另一方面，“80 后”“90 后”在流动人口创业人员中的占比稳步提升。相较于 2011 年，2015 年创业的流动人口中“80 后”占比提升了 10.16%，“90 后”的占比提升了 6.27%。可以看出，“80 后”和“90 后”年轻一代的创业活力进一步凸显，这可能是“80 后”已经在社会中积累了一定的经济资本和社会资本，而“90 后”初出茅庐，敢于拼搏创新的精神激励他们进行创业。

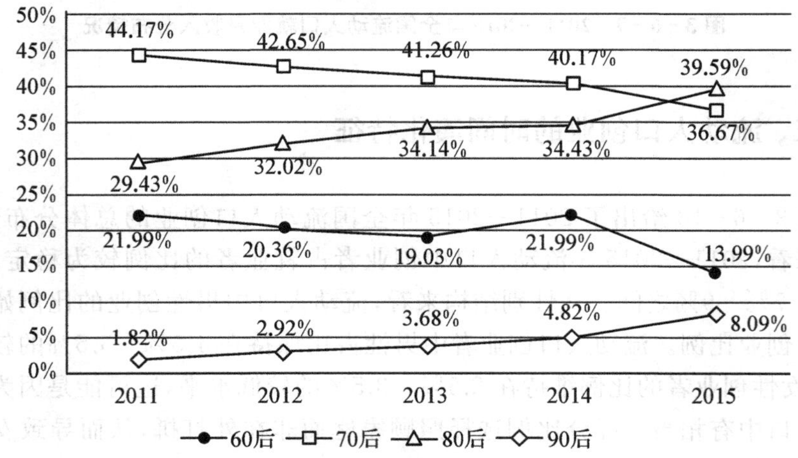

图 3-6-11　2011—2015 年全国流动人口创业年龄分布情况

图 3－6－12 给出了 2011—2015 年全国流动人口创业的学历分布情况。横向对比来看，流动人口创业人员的受教育水平普遍偏低，创业质量较难保证。具体来看，2011—2015 年，受教育水平为初中及以下的创业人员占比始终保持在第一位，超过创业人员总数的 60%。高中/中专及以下的创业人员占比保持第二，保持在创业人员总数的 25%。高学历创业者的占比在 2014 年之前处于较低水平，2015 年占比突破 10%的关卡。纵向对比来看，较低学历（初中及以下）的创业者占比在逐渐下降，较高学历（高中/中专及以上）的创业者占比在上升。相较于 2011 年，2015 年初中及以下学历创业者占流动人口创业人员的比例下降了 6.43%，高中/中专学历创业者占流动人口创业人员的比例上升了2.02%，大学本科/专科及以上学历创业者占流动人口创业人员的比例上升了4.48%。可以看出，尽管初中及以下学历创业者在流动人口创业人员中占据主导地位，但较高学历流动人员的创业比例呈现出小幅稳定上升的趋势。

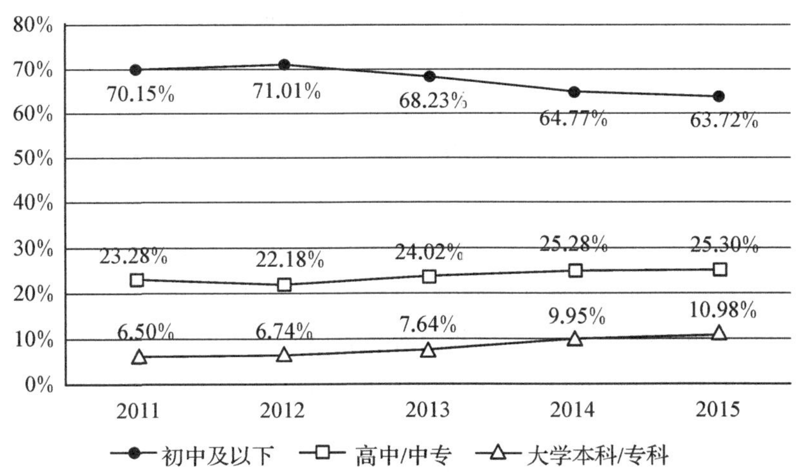

图 3－6－12　2011—2015 年全国流动人口创业学历分布情况

图 3－6－13 给出了 2011—2015 年全国流动人口创业的城乡分布情况。总体来看，城市流动人口和乡村流动人口的创业比例存在显著差异。一方面，城市流动人口的创业比例远远高于乡村流动人口的创业比例。2011—2015 年，城市流动人口的创业比例始终维持在 80%之上，而农村流动人口的创业比例始终低于 20%。另一方面，城市流动人口的创业比例呈现缓慢增长的趋势，而农村流动人口的创业比例呈现逐步下降的趋势。这可能是因为，相较于乡村流动人口，城市流动人口的人力资本、经济资本、社会资本较为丰富，并且城市聚集了众多的创新创业机会，因而城市流动人口创业可能性和创业综合能力相对较高。同

时，城乡差距因素的存在可能致使乡村流动人口的创业意愿进一步下降。

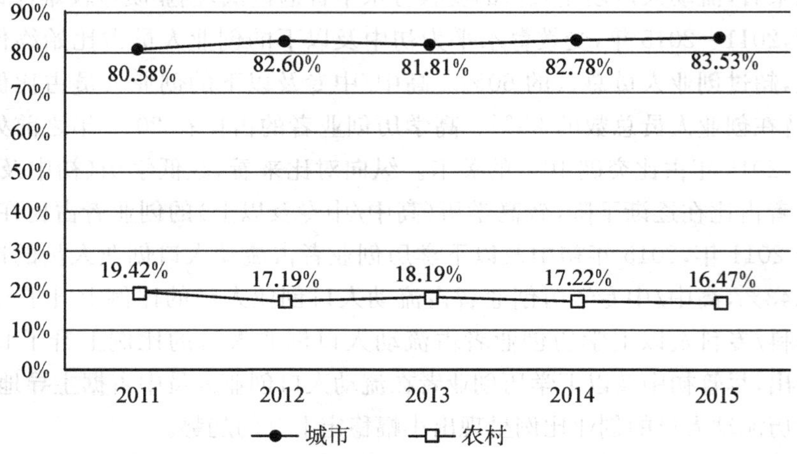

图 3-6-13　2011—2015 年全国流动人口创业城乡分布情况

第七节　基本结论

流动人口已经成为我国经济社会发展过程中一个不可忽视的群体，其经济社会行为在反映我国社会现状的同时，也影响着社会的发展。基于此，本章主要从微观和宏观两个视角出发，探讨我国流动人口经济行为现状，较为全面而准确地描述和分析我国流动人口在经济社会中所面临的种种难题。

在微观层面，本章主要考察了流动人口的就业现状、创业现状以及子女受教育情况。首先，在流动人口就业方面，本章考察了流动人口所处的就业状态、从事行业、从事职业、就业单位性质、就业身份、就业收入等现状。从就业数量上看，近九成的流动人口能够在迁入地实现就业，就业率较为乐观；从就业质量上来看，流动就业人员大多从事的是传统的生产制造业以及生活类服务业中的工作，就业层次较低；从就业身份和单位性质来看，流动就业人员多属于雇员和自营业者，大都属于私营部门和个体工商户的性质；从就业收入上来看，流动就业人员的收入主要集中在 2 000—4 000 元的收入水平，总体来看处于中低收入水平。其次，在流动人口创业方面，本章从性别分布、城乡分布、年龄分布和受教育程度四个角度考察了流动人口的创业现状。从性别来看，男性流动人口进行创业的比重更高；从城乡来看，城市流动人口创业的比重更高；从年龄来看，“70

后”和“80后”的流动人口成为创业的两大主体;从受教育程度来看,拥有中学学历的流动人口创业的比重更高。再者,在流动人口子女受教育方面,本章主要探讨了流动人口子女是否随长辈迁移以及能否在迁入地继续接受教育的现状。超过七成的流动人口选择家庭迁移方式,将子女随身带到迁入地。在这部分群体中,近95%的流动人口子女在迁入地都能继续接受九年义务教育。

在宏观层面,本章主要探讨了流动人口的阶层流动现状,具体从性别、城乡分布、年龄和受教育程度四个角度考察了流动人口阶层变动的情况。从性别来看,男性流动人口更容易实现阶层的上升;从城乡分布来看,城市流动人口更容易实现阶层的上升,但与农村流动人口的差距不大;从年龄来看,年龄的“年轻化”有利于流动人口实现阶层上升;从受教育程度来看,受教育程度对流动人口的阶层上升具有显著的促进作用。

综上所述,流动人口作为我国当今社会的一个重要组成群体,他们在就业、创业、子女受教育和阶层流动等方面都存在着诸多挑战。如何提高流动人口的就业和创业质量,保障流动人口及其子女在基本公共服务领域的公平待遇,加快推进其市民化进程,是当前新型城镇化建设过程中迫切需要关注的问题。

第四章　流动人口就业的影响因素分析

基于本书逻辑框架部分的分析，我们认为就业、创业和教育是流动人口增收进而提高社会地位的主要路径。本章将主要围绕流动人口就业这一主题展开。尝试探索促进流动人口就业的可能路径，需要首先研究影响流动人口就业的主要因素。为了探究流动人口就业的影响因素，本章将分别从流动人口的流动特征入手，实证检验流动人口的流动时间、流动范围、流入目的地以及流动原因对流动人口就业的影响，以期找出阻碍流动人口异地就业的主要因素，并在此基础上印证本文逻辑框架部分提出的流动人口异地就业受阻的主要观点。

第一节　流动人口就业问题的提出

自改革开放以来，伴随着工业化进程和城市化进程的不断加快，人口的大规模流动已经成为我国的一个普遍社会现象。进入 21 世纪以来，我国流动人口的增长经历了更为深刻的变革。图 4-1-1 展示了 2000 年以来我国流动人口规模及占总人口比重的变化。从图 4-1-1 可以看出，2000—2010 年我国流动人口的规模处于快速增长阶段。据 2000 年全国第五次人口普查数据，我国 2000 年的流动人口总量约为 1.21 亿，占全国总人口的 9.5%；据 2010 年全国第六次人口普查数据，我国 2010 年的流动人口总量约为 2.21 亿，占全国总人口的 16.5%，我国流动人口在十年中增长了近 1 亿，且占全国总人口的比重也在快速增长。2010—2014 年我国流动人口的规模由 2.21 亿增长至 2.53 亿，占总人口的比重由 16.5%增长至 18.5%，可以看出，这一时期流动人口的总规模及占总人口的比重虽然仍在增长，但相较于 21 世纪前十年增速明显放缓，处于相对稳定的增长阶段。自 2015 年起，流动人口的规模开始缓慢减少，呈现出负增长趋势，但其总规模占总人口的比重仍超过 17.6%。由此可以看出，流动人口已经成为我国经济社会发展过程中的一个重要主体。在此背景下，党和政府近些年在新型城镇化建设中十分重视流动人口问题。党的十九大报告和近些年来的《新型城镇化建设重点任务》都明确指出新型城镇化建设要以人为核心，着重抓好在城镇就业的农业转移人口落户工作，推动非户籍人口在城市落户目标取得决定性进展。

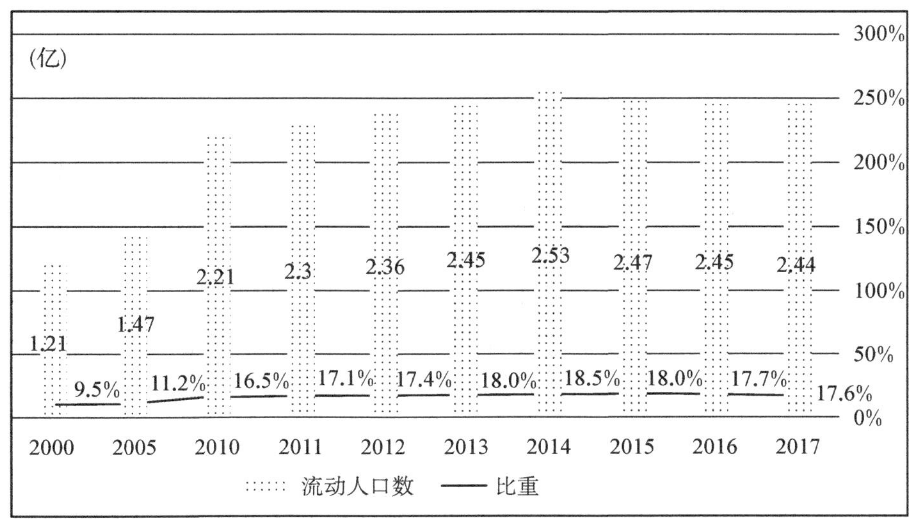

图 4-1-1　2000—2017 年我国流动人口数量及占总人口比重

与常住人口相比，流动人口在迁入地面临着更多的挑战，首要的问题便是就业。在新的环境下，流动人口在迁入地能否顺利就业、能否找到适合自己的职业、能否达到满意的收入水平都是需要关心的问题。与普通的就业群体不同，影响流动人口就业的因素更为多样，机制更为复杂。目前，国内关于流动人口就业的影响因素研究有很多，主要可以分为自然因素和社会因素两大类：① 自然因素。自然因素主要是指影响流动人口就业的那些与流动人口自身特征相关的一些因素，如流动人口的性别、年龄、民族、户口性质、受教育程度和婚姻状况等。陈双德(2013)的研究表明，男性、年长、拥有非农业户口的流动人口实现就业的可能性更高。许玮等(2016)的研究表明，汉族流动人口以及处于已婚状态的流动人口就业的可能性更高。苏晓芳等(2016)通过对流动人口正规就业与非正规就业的比较发现，受教育程度是造成两部分就业人员工资差异的主要因素。② 社会因素。社会因素主要是指除流动人员自身外的其他影响因素，如家庭特征、社会关系网络、市场环境等。在家庭特征方面，张丽琼(2016)的研究表明，家庭的整体流动带来的就业效应存在性别差异，男性流动人口拥有更多的就业优势，同时导致女性流动人口在就业时遭遇更多的阻碍。马骍(2017)研究了流动人口家庭化迁移对女性就业的影响，结果也表明，流动人口家庭化迁移对女性就业具有明显的阻碍作用，随迁子女数量的增加也会明显降低女性流动人口就业的概率。在社会关系网络方面，王子敏(2019)利用2013年流动人口动态监测调查数据，研究了社会网络对农村流动人口就业的影响，结果表明，社会关系有助于农村流动人口在城市就业。而对于流动人口这一群体而言，其流动行为也反映了自身所具备的流动特征，这些流动特征是否会影响流动人口就业，是本章考察的重点。

本章利用2015年全国流动人口动态监测数据对流动人口的就业行为进行实证研究，旨在厘清流动特征这一因素对流动人口就业的影响。与以往的研究相比，本章可能的创新和贡献之处有以下几点：① 研究视角上，以往学者在探讨流动人口就业的影响因素时，仍局限于自然因素和社会因素，鲜有学者从流动特征这一视角探讨流动人口就业问题，本章以此为出发点对这一问题进行研究，在一定程度上能够丰富和完善现有关于流动人口就业影响因素的研究。② 研究内容上，学者对流动人口就业的研究多从单一维度进行考察，本章则从流动人口的就业状态、收入水平和职业选择三个维度进行研究，能够较全面地反映流动人口的就业情况。③ 研究意义上，本章从流动特征这一视角研究流动人口的就业问题，不仅对于理解流动人口就业选择问题具有一定的启发意义，也为如何形成合理的政策建议，进而推动流动人口就业、加快新型城镇化建设提供经验支持。

第二节　流动人口就业的理论机制分析

与普通就业群体不同，流动人口自身所具有的流动特征也可能对其就业产生影响，而不同的流动特征对流动人口就业的影响机制也会有所差异。本节将分别从流动时间、流动范围、流入地区和流动原因四个维度考察这些因素对流动人口就业的影响。

一、流动时间与流动人口就业

一般认为，随着工作时间的增加，工作经验相应增加，这有利于提升劳动力的人力资本水平，改善目前的就业状况。但对于流动人口这一特殊群体而言，随着流动时间的增加，工作经验对流动人口就业的影响可能是复杂的。对于流动时间较短的流动人口而言，为了尽快就业，往往从事的是门槛较低、重复性高、替代性强的工作，因而工作岗位的变动性大，尤其在经济转型和产业升级较快的地区，流动人口面临的就业环境的不确定性更大，这些因素都增加了短期流动人口的就业难度。对于这部分流动人口而言，随着流动时间、工作时间的增加并不能有效提升其人力资本水平，因而从长期看来这部分流动人口从事更高层次职业、获取更高收入的可能性较低。对于流动时间较长的流动人口而言，他们往往对当地的就业环境更加熟悉，自身技能与劳动力市场匹配的可能性更高，因而就业的可能性更高。同时，较长的流动时间也表现出这部分流动人口在当地定居的意愿，一个可行的办法是从事相对稳定的工作，通过工作经验的积累提升自身的人力资本水平，使自身有能力从事更高层次的职业，获取更高的收入，从而提高相应的经济地位、职业地位和社会地位，增加在迁入地定居的可能性。

二、流动范围与流动人口就业

随着流动范围的扩大，迁出地和迁入地在经济、政治、文化等方面的差异程度加大，流动人口可能无法适应这种差异。流动人口在迁入地面临的就业环境充满了不确定性，进而影响到流动人口的就业。首先，跨省流动的范围最大，省与省之间在各方面的差异程度最大，流动人口在短时间内无法适应这种差异，可能表现原有的社会关系网络在新的环境下不再发挥作用，无法为其就业提供便利，结果导致跨省的流动人口在寻求新的就业过程中面临着较大的挑战。即便这部分流动人口顺利就业，但可能因为原有的工作经验和技能与当地就业市场需求不匹配，只能从事一些制造业、生活性服务业等较低层次的职业，获取较低的收入。其次，市内跨县流动的范围最小，差异程度最小，流动人口面临的社会环境基本不变，原有的社会关系网络和工作经验可能有助于就业、提升收入水平。但就整个市的范围来看，较小的差异性意味着整个市的经济发展水平和产业结构具有一定的稳定性，流动人口的职业选择可能受限于单一产业结构的限制，无法从事更高层次的职业，从而获取更高的收入。再者，省内跨市流动的范围介于跨省流动和市内跨县流动之间，尽管省内也存在着各方面的差异，相对而言流动人口对省内的环境较为熟悉。与跨省流动相比，区域间的差异相对更小，流动人口面临的环境不确定性程度更小，流动人口的工作经验和技能在一定程度上也能够与劳动力市场相匹配。同时，流动人口省内跨市流动具有既能寻求新的工作机会、又不远离家乡的天然优势。这些因素都有利于提高流动人口就业的可能性。相比于市内跨县流动，省内各市之间在经济发展水平和产业结构上具有不同程度的差异，这为流动人口的职业选择提供了更多的可能性，通过从事更高层次的职业获取更高的收入。

三、流入地区与流动人口就业

流动人口在迁入地的就业情况往往要受到当地发展水平的制约。流入区域之间的异质性影响到流动人口的就业概率、就业收入与就业选择。首先，与经济欠发达地区相比，经济发达地区的发展水平更高，经济发展需要大量的劳动力，因而能够创造更多的工作岗位，提供更多的就业机会，有利于促进流动人口的就业。其次，与经济欠发达地区相比，经济发达地区的经济发展速度更快，平均工资水平更高，工资的增长速度也更快，因而在经济发达地区就业的流动人口就业收入处于相对较高的水平。再者，与经济欠发达地区相比，经济发达地区的产业结构更加多样化和高级化，多样化的产业结构为流动人口提供了更多职业选择的可能性，高级化的产业结构也有利于吸引具备专业技术的流动人口迁入。综上所述，经济发达地区能够为流动人口提供更多的就业机会、更高的收入水平和更加多样的职业选择，因而更能够促进流动人口的就业。

四、流动原因与流动人口就业

不同的流动原因反映了流动人口在就业意愿、就业目标上的差异，影响了流动人口就业积极性，进而影响到流动人口就业的可能性、就业收入和职业选择。首先，因工作原因而产生流动的人口在就业上往往具有更加明确的就业目标和更加强烈的就业意愿，在就业中更加具有主动性，这些特征提高了这部分流动人口在迁入地就业的可能性。其次，因工作原因而产生流动的人口往往是为了寻求更好的工作机会，他们大多会通过提高自身的人力资本水平去从事更高层次的职业，因而这部分流动人口获取更高收入的可能性更大。而对于因家庭、住房原因而流动的人口，他们的流动更多地反映了社会因素的主导作用，他们的就业意愿相对较弱、就业目标相对不明确，寻求就业的主动性不高，因而这部分人群就业的可能性较低，就业收入较低，从事的多是传统的制造业和生活类服务业等行业。而对于因学习原因而产生流动的人口，他们在迁入地接受教育提高了自身的人力资本水平，同时这部分流动人口的技能与当地就业市场的需求更加匹配。这些因素都提高了这部分流动人口在当地就业的可能性，同时较高的人力资本水平也有利于此类流动人口提升从事职业的层次，获取更高的就业收入。

综上所述，流动原因越与就业相关，流动人口的就业可能性就越高，也越有可能从事更高层次的职业，获取更高的收入水平。

第三节　流动人口就业的特征性事实

一、样本说明

本章研究数据来源于我国卫生和计划生育委员会 2015 年组织的全国流动人口卫生计生动态监测抽样调查。调查总体覆盖全国 31 个省级行政区域和新疆生产建设兵团的流动人口及其家庭成员，调查内容包括流动人口的基本信息（性别、年龄、户籍、婚姻状况、家庭成员等）、流动情况（流动范围、流动时间、流动原因等）、就业情况（是否就业、从事职业、从事行业、就业身份、收入情况等）、基本公共卫生和计划生育服务情况、父母医疗卫生服务情况以及子女受教育情况，能够满足本章研究问题的需求。该调查在准备阶段采用分层、多阶段、与规模成比例的 PPS 抽样方法，在实施阶段具有严格的质量督导，因而该数据集的代表性强、质量和可信度高。在数据处理方面，本章考虑到新疆生产建设兵团流动人口流动原因的特殊性，故删除了相应的样本。此外，本章的研究对象为国内流动人口，故删除了跨境流动人口的相应样本。

本章研究的核心问题是流动人口就业的影响因素，必然涉及“流动人口”和“就业”两个概念口径的确定，而上述问卷调查提供的技术文件能够对流动人口及其所处的就业情况进行明确的界定。第一，在“流动人口”口径的界定上，该问卷将其定义为：调查实施前一个月前来本地居住、非本区（县、市）户口且 2015 年 5 月年龄在 15 周岁及以上的流入人口，本章将采用这一划分方式。第二，在“就业”口径的确定上，本章根据问卷内容将流动人员所处的就业状态划分为三类：就业（就业、临时性停工或季节性失业）、失业（没找到工作、因单位原因失去原工作、因本人原因失去原工作）和其他状态（包括丧失劳动能力、退休、料理家务/带孩子、怀孕或哺乳、学习培训）。本章在研究时首先排除了处于其他就业状态的流动人口，因为这些流动人口并不属于经济活动人口范围；其次，本章根据“您是否在 4 月份找过工作?”这一问题的回答结果，进一步排除了那些没有工作意愿的群体。经过进一步的数据筛选，最终得到了 169 529 个流动人口样本数据。

二、变量描述

（一）被解释变量

本章研究的核心问题是流动人口就业情况的影响因素，故被解释变量围绕流动人口的就业情况展开，具体而言从以下三个方面来进行设计：① 在迁入地是否处于就业状态；② 就业的收入水平；③ 就业的职业选择。首先，流动人口迁移到新的地区后必然面临着新的就业问题，这些人员处于就业还是失业状态，是对其就业情况最基本的刻画。其次，就业的收入水平是对流动人口就业在经济层面的直观反映。再者，对于已经就业的流动人口而言，这些人员所从事的具体职业能够很好地反映流动人口在迁入地的职业地位，并且能够间接地反映出流动人口的社会地位。

对于流动人口所处就业状态的衡量，本章设置 Employment 变量来进行刻画，该变量为 0—1 变量，当流动人员在迁入地处于就业状态时，变量值取 1，失业则取 0。对于流动人口就业收入水平的衡量，本章将其划分为低收入、中低收入、中高收入和高收入四个层次，以有序离散变量 Income 进行刻画，取值为“1、2、3、4”，当流动人员月均收入水平小于 2 000 元时，将其归属于低收入群体，变量值取 1；当月均收入大于等于 2 000 元且小于 3 000 元时，将其归属于中低收入群体，变量值取 2；当月均收入水平大于等于 3 000 元且小于 4 000 元时，将其归属于中高收入群体，变量值取 3；当月均收入水平大于等于 4 000 元时，将其归属于高收入水平，变量值取 4。对于流动人口职业选择的衡量，本章依据现有职业分类的统计标准将流动人口所从事的职业划分为四类：① 各类专业、技术人员；② 公务人员，包括国家机关、党群组织、企事业单位的负责人；③ 服务业人员，包括经商、商贩、餐饮、家政、保洁、保安、装修、其他商业和服务业人员；④ 农业和生产制造业人员，包括农林牧渔水利生产人员、生产、运输、建筑、其他生产、运输设备操作人员及有关人员。以四分类变量 Occupation 进行刻画，取值为“1、2、3、4”，当流动人员从事职业属于第一类时，该变量值取 1，依此类推。

（二）核心解释变量

考虑到流动人口异地就业与迁入地常住人口就业存在差异性，故本章着重从流动人口的流动特点出发，从流动时间、流动范围、流入地区、流动原因四个维度分别考察其对流动人口就业的影响。

对于流动时间的衡量，本章设置 *Time* 四分类变量进行刻画，取值为“1、2、3、4”，当流入时间小于 1 年时，变量值取 1；当流入时间大于等于 1 年且小于 3 年时，变量值取 2；当流入时间大于等于 3 年且小于 5 年时，变量值取 3；当流入时间大于等于 5 年时，变量值取 4。对于流动范围的衡量，本章设置 *Scale* 三分类变量进行刻画，取值为“1、2、3”，当流动人口属于“跨省流动”时，变量值取 1；当流动人口属于“省内跨市流动”时，变量值取 2；当流动人口属于“市内跨县流动”时，变量值取 3。对于流入地区的衡量，本章设置 *Area* 四分类变量进行刻画，当流动人口流入地区为“东部地区”时，变量值取 1；当流入地区为“中部地区”时，变量值取 2；当流入地区为“西部地区”时，变量值取 3；当流入地区为“东北地区”时，变量值取 4。对于流动原因的衡量，本章设置 *Reason* 五分类变量进行刻画，当流动原因为“工作原因”时，变量值取 1；当流动原因为“家庭原因”时，变量值取 2；当流动原因是“住房原因”时，变量值取 3；当流动原因是“学习原因”时，变量值取 4；当流动原因是“其他原因”时，变量值取 5。

另外，虽然本章着重分析流动人口的流动特点对其就业的影响，但也不可忽视样本自身特征对就业所起的作用，故本章设置年龄、性别、民族、婚姻状况、受教育程度、户口性质作为控制变量。表 4－3－1 给出了详细的变量定义和说明。

表 4－3－1　变量定义与说明

变量类型	变量名称	变量代码	取值说明
被解释变量	是否就业	*Employment*	1＝就业；0＝失业
	就业收入水平	*Income*	1＝低收入水平；2＝中低收入水平；3＝中高收入水平；4＝高收入水平
	就业职业选择	*Occupation*	1＝各类专业、技术人员；2＝公务人员；3＝服务业人员；4＝农业和生产制造人员
解释变量	流动时间	*Time*	1＝流入时间小于 1 年；2＝流动时间为 1—3 年；3＝流动时间为 3—5 年；4＝流动时间为 5 年及以上
	流动范围	*Scale*	1＝跨省流动；2＝省内跨市流动；3＝市内跨县流动
	流入地区	*Area*	1＝东部地区；2＝中部地区；3＝西部地区；4＝东北地区
	流动原因	*Reason*	1＝工作原因；2＝家庭原因；3＝住房原因；4＝学习原因；5＝其他原因

续 表

变量类型	变量名称	变量代码	取值说明
控制变量	性别	*Gender*	1＝男性；2＝女性
	年龄	*Age*	1＝20 岁及以下；2＝21－30 岁；3＝31－40 岁；4＝41－50 岁；5＝50 岁以上
	民族	*Nation*	1＝汉族；2＝少数民族
	婚姻状况	*Marriage*	1＝未婚；2＝已婚；3＝其他婚姻状况
	户口性质	*Home*	1＝农业；2＝非农业
	受教育程度	*Education*	1＝初中及以下；2＝高中或中专；3＝大学本科、专科及以上

三、描述性统计

（一）流动人口的基本特征

在考察流动人口就业特征和流动特征之前，本章先从流动人口的年龄分布、受教育程度两方面考察流动人口的基本特征。首先，根据表 4－3－2 的统计分析结果，从流动人口的年龄分布来看，21—30 岁以及 31—40 岁的流动人口占比最高，分别为 39.2％和 26.9％，这表明流动人口的年龄总体上趋于年轻化。进一步分析，在各年龄段中，31—40 岁的流动人口就业率最高，为 93.1％；其次为 41—50 岁的流动人口，就业率为 91.8％；而 21—30 岁的流动人口就业率仅有73.7％。这一统计结果，可能与流动人口的工作经历有关。相较于 21—30 岁的年轻流动人口，31—50 岁的流动人口往往已经具有较长时间的工作经历，积累了丰富的工作经验和一定的社会关系，这些因素都有利于流动人口的异地就业。其次，根据表 4－3－3 的统计分析结果，从流动人口的受教育程度来看，受教育程度为初中及以下的流动人口占比为 66％，为高中或中专的流动人口占比为21.7％，这表明流动人口的受教育程度总体上偏低。进一步分析，随着受教育程度的增加，流动人口的就业率不断提高。这是因为受教育程度的增加提升了流动人口的人力资本水平，为其就业带来了优势。

表 4-3-2　流动人口的年龄分布情况

年　龄	20 岁及以下		21—30 岁		31—40 岁		41—50 岁		50 岁及以上	
	频数	比重	频数	比重	频数	比重	频数	比重	频数	比重
流动就业人口	9 209	5.4%	59 377	35.1%	51 485	30.4%	39 399	23.2%	10 059	5.9%
总样本	11 858	5.8%	80 534	39.2%	55 307	26.9%	42 902	20.9%	15 001	7.3%
比重	77.7%	—	73.7%	—	93.1%	—	91.8%	—	67.1%	—

表 4-3-3　流动人口的受教育程度分布情况

受教育程度	初中及以下		高中或中专		大学本科、专科及以上	
	频数	比重	频数	比重	频数	比重
流动就业人口	110 107	65%	37 366	22%	22 056	13%
总样本	135 058	66%	44 708	21.7%	25 836	12.6%
比重	81.5%	—	83.6%	—	85.4%	—

（二）流动人口的就业特征

本章主要从流动人口的就业状态、职业选择以及收入水平三个维度来刻画流动人口的就业情况。① 就业状态。从就业状态来看，流动人口的总体就业率为 97.7%，这表明流动人口能够在迁入地找到新的工作，流动人口因流动而产生的就业压力相对较小。② 职业选择。从职业选择来看，在所有流动就业人口中，从事服务业的流动人口占比为 59.4%，从事农业和生产制造业的流动人口占比为 30.5%，这表明服务业、农业和生产制造业成为流动人口就业的主要选择。③ 收入水平。从收入水平来看，处于中等收入水平(包括中低收入和中高收入)的流动人口占比为 51%，处于高收入水平的流动人口占比为 40.4%，这表明流动人口的收入水平总体上处于中等水平之上。

表 4-3-4　流动人口的就业特征

		流动人口		流动就业人口	
		频数	比重	频数	比重
就业状态	就业	169 529	97.7%	—	—
	失业	4 075	2.3%	—	—

续 表

		流动人口		流动就业人口	
		频数	比重	频数	比重
从事职业	各类专业、技术人员	—	—	11 556	6.8%
	公务人员	—	—	5 593	3.3%
	服务业人员	—	—	100 726	59.4%
	农业和生产制造人员	—	—	51 654	30.5%
收入水平	低收入水平	—	—	14 625	8.6%
	中低收入水平	—	—	39 804	23.5%
	中高收入水平	—	—	46 560	27.5%
	高收入水平	—	—	68 540	40.4%

（三）流动人口的流动特征

关于流动人口的流动特征，本章从流动时间、流动范围、流动原因和流入区域四个角度展开描述性统计分析。① 流动时间。从流动时间来看，流动时间为5年及以上的流动人口占比最高，为34.21%，其次为1—3年的流动人口，占比为31.95%，这表明中短期流动和长期流动人口成为流动人口的两个主要组成部分。进一步分析发现，随着流动时间的增加，流动人口的就业率不断提升。② 流动范围。从流动范围来看，跨省流动人口占比最高，为49.83%；其次为省内跨市流动人口，为30.37%；占比最低的是市内跨县流动人口，为19.8%。由此可见，跨省流动和省内跨市流动成为流动人口的主要选择。进一步分析发现，随着流动范围的扩大，流动人口的就业率不断提升。这表明更大的流动范围可能为流动人员提供了更多的就业机会。③ 流动原因。从流动原因来看，因工作原因而发生流动的人口占比达到全部流动人口的84.46%，这表明工作原因成为人口流动的主要动因。进一步分析发现，在就业率方面，因工作原因发生流动的人口就业率最高，比例为89.4%，而因家庭原因、住房原因、学习原因和其他原因发生流动的人口就业率相差不大。这表明，因工作原因发生流动的人口的就业可能性更高，其就业更加稳定。④ 流入地区。从流入地区看，流入东部地区的人口占比为44.25%，流入西部地区的人口占比为32.4%，流入中部地区的人口占比为16.54%，流入东北地区的人口占比为6.81%。可以看出，东部地区和西部地区成为流动人口迁入的主要选择。进一步分析发现，在就业率方面，东部地区和中部地区流动人口的就业率居前两位，分别为87.39%和86.41%，这可能是因为相对于西部地区和东北地区，东部地区和中部地区的经济相对更加发达，能够提供更多的工作机会，工资水平也相对较高。

表 4-3-5　流动人口的流动时间分布情况

流动时间	1 年及以下		1—3 年		3—5 年		5 年及以上	
	频数	比重	频数	比重	频数	比重	频数	比重
流动就业人口	22 486	13.26%	54 207	31.98%	31 199	18.4%	61 637	36.36%
总样本	31 210	15.18%	65 700	31.95%	38 362	18.66%	70 330	34.21%
比重	72.05%	—	82.51%	—	81.33%	—	87.64%	—

表 4-3-6　流动人口的流动范围分布情况

流动范围	跨省流动		省内跨市流动		市内跨县流动	
	频数	比重	频数	比重	频数	比重
流动就业人口	88 393	50.92%	51 986	29.95%	33 225	19.14%
总样本	102 451	49.83%	62 451	30.37%	40 700	19.8%
比重	86.28%	—	83.24%	—	81.63%	—

表 4-3-7　流动人口的流动原因分布情况

流动原因	工作原因		家庭原因		住房原因		学习原因		其他原因	
	频数	比重	频数	比重	频数	比重	频数	比重	频数	比重
流动就业人口	155 257	91.58%	12 063	7.12%	692	0.41%	610	0.36%	907	0.54%
总样本	173 657	84.46%	27 175	13.22%	1 481	0.72%	1 128	0.55%	2 161	1.05%
比重	89.4%	—	44.39%	—	46.73%	—	54.08%	—	41.97%	—

表 4-3-8　流动人口的流入地区分布情况

流入地区	东部地区		中部地区		西部地区		东北地区	
	频数	比重	频数	比重	频数	比重	频数	比重
流动就业人口	79 510	45.8%	29 378	16.92%	53 601	30.88%	11 115	6.4%
总样本	90 985	44.25%	33 997	16.54%	66 621	32.4%	13 999	6.81%
比重	87.39%	—	86.41%	—	80.46%	—	79.4%	—

第四节　流动人口就业的影响因素检验

一、模型构建

(一) 流动人口就业状态的影响因素模型

如上文所言，流动人口在迁入新的地区后必然面临新的就业问题，一个基本问题便是流动人员目前处于何种就业状态。基于此，本章选取流动人口目前在迁入地的就业状态作为被解释变量，从而直观地反映流动人口就业的总体情况。在核心解释变量的选取上，考虑到流动人口的就业受到流动因素的作用，故本章侧重从流动特点这一视角出发，探讨其对流动人口就业的影响。具体而言，对于流动特点这一变量的指标选择，本章考虑从流动时间、流动范围和流入地区三个维度进行衡量。此外，流动人口的就业还受到自身人力资本因素和劳动力市场因素的影响，故本章选取了流动人口的性别、年龄、婚姻状况、受教育程度、户口类型作为控制变量，其中，性别、年龄、婚姻状况和受教育程度反映了流动人口的人力资本水平，而户口类型则从侧面反映流动人口在劳动力市场上所处的层次。

由于被解释变量为二值变量，故考虑采用 Logistic 模型进行刻画，构建如下模型：

$$Employment = \alpha + \beta X + \sum_{p=1}^{n} \lambda control + \varepsilon_i \tag{4.1}$$

其中，X 为核心解释变量，分别表示流动时间（*Time*）、流动范围（*Scale*）、流入区域（*Area*），*control* 为控制变量，包括性别（*Sex*）、年龄（*Age*）、民族（*Nation*）、受教育程度（*Education*）、婚姻状况（*Marriage*）、户口性质（*Home*）。

(二) 流动人口就业收入的影响因素模型

对于在迁入地已经就业的流动人员而言，他们的收入水平是对其就业情况在经济角度的直观反映，故本章设置流动人口就业收入水平作为本阶段的被解释变量。与上文类似，此处依然选取流动特点作为核心解释变量，从流动时间、流动范围、流入地区三个方面考察这些因素对流动人口就业水平的影响。在控制变量方面，本章首先选取了性别、年龄、民族、婚姻状况、户口性质五个变量。此外，考虑到流动人口的就业收入水平受到自身人力资本水平的影响，故本章将受教育程度作为控制变量，以考察流动人口的人力资本水平对其就业收入的影响。同时，流动人口的就业收入水平与其所从事的职业具有紧密的联系，故本章也将流动人口的从事职业作为进一步的控制变量。由于被解释变量为有序离散变量，故考虑采用 Ordered Logistic 模型进行刻画，构建如下模型：

$$Income = \alpha + \beta X + \sum_{p=1}^{n} \lambda control + \varepsilon_i \tag{4.2}$$

其中，X 为核心解释变量，分别表示流动时间（*Time*）、流动范围（*Scale*）、流入区域（*Area*），*control* 为控制变量，包括性别（*Gender*）、年龄（*Age*）、民族（*Nation*）、婚姻状况（*Marriage*）、户口性质（*Home*）、受教育程度（*Education*）、从事职业（*Occupation*）。

（三）流动人口职业选择的影响因素模型

对于在迁入地已经就业的流动人员而言，他们所从事的职业往往是千差万别的，职业上的差异往往也反映出流动人口所处的职业地位和社会地位，故本章设置流动人口从事的职业作为被解释变量。核心解释变量和控制变量的选取与上文一致，此处不再赘述。由于被解释变量为无序离散变量，故考虑采用 Multinomial Logistic 模型进行刻画，构建如下模型：

$$Occupation = \alpha + \beta X + \sum_{p=1}^{n} \lambda control + \varepsilon_i \tag{4.3}$$

其中，X 为核心解释变量，分别表示流动时间（*Time*）、流动范围（*Scale*）、流入区域（*Area*），*control* 为控制变量，包括性别（*Gender*）、年龄（*Age*）、民族（*Nation*）、婚姻状况（*Marriage*）、户口性质（*Home*）、受教育程度（*Education*）。

二、实证结果分析

（一）流动特点与流动人口就业状态

模型（1）—（4）分别给出了流动时间、流动范围、流入区域、流动原因对流动人口就业状态的影响。

表 4-4-1　关于流动人口就业状态影响因素的 Logistic 回归结果

	(1)		(2)		(3)		(4)	
	发生比	标准差	发生比	标准差	发生比	标准差	发生比	标准差
流动时间(以小于 1 年为参照组):								
1—3 年	1.09	0.05						
3—5 年	1.01	0.06						
5 年及以上	0.78***	0.04						
流动范围(以市内跨县为参照组):								
跨省流动			1.47***	0.06				
省内跨市流动			1.14***	0.05				
流入区域(以西部地区为参照组):								
东部地区					3.05***	0.16		
中部地区					2.83***	0.18		
东北地区					1.56***	0.08		
流动原因(以其他原因为参照组)								
工作原因							4.13***	0.49
家庭原因							0.74**	0.09
住房原因							1.51*	0.32
学习原因							1.76**	0.39
性别(以男性为参照组):								
女性	0.95*	0.03	0.95	0.03	0.94*	0.03	1.17***	0.04

续　表

	(1)		(2)		(3)		(4)	
	发生比	标准差	发生比	标准差	发生比	标准差	发生比	标准差
年龄(以 20 岁及以下为参照组)：								
21—30 岁	1.82***	0.11	1.83***	0.11	1.92***	0.11	1.45***	0.09
31—40 岁	2.20***	0.16	2.12***	0.15	2.27***	0.16	1.55***	0.11
41—50 岁	1.78***	0.13	1.67***	0.12	1.86***	0.14	1.22***	0.09
51 岁及以上	1.19**	0.10	1.14	0.10	1.34***	0.12	0.87	0.08
民族(以少数民族为参照组)：								
汉族	1.51***	0.08	1.45***	0.07	1.27***	0.07	1.34***	0.07
婚姻状况(以其他情况为参照组)：								
已婚	0.50***	0.02	0.51***	0.02	0.54***	0.03	0.54***	0.03
户口类型(以农业为参照组)：								
非农业	1.03	0.05	1.03	0.05	1.11**	0.06	1.07	0.05
受教育程度(以初中及以下为参照组)：								
高中或中专	1.24***	0.05	1.28***	0.05	1.23***	0.05	1.28***	0.05
大学本科、专科及以上	1.44***	0.09	1.49***	0.09	1.41***	0.08	1.53***	0.09
N	173 604		173 604		173 604		173 604	
Pseudo R^2	0.024		0.024		0.037		0.060	
Log lik.	−18 860.30		−18 849.51		−18 602.67		−18 159.71	

* $p<0.1$, ** $p<0.05$, *** $p<0.01$

结果显示:(1) 在流动时间方面,与流动小于 1 年的流动人口相比,只有流动时间为 5 年及以上的流动人口表现出较高的就业率,而其他两组并无明显的差异。我们提出的一种解释为:一般认为流动时间与工作时间之间呈正相关关系,流动时间越长,在当地工作的时间越长,流动人口在迁入地定居的可能性更大。而在本章研究的流动人口总样本中,30.5%的流动人口从事农业和生产制造业工作,59.4%的流动人口从事服务业工作,而且在从事服务业工作的流动人口中,有相当一部分从事的是门槛低、技术含量低、重复性高、替代性强的工作,因而其工作变动性强。对于中短期的流动人口而言,流动时间的增加虽然可能带来工作时间的增加,但工作时间的增加并不能有效增加其人力资本积累,为其就业带来优势。而对于流动时间为 5 年及以上的流动人口而言,他们往往倾向于在迁入地长期生活和工作,较长的流动时间使得这部分流动人口对当地就业市场更加了解,从而有针对性地进行人力资本积累,因而其就业的可能性更大。

(2) 在流动范围方面,相较于跨省流动的人口,省内跨市和市内跨县的流动人口就业的发生比分别为 147%和 114%。这表明,与跨省的流动人口相比,省内跨市以及市内跨县的流动人口表现出较高的就业可能性,且省内跨市的流动人口就业可能性更高。本书提出的一种解释是:首先,与省内跨市和市内跨县相比,省与省之间在经济、政治、文化等方面的差异程度更大,并且一般认为这种差异程度随着地理距离的增加而增加,流动人口原有的成长、生活和工作经验可能无法适用于新环境,这使得选择跨省流动的人口在迁入地面临更大的不确定性。这种隐形成本使得流动人口在短时间内无法融入当地社会环境,无法准确了解当地的就业环境和就业需求,这在一定程度上限制了跨省流动人口的就业。其次,相比于省际的差异,尽管省内也存在着各方面的差异,但对省内流动人口而言,省内存在的差异程度相对较小、不确定性较小,并且省内跨市流动的交通成本、金钱成本更少。这些因素为流动人口既能寻求新的工作机会、又不远离家乡提供了天然的优势,因而省内流动人口的就业可能性更高。再者,市内跨县流动的范围最小,差异程度更小,市内各县的经济发展水平、就业机会在短时间内不会发生明显的变化,因而相比于省内跨市流动,市内跨县这种小范围流动带给流动人口就业的可能性相对较低。综上所述,省内跨市流动给流动人口带来的就业可能性最为显著。

(3) 在流入地区方面,相较于流入西部地区的人口,流入东部地区、中部地区和东北地区的流动人口,他们就业的发生比分别为 305%、283%和 156%。这表明,与西部地区的流入人口相比,东部、中部、东北地区的流入人口表现出更高的就业可能性，并且这种就业的可能性按照东部地区、中部地区、东北地区呈现递减状态。不同地区的人口流动对就业的影响是不同的，流入地区的经济发达程度是影响其就业成功概率的重要因素。相对于西部、中部与东北地区，东部地区经济发展水平与市场化程度更高，拥有更多的就业岗位与工作机会。显然，在经济发展水平与市场化程度更高的地区，就业机会更多，在这些地区成功就业的可能性更高。

(4) 在流动原因方面，相较于因其他原因流动的人口，因工作原因、住房原因、家庭原因和学习原因的流动人口，他们就业的发生比分别要高出 413%、74%、151%和 176%。这表明，流动原因对流动人口的就业具有显著影响，并且因工作原因发生流动的人口就业可能性最高。这可能是因为，因工作原因发生流动的人口自身的人力资本水平更高，就业目标也更为明确，其流动行为在更大程度上是主动选择的结果，因而在迁入地就业的可能性最高。而因住房、家庭和学习原因流动的人口，他们的流动在更大程度上是受社会因素影响，就业意愿和就业目标可能不是很强烈，就业的可能性相对较低。

此外，从上述模型的回归结果还可以看出：① 年龄与流动人口的就业状态呈现倒 U 形关系，且 31—40 岁流动人口的就业可能性明显高于其他年龄段流动人口的就业可能性，这可能是因为：相对于 30 岁以下的流动人口，31—40 岁的流动人口已经积累了较多的社会阅历、工作经验，因而拥有较高的人力资本水平；相对于 40 岁以上的流动人口，31—40 岁的流动人口适应就业市场变化的能力更强，能更好地迎合就业市场需求。② 受教育水平对流动人口的就业状态具有显著的正向影响，这可能是因为受教育水平越高，人力资本积累越多，较高的人力资本水平对流动人口的就业越有利。③ 相较于未婚状态，处于已婚状态流动人口的就业可能性更高，这可能是因为已婚的流动人口具有赡养家庭的责任，就业意愿更加强烈，寻求就业的积极性更高，因而就业的可能性更高。

(二) 流动特点与流动人口就业收入

模型(1)—(4)分别给出了流动时间、流动范围、流入区域、流动原因对流动人口就业收入的影响。

结果显示：(1) 在流动时间方面，与流动时间小于 1 年的流动人口相比，流动时间越长的劳动力获得更高收入的可能性越高。一个可能的解释是：对于已经在迁入地就业的流动人口而言，流动时间的增加意味着自身工作时间和工作熟练度的增加，同时，较长的流动时间可能给自身带来更多的工作经验和社会关系，这些因素都有利于流动就业人口收入水平的提高。

表 4-4-2　关于流动人口就业收入水平影响因素的 Ordered Logistic 回归结果

	(1)		(2)		(3)		(4)	
	发生比	标准差	发生比	标准差	发生比	标准差	发生比	标准差
流动时间(以小于 1 年为参照组):								
1—3 年	1.03**	0.02						
3—5 年	1.01***	0.02						
5 年及以上	0.99***	0.02						
流动范围(以跨省流动为参照组):								
省内跨市流动			0.63***	0.01				
市内跨县流动			0.50***	0.01				
流入区域(以西部地区为参照组):								
东部地区					1.99***	0.04		
中部地区					1.24***	0.03		
东北地区					1.18***	0.02		
流动原因(以其他原因为参照组)								
工作原因							1.65***	0.10
家庭原因							0.84***	0.05
住房原因							1.03	0.10
学习原因							1.79***	0.18
性别(以男性为参照组):								
女性	2.82***	0.03	2.87***	0.03	2.91***	0.03	2.72***	0.03
年龄(以 20 岁及以下为参照组):								
21—30 岁	1.66***	0.04	1.73***	0.04	1.73***	0.04	1.60***	0.04

续　表

	(1)		(2)		(3)		(4)	
	发生比	标准差	发生比	标准差	发生比	标准差	发生比	标准差
31—40 岁	1.83***	0.05	1.91***	0.05	1.92***	0.05	1.73***	0.05
41—50 岁	1.34***	0.04	1.39***	0.04	1.44***	0.04	1.27***	0.03
51 岁及以上	0.68***	0.02	0.71***	0.02	0.75***	0.02	0.65***	0.02
民族(以少数民族为参照组)：								
汉族	1.45***	0.03	1.35***	0.02	1.31***	0.02	1.42***	0.02
职业(以农业、生产制造业为参照组)：								
各类专业、技术人员	1.44***	0.03	1.53***	0.03	1.44***	0.03		
公务人员	1.22***	0.04	1.31***	0.04	1.28***	0.04	1.27***	0.04
服务业人员	1.06***	0.01	1.16***	0.01	1.20***	0.01	1.07***	0.01
婚姻状况(以其他情况为参照组)：								
已婚	0.46***	0.01	0.47***	0.01	0.47***	0.01	0.47***	0.01
户口类型(以农业为参照组)：								
非农业	1.28***	0.02	1.29***	0.02	1.30***	0.02	1.29***	0.02
受教育程度(以初中及以下为参照组)：								
高中或中专	1.24***	0.01	1.30***	0.02	1.26***	0.01	1.24***	0.01
大学本科、专科及以上	1.88***	0.03	1.99***	0.03	1.90***	0.03	1.89***	0.03
N	169 529		169 529		169 529		169 529	
Pseudo R^2	0.055		0.064		0.063		0.058	
Log lik.	−203 839.17		−201 951.00		−202 224.61		−203 286.18	

(2) 从流动范围来看,与跨省流动相比,省内跨市流动和市内跨县流动的流动人口获得更高收入的发生比分别要高出63%和50%。这表明,随着流动范围的扩大,流动人口获得更高收入的可能性降低,省内跨市的流动人口获得更高收入的可能性最高。一个可能的解释为:随着流动范围的扩大,迁出地和迁入地之间在各方面的差异性更大,流动人口自身技能与迁入地劳动力市场需求不匹配的现象更容易发生,这客观上增加了流动人口改善自身收入状况的难度。相比于市内跨县流动,省内跨市流动能够为流动人口提供更多的就业机会;相比于跨省流动,流动人口对本省的就业环境更加了解,更有积极性去改善目前的收入水平,因而对于省内跨市流动的流动人口而言,他们获得更高收入的可能性最高。

(3) 在流入区域方面,相较于流入西部地区的人口,流入东部地区、中部地区和东北地区的流动人口,他们获得更高收入的发生比分别要高出199%、124%和118%。这表明,与西部地区的流入人口相比,东部、中部、东北地区的流入人口获得更高收入的可能性更大,并且东部地区流动人口获得高收入的可能性最大。同样,区域之间的异质性是影响流动人口就业收入水平的重要因素,相比于西部、中部与东北地区,东部地区经济发达,职工平均收入更高,更能够吸引流动人口的流入,因此,流入地区的经济发达程度是影响流动人口就业的重要因素。

(4) 在流动原因方面,相较于因其他原因流动的人口,因工作原因、家庭原因和学习原因的流动人口,他们获得更高收入的发生比分别要高出165%、84%和179%。这表明,因工作原因和学习原因发生流动的流动人口获得高收入的可能性最大。一方面,因工作原因发生流动的人口往往更有意愿改善自身目前的就业状况,通过新的工作来提升收入水平;另一方面,因学习原因发生流动的人口在完成学业后往往积累了较高的人力资本水平,较高的人力资本水平为其就业提供了优势,这直接表现为较高的收入水平。

此外,从上述模型的回归结果还可以看出:① 年龄与流动人口的就业收入水平呈倒U形关系,且31—40岁流动人口获得更高收入的可能性明显大于其他年龄段的流动人口。② 性别对流动人口的就业收入水平具有显著影响。与女性流动人口相比,男性人口获得更高收入水平的可能性更大。这也从侧面印证了劳动力市场中存在的性别歧视现象。③ 受教育水平对流动人口的就业收入水平具有显著的正向影响。受教育水平越高,人力资本水平越高,因而获得更高收入的可能性越大。④ 民族对流动人口的就业收入水平具有显著影响。与少数民族相比,汉族流动人口的就业收入水平更高。这可能是因为少数民族流动的范围相对较小,且迁入地区整体的经济发展水平较低,因而少数民族流动人口实现收入水平提升的可能性相对较小。⑤ 职业对流动人口的就业收入水平具有显著影响。相较于农业、生产制造类流动人员，各类专业技术人员、公务员、服务业人员获得更高收入的可能性更大。这是因为就业收入往往与所从事的职业密切相关，某职业所需的技术水平越高、工作越复杂，其收入水平往往也较高。⑥ 户口类型对流动人口的就业收入水平具有显著影响。与农业户口相比，具有非农业户口的流动人口更有可能获得更高的收入水平。一方面农业户口往往在就业市场上处于不利地位，另一方面拥有农业户口的流动人口往往从事的是农业和生产制造类的体力劳动，不具备从事更加复杂的其他类型劳动能力，这些因素都制约了这部分流动人口就业收入水平的提升。⑦ 相较于未婚状态，处于已婚状态流动人口获得更高收入水平的可能性更大。这可能是因为已婚的流动人口具有赡养家庭的责任，更有意愿通过改善目前的就业收入状况来改善家庭状况，更有可能采取切实可行的实际行动来实现收入水平的提升。

（三）流动特点与流动人口职业选择

表 4－4－3 至表 4－4－6 给出了流动时间对流动人口职业选择影响的回归结果，从中可以看出：① 与从事农业和生产制造业的流动人口相比，流动人口从事其他类工作（专业技术类、公务类、服务业）的可能性随着流动时间的增加而增大。这可能是因为，流动时间越长，流动就业人口在当地定居的意愿越强烈。为了将来能够实现这一目标，这部分流动人口倾向于从事更高层次的工作，以实现更高的就业地位和就业收入。② 与从事农业和生产制造业的流动人口相比，流动人口从事其他类工作（专业技术类、公务类、服务业）的可能性随着流动范围的增加而减小。这可能是因为，流动范围越大，迁入地对劳动力的技能需求与流动人口现有技能素质不匹配的可能性就越大，劳动力被迫从事一些技术含量低的生产制造类工作。在相对较小的流动范围（省内跨市、市内跨县）内，流动人口现有的技能与当地劳动力市场需求相匹配的可能性更大，因而流动人口有更多的可能性从事职业地位更高的工作。③ 从流入区域看，东部地区与西部地区流动人口从事专业技术类、公务类、服务业工作的可能性要明显高于从事农业和生产制造业工作的可能性，而东北地区流动人口从事公务类、服务业工作的可能性要明显高于从事农业和生产制造业工作的可能性。这可能是因为，东部地区经济发展水平高，服务业发展迅速，对服务人员、技术人员的需求量大，因而流动人口在东部地区更有可能从事的是服务业和一些技术类工作。中部地区人口多，且多处于产业升级过程中，对于服务人员与技术人才的需求量大，因而流动人口从事服务业与技术类工作的可能性更大。相比之下，东北地区由于近年来经济发

展缓慢，无法吸引到大量的专业技术类人才，因此，相比于从事农业与制造业工作，东北地区流动人口从事专业技术类工作的可能性没有显著更高。

表 4-4-3　流动时间对流动人口职业选择影响的 Multinomial Logistic 回归结果

	各类专业、技术人员		公务人员		服务业人员	
	风险比	标准差	风险比	标准差	风险比	标准差
流动时间(以小于 1 年为参照组)：						
1—3 年	1.57***	0.06	1.79***	0.12	1.80***	0.03
3—5 年	1.71***	0.07	1.92***	0.14	1.91***	0.04
5 年及以上	1.74***	0.07	2.12***	0.14	1.99***	0.04
性别(以女性为参照组)：						
男性	1.13***	0.03	0.52***	0.02	0.58***	0.01
年龄(以 20 岁及以下为参照组)：						
21—30 岁	1.19***	0.07	1.68***	0.23	1.05*	0.03
31—40 岁	1.11	0.07	1.72***	0.25	1.09***	0.04
41—50 岁	0.76***	0.05	1.81***	0.27	1.04	0.03
51 岁及以上	0.67***	0.07	2.24***	0.37	1.14***	0.04
民族(以少数民族为参照组)：						
汉族	1.61***	0.07	1.08	0.07	1.62***	0.03
婚姻状况(以其他情况为参照组)：						
已婚	1.05*	0.03	0.87***	0.04	0.98	0.02
户口类型(以农业为参照组)：						
非农业	1.85***	0.05	2.90***	0.12	1.31**	0.02
受教育程度(以初中及以下为参照组)：						
高中或中专	2.80***	0.08	5.69***	0.34	1.50***	0.02
大学本科、专科及以上	12.37***	0.39	30.38***	1.73	1.36***	0.03
N			169 529			
Pseudo R^2			0.085 3			
Log lik.			−146 530.58			

表 4-4-4　流动范围对流动人口职业选择影响的 Multinomial Logistic 回归结果

	各类专业、技术人员		公务人员		服务业人员	
	风险比	标准差	风险比	标准差	风险比	标准差
流动范围(以跨省流动为参照组)：						
省内跨市流动	1.31***	0.03	1.36***	0.06	1.73***	0.02
市内跨县流动	1.53***	0.05	2.05***	0.09	1.97***	0.03

续　表

	各类专业、技术人员		公务人员		服务业人员	
	风险比	标准差	风险比	标准差	风险比	标准差
性别(以女性为参照组)：						
男性	1.13***	0.03	0.52***	0.02	0.58***	0.01
年龄(以20岁及以下为参照组)：						
21—30岁	1.25***	0.08	1.77***	0.25	1.10*	0.03
31—40岁	1.19***	0.08	1.90***	0.28	1.18***	0.04
41—50岁	0.83***	0.06	2.02***	0.30	1.14	0.04
51岁及以上	0.71***	0.06	2.43***	0.40	1.21***	0.05
民族(以少数民族为参照组)：						
汉族	1.70***	0.08	1.16***	0.08	1.78***	0.04
婚姻状况(以其他情况为参照组)：						
已婚	1.00	0.03	0.82***	0.04	0.92***	0.02
户口类型(以农业为参照组)：						
非农业	1.85***	0.05	2.92***	0.12	1.30**	0.02
受教育程度(以初中及以下为参照组)：						
高中或中专	2.76***	0.08	5.79***	0.33	1.45***	0.02
大学本科、专科及以上	12.22***	0.39	29.80***	1.70	1.32***	0.03
N	169 529					
Pseudo R^2	0.090					
Log lik.	−145 804.57					

表4-4-5　流入地区对流动人口职业选择影响的 Multinomial Logistic 回归结果

	各类专业、技术人员		公务人员		服务业人员	
	风险比	标准差	风险比	标准差	风险比	标准差
流入地区(以西部地区为参照组)：						
东部地区	1.79***	0.04	1.86*	0.07	1.54***	0.01
中部地区	1.30***	0.07	1.32***	0.12	1.79***	0.05
东北地区	0.99	0.05	1.22**	0.10	1.20***	0.03
性别(以女性为参照组)：						
男性	1.12***	0.03	0.51***	0.02	0.56***	0.01
年龄(以20岁及以下为参照组)：						
21—30岁	1.25***	0.08	1.78***	0.25	1.09***	0.03
31—40岁	1.19***	0.08	1.88***	0.27	1.17***	0.04
41—50岁	0.82***	0.06	1.98***	0.29	1.07**	0.04

续 表

	各类专业、技术人员		公务人员		服务业人员	
	风险比	标准差	风险比	标准差	风险比	标准差
51 岁及以上	0.70***	0.06	2.39***	0.39	1.95***	0.04
民族(以少数民族为参照组):						
汉族	1.67***	0.08	1.16***	0.08	1.86***	0.04
婚姻状况(以其他情况为参照组):						
已婚	1.02	0.03	0.83***	0.04	0.93***	0.02
户口类型(以农业为参照组):						
非农业	1.87***	0.05	2.94***	0.12	1.35***	0.02
受教育程度(以初中及以下为参照组):						
高中或中专	2.79***	0.08	5.94***	0.34	1.47***	0.02
大学本科、专科及以上	12.45***	0.39	30.52***	1.74	1.37***	0.03
N			169 529			
Pseudo R^2			0.104			
Log lik.			−143 599.17			

表 4-4-6　流动原因对流动人口职业选择影响的 Multinomial Logistic 回归结果

	各类专业、技术人员		公务人员		服务业人员	
	风险比	标准差	风险比	标准差	风险比	标准差
流动原因(以其他原因为参照组)						
工作原因	1.32**	0.16	0.30***	0.03	1.75***	0.14
家庭原因	1.14	0.15	0.43***	0.06	1.91***	0.16
住房原因	1.89	0.34	0.65***	0.12	1.28**	0.15
学习原因	2.04***	0.35	0.43***	0.08	1.56***	0.21
性别(以女性为参照组):						
男性	1.12***	0.03	0.53***	0.02	0.58***	0.01
年龄(以 20 岁及以下为参照组):						
21—30 岁	1.26***	0.08	1.95***	0.27	1.14***	0.03
31—40 岁	1.22***	0.08	2.13***	0.31	1.24***	0.04
41—50 岁	0.84***	0.06	2.23***	0.33	1.19**	0.04
51 岁及以上	0.73***	0.06	2.64***	0.44	1.30***	0.05
民族(以少数民族为参照组):						
汉族	1.62***	0.07	1.14***	0.08	1.63***	0.03
婚姻状况(以其他情况为参照组):						
已婚	1.01	0.03	0.81***	0.04	0.94***	0.02

续　表

	各类专业、技术人员		公务人员		服务业人员	
	风险比	标准差	风险比	标准差	风险比	标准差
户口类型(以农业为参照组)：						
非农业	1.87***	0.05	2.86***	0.11	1.33***	0.02
受教育程度(以初中及以下为参照组)：						
高中或中专	2.82***	0.08	5.94***	0.34	1.52***	0.02
大学本科、专科及以上	12.45***	0.39	29.79***	1.70	1.39***	0.03
N	169 529					
pseudo R^2	0.082					
Log lik.	−147 105.02					

第五节　基本结论与政策启示

一、研究结论

诸如流动时间、流动范围、流入地区、流动原因等流动特征如何影响流动人口就业？本章基于 2015 年全国流动人口动态监测数据，构造二元 Logistic 模型、多项有序 Logistic 模型、多项无序 Logistic 模型，分别考察了流动特征对流动人员就业状态、收入水平和职业选择的影响，得到以下结论：

首先，在流动人口就业状态的影响因素方面，从流动时间来看，相比于中短期流动人口，长期流动人口的就业概率更高，这可能是因为长期流动人口的就业特征与常住人口更为相似，且长期居住意愿使其主动寻求就业的积极性提高。从流动范围来看，与跨省流动人口相比，省内跨市以及市内跨县的流动人口表现出较高的就业可能性，且省内跨市的流动人口就业可能性更高，这可能是因为省与省之间各方面存在的较大差异给流动人口就业造成了阻碍，而省内流动既能为流动人口提供充足的就业机会，又能保证流动人口不远离家乡。从流入地区来看，东部地区的流动人口就业概率最高，其次是中部地区，再者是东北地区，最后是西部地区，这表明经济越发达的地区越有利于流动人口的就业。从流动原因来看，对于因工作原因而发生流动的流动人口，其就业概率明显高于因家庭、住房、学习和其他原因发生流动的流动人口的就业概率。因工作原因产生流动的人口就业目标相对明确，就业意愿相对强烈，因而其就业的概率最高。

其次，在流动人口收入水平的影响因素方面，从流动时间来看，与流动时间小于1年的流动人口相比，流动时间越长的劳动力获得更高收入的可能性越高。这可能是因为较长的流动时间增加了流动人口的工作经验，拓展了流动人口的社会关系，这些因素有利于提高流动就业人口的收入。从流动范围来看，与跨省流动相比，省内跨市流动和市内跨县流动的流动人口获得更高收入的可能性更大，且省内跨市的流动人口获得更高收入的可能性最大。这可能是因为省与省之间在劳动力市场需求层次上的差异导致流动就业人口技能无法与当地劳动力市场相匹配，只能从事一些门槛低、技术水平低的职业，进而限制了提高收入水平的可能性。相比于跨省流动，省内流动人口对本省的就业环境更加熟悉，更容易与劳动力市场进行匹配，也有动力去寻求更好的工作和更高的收入。从流入地区来看，与西部地区流动人口相比，东部和中部地区的流动人口获得高收入的可能性更大，且东部地区流动人口获得更高收入的可能性最大。这表明，经济发达地区最有可能给流动人口带来更高的收入水平。从流动原因来看，相比于其他流动原因，因工作和学习原因发生流动的流动人口获得高收入的可能性最大。这可能是因为，因工作原因发生流动的流动人口往往是为了寻求更好的工作以提高目前的收入水平，而因学习原因发生流动的流动人口在完成其学业后往往具备了更高的人力资本水平，从而有利于提升其在就业中获得高收入的可能。

最后，在流动人口职业选择的影响因素方面，从流动时间来看，随着流动时间的增加，流动人口从事更高层次职业的可能性增加。这可能是因为流动时间越长，流动人口在当地定居的意愿越强烈，流动人口更有积极性通过各种方式来提升自己从事更高层次职业的可能性，通过更高的职业地位来确保自己长期定居目标的实现。从流动范围来看，随着流动范围的扩大，流动人口从事更高层次职业的可能性降低。这可能是因为流动范围越大，区域间过大的差异使得流动人口现有的职业技能与当地劳动力市场需求相匹配的可能性过小，只能从事一些门槛低的工作。从流入地区来看，东部地区与中部地区流动人口从事更高层次职业的可能性更大，所从事的职业也具有多样性。这可能是因为东部地区经济发展迅速，产业结构更加多样化和高级化，不仅对高层次职业有大量需求，而且提供的职业种类也更加多样化。中部地区人口密集，处于产业转型升级的第二梯队，对于服务人员与技术人才的需求量大。而东北地区流动人口从事专业技术类的可能性却没有明显增加，可能与近年来东北经济发展缓慢，无法吸引专业技术人才有关。从流动原因来看，因工作原因流动的流动人口更有可能从事专业技术和服务业的工作，因学习原因流动的流动人口更有可能从事专业技术类工作，因家庭和住房原因流动的流动人口更有可能从事服务业工作。因工作和学习原因流动的流动人口往往具有较高的人力资本水平，这有利于其从事更高层次的职业。

二、政策建议

根据上述结论，本章认为，解决流动人口就业问题需要考虑到诸如流动时间、流动范围、流入地区、流动原因等流动特征的影响。

第一，对于流动时间较短的流动人口，政府可以通过实施暂居证制度，保证其在就业、医疗、教育等方面的相关待遇，为其就业创造有利的环境和制度保障，增强流动人口的就业概率；对于流动时间较长、符合一定条件的流动人口，当地政府应加强对这部分流动人口的市民转化进程，逐步实现这部分流动人口在迁入地安家落户的心愿，为其更好地融入当地社会和寻求更好的工作机会提供支持。

第二，对于以跨省流动人口为主导的省份，当地政府应充分考虑这些流动人口的特点、规模和层次，分门别类地制定相关就业政策，以促进各类流动人口的就业；对于省内跨市流动或市内跨县流动为主导的省份，政府应该加强市与市、县与县之间的合作，建立区域就业协调机制和就业信息共享平台，促进流动人口的就业，以充分利用劳动力资源。

第三，切实稳妥地推进中西部新型城镇化进程，实现流动人口省内就业、就近市民化的目标。我国中西部地区正处于产业结构升级的第二梯队，将会吸收越来越多的流动人口，中西部地区发展较快的城市应积极吸引流动人口，壮大城市的人口规模，利用人口红利推进城镇化建设。部分发展较好的县城应采取多样化的激励措施，鼓励外迁人口回乡就业，鼓励农村人口在就近的县城实现就业。

第五章　流动人口创业的影响因素分析

上一章已经探讨了流动人口就业主题，在这一章我们将主要围绕逻辑框架中的另一收入来源类型——创业——进行展开。“大众创业，万众创新”掀起了全民创业浪潮，创业意识也逐渐覆盖全社会。对于流动人口而言，由于缺乏工作机会、薪资低等原因，掌握一门小手艺进行创业也成为其实现增收、推动阶层跨越的主要路径。本章第一节实证研究以学历和能力为表征的人力资本和以社会关系为表征的社会资本对流动人口创业行为的影响，并对比二者对流动人口创业的边际影响，以探讨逻辑框架中我们所论述的所有个人特征中影响流动人口选择创业与否的最关键因素。

第一节　人力资本、社会资本与流动人口创业

一、引言

2014 年 9 月，李克强总理在夏季达沃斯论坛上提出“大众创业、万众创新”，掀起了中国新一轮的创业热潮。自改革开放以来，中国各地域经济发展水平的差异造成人口流动现象加剧，《中国流动人口发展报告 2015》显示，到 2020 年，我国流动人口将逐步增长到 2.91 亿，约占全国总人口的 1/5。随着中国经济发展中人口红利的消失趋势，中国人口的就业问题会成为维持人口对经济增长正面效应的关键（蔡昉，2004），而流动人口的就业问题也逐渐成为学者关注的焦点（周其仁，1997；王春光，2001；李萌，2004；綦松玲等，2014）。研究发现，创业可以带动国家和地区的就业水平（Kayne，1999）。如果可以调动流动人口群体的创业热情，那么将会增加就业，提高流动人口收入，缩小贫富差距，促进国家经济发展，帮助中国尽早跨越中等收入陷阱。

创业一词来源于 entrepreneur（创业者，企业家），18 世纪法国经济学家 Cantillon 首次将其引入经济学中（林强等，2001）。在随后的几百年中，创业理论得到了极大发展。目前，国内外学者研究结果显示影响创业者创业行为决定的因素主要有人力资本、社会资本、金融资本等（范巍等，2004；韦吉飞，2008；刘杰等，2011；Martin 等，2013；卢亚娟等，2014；Yoon 等，2015），还有一些学者另辟蹊径，创新性地提出影响创业的其他因素，如心理资本、环境、宗教、房价等（龚军姣，2011；吴磊等，2012；阮荣平，2014；吴晓瑜，2014；冯建喜等，2016）。研究表明，创业活动具有高度的情境依赖性特征（Welter，2011），国内对创业的研究应该结合中国所具有的制度环境、市场环境和文化环境特征，使用"中国情境—独特现象—创业研究问题"的模型来解释创业现象（蔡莉等，2013）。在中国，社会关系这一社会资本在人们经济生活中显得至关重要（裴志军，2010）。例如，社会关系不仅会影响个体的工作收入（唐为等，2011）、社会地位（李培林，1999），还会影响个体在社会中的求职行为（李树茁等，2007）。有部分学者关注到社会关系这一因素对创业行为的影响，社会关系不仅能正向作用于创业意向（吴晓波等，2014；刘娟等，2014；郭红东等，2015），还会对企业绩效产生影响（张鹏等，2015；谢雅萍，2014）。目前，在中国研究流动人口创业行为的文献较少，大多数学者都在关注流动人口中农民工群体的创业行为。对农民工群体创业行为的研究主要分为两类，第一类主要关注流动人口的返乡创业行为（阳立高等，2008；朱红根等，2010；石智雷等，2011；刘苓玲等，2012；吴碧波，2013；陈文超等，2014），第二类研究其在迁入地的创业行为（冯建喜等，2016；庄晋财等，2014；刘美玉，2013；陈聪等，2013；辜胜阻等，2009）。本章主要聚焦社会关系对流动人口在迁入地的创业行为的影响。而流动人口由于流动性特点，在迁入地的社会关系具有一定的复杂性（李树茁等，2006）。有学者研究发现对流动人口中的农民工而言，社会关系对农民工创业行为有正向影响（张广胜等，2014），社会网络嵌入规模会正向影响农户识别创业机会的概率（高静等，2013）。这些特点与非流动人口创业的特点相似，我们希望挖掘社会关系这一要素对流动人口创业与非流动人口创业的不同之处。并且，以上学者的研究仅针对社会关系对创业行为决定的影响路径，很少有突出社会关系这一因素的重要性，这一问题也是本章研究的重点。另外，有学者通过对比发现社会关系的强弱对大学生的就业有着不同影响（钟云华等，2007），这对本章也具有一定的启发作用。

本节拟对当地流动人口创业行为进行实证研究，旨在丰富社会关系对流动人口"中国式"创业行为决定的重要性这一领域的探索。本节具有如下创新：

① 以往的学者在研究创业行为决策时，一般以大学生或者企业家的创业行为为研究对象，很少有人关注流动人口这一群体的创业行为。有一些学者关注到流动人口群体中的农民工群体的创业行为决策，但他们一般聚焦于农民工的返乡创业行为，很少有人研究其在工作地的创业行为。② 本节比较了教育、能力和社会关系对流动人口创业的重要性程度，创新性地提出了社会资本中的社会关系对流动人口创业行为决定的重要性要高于流动人口的能力和教育。除此之外，本章还发现相对于强社会关系，弱社会关系对流动人口的创业行为决策更加重要。③ 本节使用了 Logistic 模型，为了控制模型中可能存在的内生性问题，本节使用 Ivprobit 模型进行估计并对模型设定、内生性与稳健性进行检验，具体包括 Wald 检验以及 2SLS 检验等以达到使估计结果更稳健的目的。④ 本节比较人力资本和社会资本对流动人口创业的关系，分析发现流动人口的创业选择与教育呈显著负相关，与能力呈倒 U 形关系，与社会关系呈显著正相关。在重点关注了社会关系对流动人口创业的重要性程度后，我们发现对流动人口而言，社会关系比教育、能力对流动人口创业行为决定的影响更大，这对以后进一步完善流动人口管理工作具有重要的政策借鉴意义。

二、流动人口创业现状分析

（一）数据来源

本节数据取自南开大学、华东理工大学联合课题组成员于 2013 年 8—10 月走访上海、天津、广州、哈尔滨、兰州、武汉、成都七个城市，对 3 588 位外来务工人员的访谈调研（以下简称"2013 年上海等七市联合调研数据"）。为了确保调查样本的准确性和科学性，考虑到地域、被调查者户籍地等因素，本次调查中所调查的外来务工人员覆盖全国 31 个省和直辖市。

（二）样本特征

1. 样本的地域分布

本次调查选取上海、天津、广州、哈尔滨、兰州、武汉、成都七个城市作为主要调查城市，它们作为社会经济发展的中心城市辐射全国各个地区。被调查样本的户籍来源包含了我国 31 个省和直辖市，其中，样本户籍地为东部地区的共 872 位，占样本总量的 24.3%；样本户籍地为中部地区的共 1 601 位，占调查总量的 44.62%；样本户籍地为西部地区的共 1 115 位，占样本总量的31.08%。户籍为农村地区的样本有 2 527 个，占所有样本的 70.43%；户籍为城市的样本有 1 061个，占所有样本的 29.57%。由此可见，流动人口大多来自中部地区和农村地区。

2. 流动人口创业群体特征

在此次调查中，我们将有固定经营场所从事商业活动的被调查者视为创业者；将没有固定经营场所的流动摊贩，在工厂工作的职工等视为非创业者。样本数据显示，在 3 588 个样本中，创业者共 375 位，占样本总数的 10.45%。这部分创业者中，来自东部地区有 100 位，占创业者总数的 26.67%，占该地区总样本数的 11.47%；来自中部地区的有 178 位，占创业者总数的 47.47%，占该地区总样本数的 11.12%；来自西部地区的有 97 位，占创业者总数的 25.87%，占该地区总样本数的 8.7%。从地域的角度来看，东部和中部地区几乎没有差异，西部地区创业率略低于东中部地区。

从创业者年龄结构来看，3 588 个样本中，年龄最小的为 16 岁，年龄最大的为 74 岁，平均年龄为 32.3 岁，具体情况如图5－1－1 所示。创业者中年龄最小的为 19 岁，年龄最大的为 63 岁，平均年龄为 35.6 岁，具体情况如图 5－1－2 所示。各个年龄段人口的创业率如图 5－1－3 所示。

由图 5－1－3 可知，在所有样本中，创业人群主要集中于 30—50 岁，其中 40—50 岁的流动人口创业率最高。

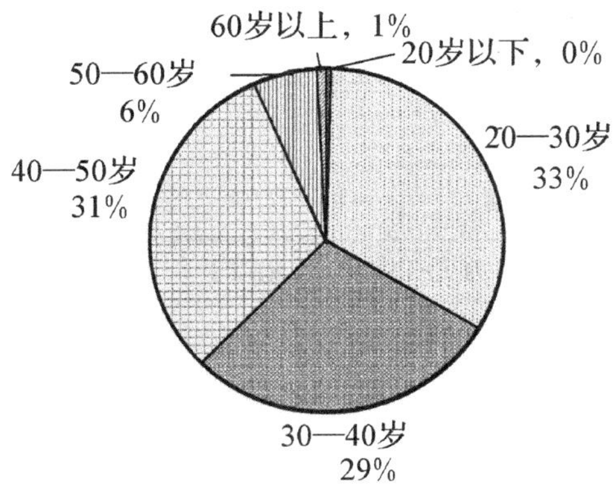

图 5－1－1　流动人口年龄结构

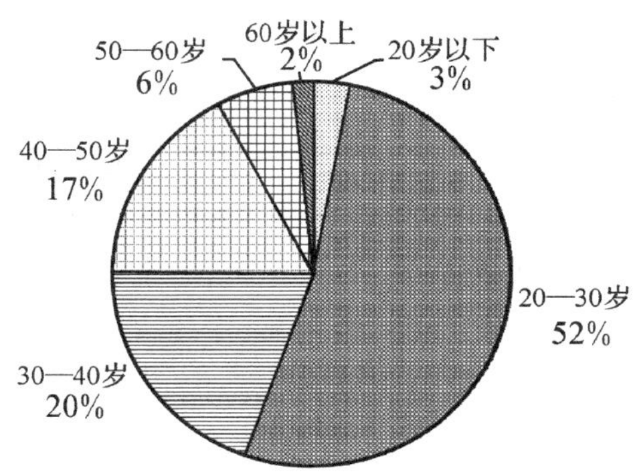

图 5－1－2　流动人口创业者年龄结构

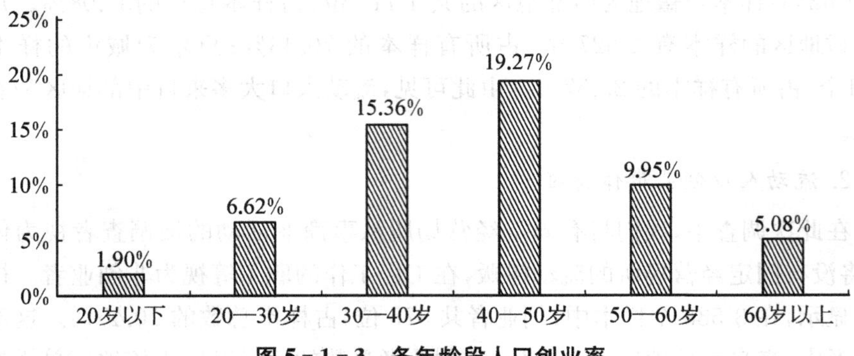

图 5-1-3 各年龄段人口创业率

从创业者性别结构来看，3 588 个调查样本中，女性有 1 484 位，占总样本数的 41.36%；男性有 2 104 位，占总体样本的 58.64%。其中，创业者中，女性创业者有 159 位，占女性总人数的 10.71%；男性创业者有 216 位，占男性总人数的 10.27%，女性与男性的创业率差异不明显。

从婚姻状况来看，在被调查的 3 588 个样本中，已婚者有 1 829 位，占总样本数的 50.98%；其他独身者（未婚、丧偶、离异）有 1 759 位，占样本总量的49.02%，缺省值两个。其中，已婚人群中，创业者有 289 位，占已婚者的 15.8%；独身者创业的人数有 86 人，占独身者总数的 4.9%。由此可见，已婚者更加趋向于选择创业。

3. 流动人口创业规模特征

我们分别从横向和纵向的指标对流动人口创业的规模进行分析，其中，横向主要通过初试投资额与雇佣人数两个指标反映，纵向通过创业时间来反映。具体情况如表 5-1-1 所示。

表 5-1-1 创业规模

初始投资额	1 万元以下	1—5 万元	5—10 万元	10 万元以上	合 计
	20%	32%	21%	27%	100%
雇佣人数	不雇人	1—5 人	6—10 人	10 人以上	合 计
	64%	32%	3%	1%	100%
创业时间	3 年之内	3—10 年	10—20 年	20 年以上	合 计
	34%	37%	24%	5%	100%

通过表 5-1-1 进行比较之后，我们发现流动人口创业具有初始规模小，初

始投资额少，创业时间较短的特点。

三、实证设计与结果分析

这里分两个阶段进行分析，第一阶段我们选取此次调查的总体人员为样本，利用二值选择模型进行回归来研究外来务工人员的人力资本、社会资本与创业行为决定的关系，第二阶段我们分析并比较教育、能力与社会关系对流动人口创业选择的重要性程度。

（一）基于流动人口样本数据的 Logit 回归分析

1. 建立 Logit 回归初始模型

（1）变量选取

在第一阶段，我们选取被调查者是否创业为被解释变量，鉴于本章的研究目的，本章选取人力资本、社会资本为解释变量，选取心理资本、代际因素、基本状况、户籍状况等作为控制变量，对被解释变量加以解释。具体变量选取情况如表 5-1-2 所示。

表 5-1-2　主要变量的描述性统计

变量名称	变量符号	变量定义	观测值个数	均值	标准差	最小值	最大值
是否创业	*entrepreneur*	0=否；1=是	3 588	0.10	0.31	0	1
教育	*edu*	0=初中及以下；1=高中及以上	3 588	0.56	0.50	0	1
能力	*ability*	样本的工作年限	3 582	10.95	9.95	1	54
能力的平方	$ability^2$	样本工作年限的平方	3 582	219.06	360.91	1	2 916
健康	*health*	1=很不健康；2=不太健康；3=一般；4=比较健康；5=非常健康	3 588	4.00	0.84	1	5
亲友	*relative_f*	长住在工作城市的亲友数	3 587	6.12	1.43	3	9
城市熟悉度	*familiar*	在工作城市生活的年数	3 580	6.67	7.14	1	54
跟老乡来往的频繁度	*laoxiang*	1=没有；2=较少；3=较多；4=很多	3 587	2.45	0.76	1	4

续 表

变量名称	变量符号	变量定义	观测值个数	均值	标准差	最小值	最大值
跟本地人来往的频繁度	*native*	1＝没有；2＝较少；3＝较多；4＝很多	3 587	2.46	0.76	1	4
跟外地人来往的频繁度	*outlander*	1＝没有；2＝较少；3＝较多；4＝很多	3 588	2.46	0.69	1	4
稳定性	*stability*	在当前居住场所居住月份数的对数	3 537	2.45	1.24	0	5.05
对工作地生活的满意度	*satisfication*	对工作地生活的各个方面的评价得分数总和	3 582	22.60	3.58	8	32
父母是否做小生意	*parent*	0＝否；1＝是	3 575	0.26	0.44	0	1
18 周岁以下子女数	*child*	18 周岁以下子女的数量	3 587	0.38	0.66	0	5
性别	*sex*	0＝女性；1＝男性	3 588	0.59	0.49	0	1
年龄	*age*	受访农民工年龄	3 588	32.25	10.66	16	74
婚姻状况	*marriage*	0＝其他；1＝已婚；	3 588	0.51	0.50	0	1
户籍状况	*hukou_urban*	0＝农村；1＝城市	3 586	0.30	0.46	0	1
工作城市	*city1*	0＝其他；1＝东部	3 588	0.43	0.50	0	1
	city2	0＝其他；1＝中部	3 588	0.28	0.45	0	1
生活水平	*life_level*	1＝上等；2＝中上等；3＝中等；	3 578	3.08	0.67	1	5
户籍所在地地区	*hukou_east*	0＝其他；1＝东部地区	3 588	0.24	0.43	0	1
	hukou_west	0＝其他；1＝西部地区	3 588	0.31	0.46	0	1
是否缺乏培训机会	*train*	1＝没有；2＝有一些；3＝有很多	3 588	1.71	0.69	1	3
是否存在找工作的困难	*difficult*	1＝没有；2＝有一些；3＝有很多	3 587	1.63	0.67	1	3
是否有党组织帮助	*help_01*	0＝没有；1＝有	3 587	0.06	0.24	0	1
是否有政府部门帮助	*help_02*	0＝没有；1＝有	3 585	0.08	0.28	0	1
是否有工、青、妇等组织帮助	*help_03*	0＝没有；1＝有	3 586	0.04	0.20	0	1

续　表

变量名称	变量符号	变量定义	观测值个数	均值	标准差	最小值	最大值
是否有村、居委会组织帮助	*help_04*	0=没有;1=有	3 581	0.07	0.26	0	1
是否有老乡组织帮助	*help_05*	0=没有;1=有	3 583	0.12	0.32	0	1
是否有志愿组织帮助	*help_06*	0=没有;1=有	3 586	0.04	0.21	0	1
是否有民间组织帮助	*help_07*	0=没有;1=有	3 587	0.04	0.19	0	1
是否同意本地人对外地人的态度友好	*attitude*	1=很不同意;2=不太同意;3=比较同意;4=很同意	3 588	2.52	0.71	1	4
心理状况	*mental*	心理问题得分总和	3 586	11.61	3.25	7	28
对当前生活的感觉	*feel*	1=非常不幸福;2=不幸福;3=一般;4=幸福;5=非常幸福	3 587	3.45	0.75	1	5
房屋	*house_num*	在所在城市拥有的房屋数	3 582	0.23	0.52	0	7
老家	*hometown*	每年回老家的次数	3 562	3.36	5.79	0	100

(2) 参考经典理论建立模型

根据舒尔茨的人力资本理论,影响人力资本的因素主要有教育、能力、健康等,本节主要选取这三个变量来描述样本的人力资本(*edu*、*ability*、*health*)。根据 Pretty J.和 Ward H.的研究,社会资本主要包括四个方面:信任,交流与互惠,共同的规则和规范,群体和网络的连通性。故社会资本与个人的社会网络和社会关系密不可分。此处,我们选取样本的稳定性、熟悉度和与人交往的频繁度等变量来描述流动人口的社会资本(*laoxiang*、*native*、*outlander*、*relative_f*、*familiar*、*stability*)。除了人力资本和社会资本对创业行为决定有所影响之外,心理资本、代际因素、基本状况、户籍状况等因素也可能对流动人口的创业行为决定产生影响,所以我们在模型中引入这些变量作为控制变量,用 X 表示。由于被解释变量为虚拟变量,故构造二元 Logit 模型加以解释,考虑到能力变量选取的工具变量为工作年限,其可能和创业选择存在非线性关系,故在模型中引入工作年限的平方项,最终方程如下:

$$entrepreneur = \alpha + \beta_1 edu + \beta_2 ability + \beta_3 ability^2 + \beta_4 laoxiang + \beta_4 native + \beta_5 outlander + \beta_6 familiar + \beta_6 relative\_f + \beta_7 stability + \sum_{j=1}^{23} X_k + e_i \tag{5.1}$$

2. 检验模型

使用 Stata12.1 软件进行回归后的结果如表 5-1-3 所示。

表 5-1-3　流动人口创业选择方程 Logit 回归结果

变量名	(1)	(2)	(3)	(4)	(5)	(6)
health		−0.007 9		−0.002 8	0.036 4	
		(0.074 0)		(0.074 5)	(0.069 2)	
Edu	−0.612 5***	−0.633 7***	−0.583 8***	−0.598 2***	−0.385 6***	
	(0.137 4)	(0.138 9)	(0.145 9)	(0.146 5)	(0.129 7)	
ability	0.158 7***	0.159 3***	0.157 2***	0.157 3***	0.175 1***	
	(0.027 9)	(0.027 9)	(0.028 1)	(0.028 1)	(0.023 1)	
ability^2	−0.003 0***	−0.003 0***	−0.002 9***	−0.002 9***	−0.003 8***	
	(0.000 7)	(0.000 7)	(0.000 7)	(0.000 7)	(0.000 6)	
stability	0.312 1***	0.305 1***	0.314 5***	0.306 6***	0.299 8***	
	(0.057 4)	(0.057 7)	(0.057 8)	(0.058 1)	(0.054 3)	
laoxiang		−0.093 0		−0.108 3	−0.056 0	
		(0.082 6)		(0.085 5)	(0.078 0)	
native	0.219 4**	0.215 5**	0.244 3***	0.240 3**	0.211 2**	
	(0.091 6)	(0.092 1)	(0.093 9)	(0.094 2)	(0.086 9)	
outlander	−0.239 4***	−0.224 8**	−0.236 4***	−0.220 5**	−0.187 0**	
	(0.089 7)	(0.090 6)	(0.090 2)	(0.091 0)	(0.086 8)	
relative_f	0.133 9***	0.142 8***	0.136 5***	0.146 1***	0.182 8***	
	(0.047 6)	(0.048 3)	(0.048 0)	(0.048 6)	(0.045 6)	
familiar	−0.018 8*	−0.019 1**	−0.018 5*	−0.018 7*	−0.019 9**	
	(0.009 7)	(0.009 7)	(0.009 8)	(0.009 8)	(0.009 2)	
difficult	−0.541 5***	−0.542 8***	−0.568 3***	−0.572 5***		−0.603 6***
	(0.104 9)	(0.104 8)	(0.112 6)	(0.112 6)		(0.109 8)
mental	0.067 5***	0.066 6***	0.063 7***	0.062 8***		0.046 9**
	(0.019 5)	(0.019 7)	(0.020 4)	(0.020 5)		(0.019 5)
parent	0.637 6***	0.644 0***	0.623 8***	0.628 4***		0.485 0***
	(0.142 4)	(0.142 7)	(0.143 1)	(0.143 3)		(0.135 8)
hukou_urban			−0.072 9	−0.090 0		−0.213 7

续　表

变量名	(1)	(2)	(3)	(4)	(5)	(6)
			(0.151 8)	(0.152 5)		(0.137 2)
hukou_east			−0.018 3	−0.028 1		0.080 1
			(0.167 2)	(0.167 5)		(0.158 7)
hukou_west	−1.059 5***	−1.051 9***	−1.081 2***	−1.070 7***		−0.892 1***
	(0.218 8)	(0.218 7)	(0.231 0)	(0.230 8)		(0.215 1)
其他控制变量	YES	YES	YES	YES	YES	YES
常数项	1.821 1***	1.613 2**	1.595 5*	1.422 0	5.136 4***	0.883 4
	(0.665 9)	(0.773 7)	(0.815 6)	(0.892 5)	(0.478 3)	(0.686 2)
观测值	3 479	3 479	3 479	3 479	3 522	3 541

注：***、**和*分别表示估计结果在1%、5%和10%的水平上显著。其他控制变量中包括变量satisfication、child、sex、age、marriage、city1、city2、life_level、train、help_01、help_02、help_03、help_04、help_05、help_06、help_07、attitude、feel、hometown。

通过观察发现，虽然变量familiar在5%的水平下显著，但是它的系数为负，与常识不相符。在人们的印象中，在一个陌生的城市进行创业的风险非常大，普通人在陌生的城市中不会轻易选择创业，故我们怀疑familiar变量存在内生性问题，于是对它进行了内生性检验。经过检验，我们发现它与变量stability存在正相关关系(相关系数为0.37，且在1%的水平上显著)。为了解决其内生性问题，我们需要寻找新的工具变量来替代熟悉度这一变量，表5-1-4提供原假设为“H0：p=0”的沃尔德检验的结果，其中p=0.001 6，故可以认为familiar为内生变量。

表5-1-4　沃尔德检验结果

变量名	系数值	标准误	Z统计量	P>z
familiar	0.148 7	0.022 8	6.51	0.000
health	0.003 9	0.028 1	0.14	0.889
edu	−0.294 7	0.067 1	−4.39	0.000
ability	−0.044 4	0.028 8	−1.54	0.123
$ability^2$	0.000 5	0.000 5	0.96	0.338
laoxiang	0.016 1	0.036 1	0.45	0.656
native	−0.060 5	0.055 5	−1.09	0.276
outlander	−0.030 1	0.043 9	−0.69	0.492
relative_f	−0.104 8	0.037 9	−2.76	0.006
stability	−0.070 2	0.049 3	−1.42	0.155
parent	0.179 0	0.076 6	2.34	0.019

续 表

变量名	系数值	标准误	Z统计量	P>z
mental	0.007 2	0.010 0	0.72	0.472
difficult	−0.129 6	0.066 6	−1.94	0.052
hukou_urban	−0.136 8	0.057 3	−2.39	0.017
hukou_east	−0.024 1	0.065 0	−0.37	0.710
hukou_west	−0.356 5	0.124 9	−2.85	0.004
其他控制变量	YES	YES	YES	YES
常数项	1.129 0	0.462 1	2.44	0.015
/athrho	−1.246 7	0.394 7	−3.16	0.002
/lnsigma	1.700 9	0.020 6	82.21	0.000
rho	−0.847 3	0.111 3		
sigma	5.478 8	0.113 3		

注：同表 5-1-3。

3. 修改模型

(1) 寻找工具变量

接着我们采取两步法对工具变量进行估计，结果如表 5-1-5 所示。

表 5-1-5 两步法回归结果(1)

familiar	系数	标准误	T统计量	P>z
feel	−0.016 6	0.125 1	−0.13	0.894
hometown	−0.024 1	0.017 0	−1.42	0.156
house_num	0.706 6	0.198 6	3.56	0.000
health	0.017 3	0.116 4	0.15	0.881
edu	0.767 4	0.236 7	3.24	0.001
ability	0.560 0	0.038 6	14.49	0.000
$ability^2$	−0.008 0	0.000 9	−8.70	0.000
laoxiang	−0.278 9	0.131 9	−2.11	0.035
native	0.835 3	0.147 4	5.66	0.000
outlander	−0.219 8	0.143 3	−1.53	0.125
relative_f	0.942 4	0.074 5	12.64	0.000
stability	0.933 2	0.083 6	11.16	0.000
parent	−0.055 1	0.223 9	−0.25	0.005
mental	0.057 0	0.032 5	1.75	0.080
difficult	−0.103 8	0.161 6	−0.64	0.521
hukou_urban	0.621 4	0.225 8	2.75	0.086

续　表

familiar	系数	标准误	T 统计量	P>z
hukou_east	0.238 2	0.273 6	0.87	0.384
hukou_west	0.375 4	0.334 9	1.12	0.262
其他控制变量	YES	YES	YES	YES
常数项	−9.727 3	1.459 1	−6.67	0.000

注：同表 5-1-3。

表 5-1-6　两步法结果(2)

变量名	系数值	标准误	Z 统计量	P>z
familiar	0.262 4	0.105 3	2.49	0.013
health	0.007 4	0.050 7	0.15	0.883
edu	−0.539 9	0.134 4	−4.02	0.000
ability	−0.073 5	0.062 8	−1.17	0.242
$ability^2$	0.000 8	0.000 9	0.82	0.414
laoxiang	0.025 3	0.065 5	0.39	0.699
native	−0.098 9	0.110 2	−0.90	0.370
outlander	−0.061 0	0.066 7	−0.91	0.360
relative_f	−0.180 6	0.105 9	−1.71	0.088
stability	−0.115 2	0.108 8	−1.06	0.290
parent	0.336 8	0.097 7	3.45	0.001
mental	0.014 7	0.015 5	0.95	0.344
difficult	−0.246 7	0.073 6	−3.35	0.001
hukou_urban	−0.244 3	0.127 3	−1.92	0.055
hukou_east	−0.041 3	0.118 0	−0.35	0.726
hukou_west	−0.664 9	0.157 8	−4.21	0.000
其他控制变量	控制结果	控制结果	控制结果	控制结果
常数项	1.950 969	1.205 8	1.62	0.106

注：同表 5-1-3。

表 5-1-6 对 familiar 外生性原假设的 Wald 检验结果表明，P 值为 0.000 4，故再一次在 5%的显著性水平下证明了 familiar 是内生变量。表 5-1-5 结果显示，工具变量 *house_num* 对 familiar 具有较强的解释力，且是外生的，故选取 *house_num* 作为 familiar 的工具变量。

(2) 使用工具变量替代原有变量

我们使用工具变量替代原有变量，去除不显著的变量再一次进行 Logit 回归，回归结果如表 5-1-7 所示。

表 5-1-7　工具变量替代后的 Logit 回归结果

变量名	(1)	(2)	(3)	(4)	(5)	(6)
health		0.010 9		0.012 2	0.057 4	
		(0.074 6)		(0.074 7)	(0.069 9)	
edu	−0.704 5***	−0.717 9***	−0.707 4***	−0.720 3***	−0.501 4***	
	(0.139 0)	(0.140 4)	(0.139 3)	(0.140 6)	(0.132 4)	
ability	0.153 7***	0.154 2***	0.153 5***	0.154 0***	0.149 9***	
	(0.026 8)	(0.026 8)	(0.026 8)	(0.026 8)	(0.022 4)	
$ability^2$	−0.003 0***	−0.003 0***	−0.003 0***	−0.003 0***	−0.003 4***	
	(0.000 6)	(0.000 6)	(0.000 6)	(0.000 6)	(0.000 6)	
laoxiang		−0.067 7		−0.067 0	−0.040 7	
		(0.082 5)		(0.082 5)	(0.078 4)	
native	0.179 1**	0.174 6*	0.182 2**	0.177 5*	0.171 9**	
	(0.091 2)	(0.091 6)	(0.091 6)	(0.092 0)	(0.086 8)	
outlander	−0.223 8**	−0.213 1**	−0.222 3**	−0.211 7**	−0.162 4*	
	(0.089 4)	(0.090 4)	(0.089 5)	(0.090 5)	(0.086 4)	
relative_f	0.109 6**	0.116 1**	0.110 0**	0.116 4**	0.144 6***	
	(0.046 4)	(0.047 0)	(0.046 4)	(0.047 0)	(0.044 8)	
house_num	0.254 1***	0.253 8***	0.255 8***	0.255 5***	0.429 1***	
	(0.097 2)	(0.097 3)	(0.097 3)	(0.097 4)	(0.090 9)	
stability	0.273 8***	0.268 8***	0.273 7***	0.268 8***	0.240 7***	
	(0.055 3)	(0.055 6)	(0.055 3)	(0.055 6)	(0.052 3)	
hukou_west	−1.097 7***	−1.090 4***	−1.099 7***	−1.092 1***		−0.904 7***
	(0.218 6)	(0.218 6)	(0.218 7)	(0.218 7)		(0.203 9)
mental	0.064 3***	0.064 3***	0.063 2***	0.063 2***		0.048 6**
	(0.019 5)	(0.019 7)	(0.019 8)	(0.019 9)		(0.019 0)
parent	0.611 9***	0.614 7***	0.612 1***	0.614 7***		0.468 0***
	(0.142 6)	(0.142 9)	(0.142 6)	(0.142 9)		(0.134 5)
difficult	−0.530 3***	−0.531 5***	−0.533 1***	−0.534 1***		−0.571 2***
	(0.218 0)	(0.218 4)	(0.218 1)	(0.218 5)		(0.209 4)
其他控制变量	YES	YES	YES	YES	YES	YES
常数项	1.362 5**	1.292 9*	1.215 3	1.160 9	4.830 5***	0.674 3
	(0.648 2)	(0.759 4)	(0.776 3)	(0.859 9)	(0.472 2)	(0.631 9)
观测值	3 488	3 488	3 488	3 488	3 524	3 550

注：同表 5-1-3。

（二）流动人口创业行为决定解析

1. 教育对流动人口创业行为影响的分析

本节将使用修正后的结果来解释创业选择模型。首先，我们将研究人力资本对创业选择的影响。我们将有效样本中的教育变量处理为虚拟变量，将初中及其以下学历处理为低学历样本，将高中及其以上学历处理为高学历样本。回归结果显示，流动人口的创业选择与受教育程度呈显著负相关。这里进一步对此现象进行解释分析。首先，我们对流动人口创业者的教育结构进行分析，结果如下图 5－1－4 所示：

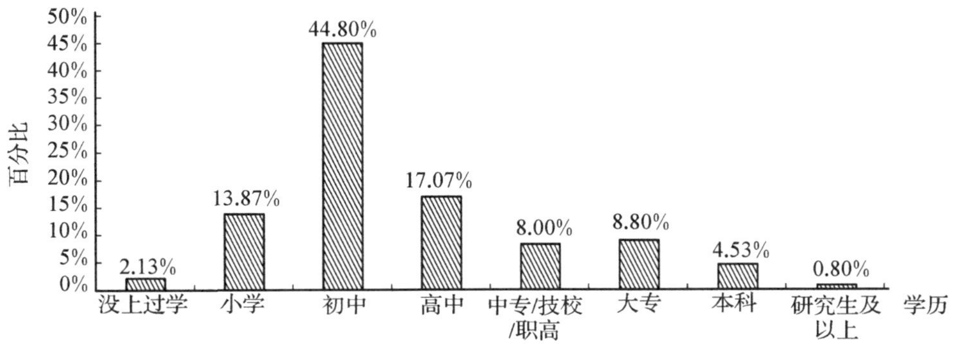

图 5－1－4　创业者教育结构分布图

由图 5－1－4 可以看出在流动人口的创业人群中，以初中学历居多，占总创业者数量的 45%。考虑到流动人口学历普遍不高，我们进一步对各学历段人群创业率做了进一步比较，结果如图 5－1－5 所示。

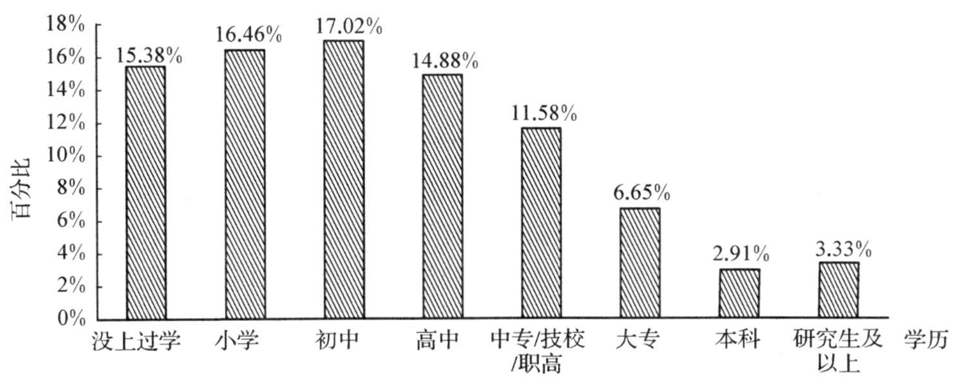

图 5－1－5　各学历段创业人数占比图

由图 5-1-5 可知，学历与创业率呈倒 U 形趋势，其中，初中学历是创业率最高的。这也与学者谭华青(2015)等人的研究相一致。对于这种现象的原因，我们分析：① 由于大多数流动人口受教育程度不高，大多是在完成甚至未完成九年义务教育之后就去大城市闯荡，而这部分人群较为年轻，他们敢于冒险，在积累几年工作经验之后，相较于同年龄段的高学历人群而言拥有更多的社会经验和资本，选择创业的可能性更大。② 在我们研究的这部分创业者中，他们创业的技术门槛通常比较低，据调查显示，仅有 22%的流动人口在创业过程中需要拥有较高技术，而 78%的流动人口在创业时不需要很高的技术支持，他们只需要懂得基础的读写和计算知识就可以创业，所以初中及以下的基础教育就可以满足所需。③ 高学历的流动人口可以较为容易找到理想的工作，所以他们毕业后选择去工作的概率比较高，这也与表 5-1-7 中 $difficult$ 变量的结果相符($difficult$ 是找工作的困难程度，它与创业选择呈显著的负相关关系)。

2. 能力对流动人口创业行为影响的分析

能力这个变量的工具变量的选取一直是很多学者研究人力资本时的重点，有的学者采用了婚姻状况作为能力的一个工具变量(Blackburn 等，1992)。考虑到流动人口的能力在很大层面上是靠工作积累的，故本节选取工作年限这一变量为工具变量来衡量流动人口的能力。由表 5-1-7 可知，流动人口能力与创业选择呈倒 U 形关系。在拥有工作经验的创业的流动人口中，他们的创业呈现倒 U 形趋势，我们认为可能的原因有：① 根据我们的调查，流动人口大多来自农村，大约占我们调查总数的 70.41%。他们由于出身受农村淳朴的家庭教育和家庭条件不太好的影响，可能性格偏向于保守，在能力不够时往往不会轻易冒险去创业，他们一般需要加强能力之后才会去考虑选择创业。② 流动人口能力不够，创业成功的可能性不大。③ 虽然能力大的流动人口创业成功的可能性更大，但是由于流动人口厌恶风险的特点，如果他们能力大到可以在企业中谋得一个比较高的职位，往往也不会轻易放弃现有的工作去创业。

3. 社会关系对流动人口创业行为影响的分析

我们再来分析社会关系对创业行为决定的影响。由表 5-1-7 可知，流动人口的社会资本与其创业选择密切相关，且呈现正相关关系，往往社会资本越高的人越会选择去创业。其中，在与人交往的频繁度方面，我们发现流动人口的创业选择与和老乡的交往的频繁度的关系也不显著，与本地人的交往频繁度显著相关，流动人口与本地人交往越频繁，越倾向于创业。另外，我们还发现了一个有趣的现象，流动人口的创业与其和外地人交往的频繁程度呈显著负相关，这不禁引起我们的思考，为什么会出现这种情况呢？我们认为流动人口在工作地创业，创业中交往服务的对象大多是本地人，而据我们调查显示的非创业者中大多数工作的企业中大部分都是外地人，如图 5－1－6 所示。所以非创业者与外地人往来频繁，而创业者与当地人来往较为频繁。老乡之所以不显著的原因可能是，无论是创业者还是在非创业者与老乡都密不可分，老乡与创业者和非创业者都有较为频繁的往来，所以与老乡交往的频繁度与创业选择关系不显著。

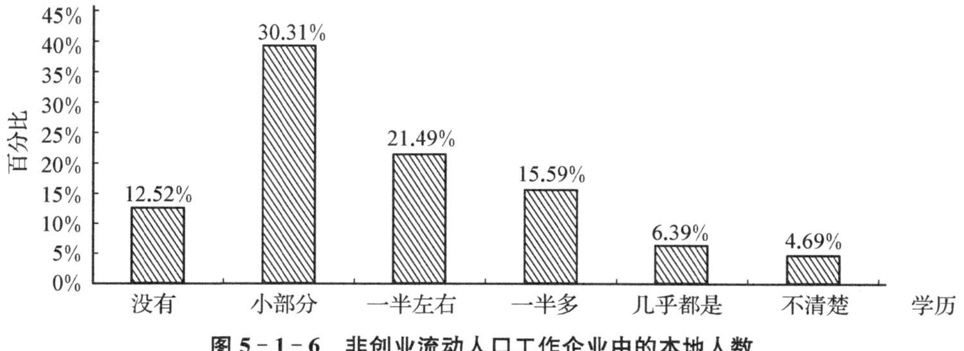

图 5－1－6　非创业流动人口工作企业中的本地人数

另外，除了上述几个解释变量外，我们还发现一些控制变量与创业选择有着直接的关系，如心理资本、代际因素、户籍因素等。出于本节的研究目的考量，在此我们不再赘述，希望在以后的研究可以向这些方向深入分析。

4. 教育、能力与社会关系对流动人口创业选择的边际贡献比较

教育、能力与社会关系这两个因素对流动人口的重要性到底有多大？为了研究这几个解释变量对流动人口的边际贡献，我们对流动人口创业与否构建的二值选择模型进行估计。我们选取了对被解释变量影响显著的解释变量，分别是 *edu*（教育）、*ability*（能力）、$ability^2$（能力的平方项）、*native*（与本地人交往的频繁度）、*outlander*（与外地人交往的频繁度）、*relative_f*（在工作地的亲友数）、*stability*（住在当前居住地的时间）、*house_num*（在工作地拥有的房屋数）。构建二元 Logit 模型：

$$entrepreneur = \alpha + \beta_1 edu + \beta_2 ability + \beta_3 ability^2 + \beta_4 bendiren + \beta_5 waidiren + \beta_6 qinyou + \beta_7 time + \varepsilon_i \quad (5.2)$$

我们使用 Logit 进行估计，结果如表 5－1－8 所示：

表 5-1-8　Logit 回归结果

变量名	系数值	标准误	Z 统计量	P>z
edu	−0.497 5	0.131 5	−3.78	0.000
ability	0.148 5	0.022 3	6.64	0.000
$ability^2$	−0.003 3	0.000 5	−5.73	0.000
bendiren	0.180 2	0.086 3	2.09	0.037
waidiren	−0.167 8	0.085 2	−1.97	0.049
qinyou	0.140 7	0.044 2	3.18	0.001
time	0.242 4	0.052 0	4.65	0.000
fangwu	0.426 3	0.090 8	4.69	0.000
常数项	−4.679 5	0.365 9	−12.79	0.000

表 5-1-8 显示，准 R^2 为 0.11，LR 统计量为 253.80，对应的 p 值为 0.00，故整个方程的所有系数(除常数项外)的联合显著性很高。下面，使用稳健标准误进行 Logit 估计。结果如表 5-1-9 所示：

表 5-1-9　使用稳健标准误进行 Logit 回归结果

entrepreneur	系数值	标准误	Z 统计量	P>z
edu	−0.497 5	0.136 5	−3.64	0.000
ability	0.148 5	0.022 9	6.46	0.000
$ability^2$	−0.003 3	0.000 6	−5.41	0.000
bendiren	0.180 2	0.092 2	1.95	0.051
waidiren	−0.167 8	0.087 9	−1.91	0.056
qinyou	0.140 7	0.045 6	3.08	0.002
time	0.242 4	0.051 5	4.71	0.000
fangwu	0.426 3	0.096 1	4.43	0.000
常数项	−4.679 5	0.380 2	−12.31	0.000

对比以上两个表格可知，稳健标准误与普通标准误非常接近，故大致可以不必担心模型设定问题。根据上述模型，我们将对结果进行解释，由于各解释变量(edu, $ablity$, $ablity^2$, $native$, $outlander$, $relative\_f$, $stability$, $house\_num$)的最小变化量至少为一单位，为了便于解释回归结果，下面用 Stata 汇报几率比而非系数，结果如图 5-1-7 所示。

图 5-1-7 显示，在给定其他变量的情况下，高学历流动人口选择创业的几率是只有低学历流动人口的五分之三；流动人口工作年限每增加一年，其创业几率增加 16%，且整体呈倒 U 形趋势，也就是流动人口在工作年限到达一定的年

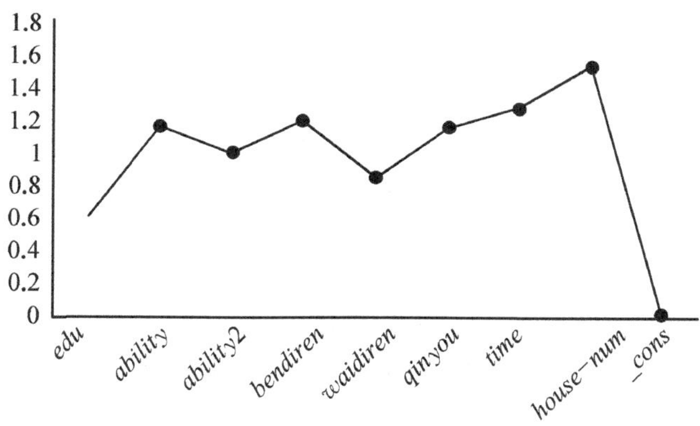

图 5-1-7　汇报概率比折线图

数后其创业欲望不增反降；流动人口的社会关系也对其创业行为决定有很大影响，流动人口与本地人交往频繁度增加一个等级，其选择创业的概率增加 20%，在工作地拥有的亲友数每增加一个，创业概率增加 15%；流动人口在当前住址居住的时间每增加一年，创业概率增加 27%；流动人口在工作地拥有的房屋每增加一套，其创业的概率增加 53%。

为了进一步查看模型准确预测比率，我们对 Logit 模型准确预测的比率进行了计算，计算结果显示，正确预测的比率为 89.64%。所以，我们有理由相信上述结果的可靠性。

经过上述分析后，我们发现流动人口在工作地的社会关系对其创业的影响是很大的，甚至在一定程度上比个人能力更重要。

我们由表 5-1-9 还发现了一个有趣的现象，对于流动人口群体的创业选择行为决定而言，弱社会关系比强社会关系对流动人口创业选择行为决定的作用更大。美国学者马克·格拉诺维特(Mark Granovetter)根据双方互动频率、情感程度、密切程度以及互惠交换四个维度，将社会关系划分为强弱两种。互动次数多、情感较深、关系亲密、互惠交换多的则为强社会关系，反之则为弱社会关系。在本节的研究中，我们把亲友划分为强社会关系，将老乡、本地人、外地人划分为弱社会关系。在研究这几个变量对流动人口创业选择行为的重要性时，我们发现，与本地人的互动对流动人口的创业行为决定的影响要大过亲友。

四、基本结论与政策启示

诺贝尔经济学奖获得者埃德蒙德·菲尔普斯说过:“如果大多数中国人,因为从事挑战性工作和创新事业获得成就感,而不是通过消费得到满足的话,结果一定会非常美好。”而创业又是创新的基础,所以,创业行为对拉动中国经济增长具有重要意义。对流动人口这一群体而言,影响其创业的因素有很多,本节着重分析教育、能力和社会关系对流动人口群体创业行为决定的重要性程度,经过研究发现,教育和能力与流动人口创业行为决定呈显著倒U形关系,社会关系中的和老乡交往的频繁度与流动人口的创业行为决定关系不显著。和外地人交往的频繁度与其创业行为决定呈显著负相关,而和本地人交往的频繁度、在工作地的亲友数、对城市的熟悉度、在城市生活的稳定度与流动人口创业行为决定呈显著正相关。

鉴于本节的研究目的,我们聚焦社会关系对流动人口创业行为决定的重要性。在进行实证分析后,我们认为流动人口在工作地的社会关系对其创业行为决定非常重要,甚至在一定程度凌驾于受教育程度和个人能力之上。而且对流动人口的创业行为而言,弱社会关系可能比强社会关系更加重要。这和流动人口创业偏向于低技术、初期投资少、规模小的创业特点有关,因为这种创业可能对能力和学历要求不是太高,而在中国特定的社会情境下,社会关系影响社会生活的各个方面,所以对流动人口而言,在他们创业的初期,社会关系比受教育程度和能力更重要。

基于上述结论,我们得到如下启示:第一,除了上文分析的几个解释变量外,我们还发现一些控制变量与创业选择有着直接的关系,如心理资本、代际因素、户籍因素等,这将会为我们以后的分析提供新思路。第二,我们发现弱社会关系比强社会关系对流动人口创业的影响更大,但是没有研究其作用机制,这是今后研究需要突破的地方。

第二节　社会关系网络与农户异地创业

在上一节,我们就逻辑框架中的创业主题进行了实证研究,研究发现,以社会关系为表征的社会资本对流动人口创业的边际影响要显著高于以学历和能力为表征的人力资本。在这一节,我们将在上一节基础上进一步从社会关系网络视角出发去深入研究流动人口的创业问题。由于流动人口的构成具有一定的复杂性，不同群体的社会关系网络具有一定的异质性，将所有类型的流动人口放在一起研究不利于厘清社会关系网络对流动人口创业影响的理论机制，故我们在本节将聚焦于流动人口群体中的农户群体进行研究。为了进一步延伸上一节研究，本节将流动人口的社会关系网络划分为“外地关系”与“本地关系”两类，并基于 2013 年上海等七市联合调研数据对社会关系网络与农户异地创业行为的关系进行实证研究。我们希望通过对比不同社会关系对创业影响的异质性，最终观察是否能进一步验证本书逻辑框架部分关于社会资本方面内容的论述。

一、引言

近年来，在“大众创业、万众创新”的社会新环境下，越来越多的农户意识到创业行为的潜在创收能力巨大，但农村市场小、机会少等因素使得农户本地创业受限。为寻求更多机会，选择异地创业的农户数量与日俱增。然而在城乡二元结构下，融资困难、管理经验缺乏、社会资本不足等一系列问题使得农户在异地创业困难重重。如何帮助农户走出异地创业困境以带动其脱贫致富，对缩小城乡收入差距、打破城乡发展不平衡等现实问题具有重大意义。

关于创业的文献最早可以追溯到 18 世纪，1755 年 Cantillon 将 entrepreneur（创业者、企业家）一词引入经济学中。自此以后，众多学者对创业这一问题开始进行研究，就目前的研究进展来看，关于农户创业问题，学者们主要侧重于对农户的创业类型、影响农户创业的因素等相关问题进行探索。关于农户的创业类型，可按创业地分为异地创业（朱华晟等，2013；曹永福等，2013；刘美玉，2013；陈聪等，2013）和返乡创业（石智雷等，2010；刘苓玲等，2012；刘云刚等，2013；陈文超等，2014；庄晋财等，2014）两大类。对农户创业的影响因素研究方面主要可以分为宏观因素和微观因素两大类，其中，宏观因素主要指外界环境因素对农户创业的影响，而微观因素主要是指农户个体特征对其创业的影响。从宏观层面来看，部分学者从金融约束这一视角研究农户创业问题后发现金融资源的难以获得是当前阻碍农户创业的重要因素（Martin 等，2013；杨军等，2013；卢亚娟等，2014；张应良等，2015；Yoon 等，2015）。除此之外，创业环境（朱红根等，2010；吴磊等，2012；冯建喜等，2016）、房价（吴晓瑜等，2014）、户籍制度（宁光杰等，2017）等因素也会影响农户的创业行为。从微观层面来看，农户的社会资本（高静等，2013；张广胜等，2014；薛永基等，2015）、人力资本（韦吉飞，2008）等都是影响其创业的重要因素。另外还有一些学者另辟蹊径，从个人特征出发去研究其创业行为，如个人的宗教信仰（阮荣平，2014）、个人财富（盖庆恩等，2013）、外出务工经历（刘新智等，2015）、方言技能（魏下海等，2016）和家庭结构（林涛等，2017）等。

在中国，社会关系这一社会资本在人们经济生活中显得至关重要。例如，社会关系不仅会影响个体的工作收入（唐为等，2011）、社会地位（李培林，1999），还会影响个体的求职行为（李树茁等，2007）。虽然已有文献对社会资本与农户创业的关系进行了阐述，但关于社会资本对创业的作用研究尚未达成一致，部分学者认为农户的社会资本对其创业行为会起到一定的促进作用（张广胜等，2014；高静等，2013），但也有学者认为社会网络关系嵌入过度对创业起到一定的抑制作用（杨震宁等，2013）。我们认为农户迁入地关系的"双边性"是导致这种不一致的主要原因，即农户由于其流动特点，既有以老家亲人为主的流出地关系，又有以本地朋友为主的流入地关系。而这两种关系由于各自特征的不同对农户创业的作用具有一定的异质性，研究农户社会关系对其创业的影响需要从不同"关系"维度进行探讨。

本节利用 2013 年上海等七市联合调查数据中的 2 527 份样本农村流动人口，对农户异地创业行为进行实证研究，旨在厘清农户的"双边"社会关系对其异地创业行为的作用。对比以往文献，本章可能的创新之处主要有：① 在研究对象上，学者以往研究创业行为的对象一般都是大学生或者企业家的创业行为，很少有学者关注到农户这一群体的创业行为。另外，现有对农户创业行为的相关研究多关注农户的返乡创业行为，只有较少学者关注农户的异地创业行为，故本节的研究对象具有一定的新颖性。② 在研究视角上，我们发现了农户的异地社会关系网络具有"双边性"特征，并以此为出发点研究其异地创业行为，在研究视角上具有一定的创新性。③ 在研究意义上，我们从"双边"社会关系网络这一视角展开对农户创业行为的研究后发现，流入地关系对农户创业的积极作用显著，这一发现为帮助农户走出创业"困局"提供了一个新思路，研究结论具有一定的启示意义。

本章其余部分的结构安排如下：第二部分对农户创业现状进行分析；第三部分构建计量模型并对模型涉及的相关变量进行描述；第四部分将进行实证分析；第五部分为基本结论与政策启示。

二、农户异地创业行为特征现状分析

鉴于本章的研究目的，本节使用 2013 年上海等七市联合调研数据，我们主要聚焦农村流动人口的创业行为，这里在剔除非农村流动人口后得到有效样本 2 527 份，有效率达 70.4%。在本节的有效样本中，从性别分布来看，男性和女性样本分别有1 487 人(58.84%)和 1 040 人(41.16%)；从年龄分布来看，样本中平均年龄为 32.86 岁，有 1 607 人(63.59%)年龄在 25 岁至 50 岁；从样本的学历分布上看，农村流动人口受教育水平普遍偏低，其中，拥有本科及以上学历的农村流动人口仅有 269 人(10.65%)，拥有初中学历的农村流动人口样本最多，有1 044人(39.73%)。在本节调查的流动人口中有 1 445 人(57.18%)曾有过在老家务农经历。

经样本观察分析，农户异地创业有如下主要特征：(1) 农户异地创业比例低。在此次调查中，本节主要通过一个题项为“目前，您具体从事什么职业?”的问题将选择“有营业执照的固定场所经营者”“没有营业执照的固定场所经营者”和“流动摊贩经营者”选项的样本视为“创业者”。样本数据显示，在 2 527个有效样本中，创业者共 337 人，占样本总数的 13.34%。其中，有营业执照的固定场所经营者 225 人(8.90%)，没有营业执照的固定场所经营者 58 人(2.30%)，流动摊贩 54 人(2.14%)。由此可见，农户在迁入地创业的积极性并不高。

表 5-2-1　农户异地创业情况

	样本数	比例		样本数	比例
创业门槛：			初始投资额：		
需要较高技术	59	17.51%	1 万元以下	98	29.08%
需要很少技术	129	38.28%	1—10 万元	158	46.88%
不需要技术	149	44.21%	10—50 万元	76	22.55%
创业规模：			50 万元以上	4	1.19%
自雇	239	70.92%	月均营利：		
雇佣 1—5 人	87	25.82%	0.5 万元以下	199	59.05%
雇佣 5—10 人	10	2.97%	0.5—1.5 万元	102	30.27%
雇佣 10 人以上	4	1.19%	1.5—5 万元	25	7.42%
创业年限：			5 万元以上	1	0.30%
3 年以下	88	26.11%			
3—10 年	146	4.32%			
10—20 年	82	24.33%			
20 年以上	20	5.93%			

(2) 农户创业具有技术门槛低、规模小、创业期短、初始投资额少、营利少的特征。由表 5-2-1 可知，农户在创业时需要较高技术的情况很少；大多数农户

创业时自雇就能够满足其日常的人手需求；农户异地创业大多时间不长，多为10年以下；其创业类型多为小本经营，初期投资额大多低于10万元，这与农户个人资产少和融资难有很大关系。另外，由于低技术门槛、规模小等原因，农户创业的收入较其他一般创业者而言要低得多，有超过一半的农户月均营利不足5 000元。

三、模型构建和变量设定

（一）模型构建

本节对农户异地创业行为的分析主要从两个层面进行考虑：一是分析社会关系网络对农户异地创业选择行为的影响；二是分析社会关系网络对农户异地创业成功度的影响。本节的模型构建也将从这两个方面进行展开。

1. 社会关系网络与农户异地创业选择

关于社会关系网络对农户异地创业选择行为的影响，由于被解释变量为农户在异地是否创业，属于虚拟变量，故使用Logistic模型进行分析，模型如下：

$$entrepreneurship = \alpha_0 + \alpha_i relationship_i + \beta_j control_j + \varepsilon_k \tag{5.3}$$

其中，*entrepreneurship* 为是否创业，若创业取值为1，否则为0；*relationship* 为农户在异地的社会关系变量；*control* 为控制变量，主要为农户个体特征变量与迁入地特征变量；ε 为随机干扰项。

2. 社会关系网络与农户异地创业成功度

关于社会关系网络对农户异地创业成功度的影响，由于被解释变量为有序因变量，故使用Ordered Logistic模型进行分析：

$$succeed = \alpha_0 + \alpha_i relationship_i + \beta_j control_j + \varepsilon_k \tag{5.4}$$

其中，*succeed* 为创业成功度变量，当农户创业类型为流动摊贩取值为1，为无营业执照的固定场所经营者为2，为有营业执照的固定场所经营者赋值为3；*relationship* 为农户的社会关系变量；*control* 为控制变量，主要为农户个体特征变量与迁入地特征变量；ε 为随机干扰项。

（二）变量设定

1. 被解释变量

对于农户异地创业行为的定义，如上文所言，本节将“有营业执照的固定场所经营者”“没有营业执照的固定场所经营者”和“流动摊贩经营者”视为“创业者”。表 5-2-2 给出了农民创业者的基本特征。由表 5-2-2 可知，从年龄结构上看，农村创业者人数最多的为“70 后”和“80 后”，创业率最高的是“60 后”和“70 后”。从受教育程度上看，农村创业者大多学历较低，且学历越高的农户创业意愿越低，表现为随学历层次的增加，农户创业率降低，这主要与农户创业特征密不可分，农户创业多为低成本、小规模的创业，其特点为收益性不高。拥有高学历的农民在可以凭借自己的人力资本在就业市场上谋得一份稳定工作时，往往不愿选择创业。从性别上看，农民创业在性别上并无太大差异，男性创业率略高于女性，但总体相当。对于农户创业成功度的定义，本节将使用创业等级这一指标进行测度。从本节样本的分布来看，“流动摊贩”样本有 54 个（16.02%），“无营业执照的固定场所经营者”样本有 58 个（17.21%），“有营业执照的固定场所经营者”样本有 225 个（66.77%）。

2. 核心解释变量

对“双边”关系的定义，本节将农户异地社会关系按户籍属地的不同主要分为流出地关系与流入地关系两种。其中，“流出地关系”指与农户关系网络中户籍地不在工作地的社会关系，这部分群体主要包括家人、亲戚、朋友、老乡、外地人。而流入地关系主要包括农户在迁入地的本地人朋友和认识的本地人。本节分别以问卷中题为“在您工作的城市，下列人员有多少”和“在日常生活中，您和下列人员来往是否频繁”作为刻画农户社会关系网络的主要变量。表 5-2-3 和表5-2-4 分别给出了上述两个问题的基本统计结果。由表 5-2-3 可以看出，大多数农户在迁入地都有亲友，且亲友数越多，农户创业的概率越高。但相较于家人、亲戚和本地人朋友，朋友关系对农户创业的影响较小。表 5-2-4 结果显示，农户在异地认识的本地人数量对增加其创业的概率影响最大；认识老乡次之；认识外地人并不会增加其创业的概率。基于此，我们可以初步判断，流出地关系中的家人、亲戚关系和流入地关系均与农户创业行为关系密切。

表 5-2-2　农民创业者基本情况

年龄	创业样本	总样本	比例	受教育程度	创业样本	总样本	比例	性别	创业样本	总样本	比例
“60 前”	10	115	8.70	没上过学	8	54	14.81	男	196	1487	13.18
“60 后”	70	340	20.59	小学	63	341	18.48	女	141	1 040	13.56
“70 后”	103	482	21.37	初中	169	1 004	16.83	合　计	337	2 527	13.34
“80 后”	128	880	14.55	高中	50	368	13.59				
“90 后”	26	710	3.66	中专技校职高	19	207	9.18				
合　计	337	2 527	13.34	大专	19	284	6.69				
				本科	9	845	1.07				
				研究生及以上	0	24	0				

资料来源：作者计算整理。

表 5-2-3　农户创业地亲友数

	家人或亲戚			朋友			本地人朋友		
	创业样本	总样本	比例	创业样本	总样本	比例	创业样本	总样本	比例
没有	32	613	5.22	32	225	14.22	85	712	11.94
有几位	214	1 497	14.30	179	1 454	12.31	176	1 339	13.14
有很多	91	417	21.82	126	848	14.86	76	475	16
总计	337	2 527	13.34	337	2 527	13.34	337	2 527	13.34

资料来源：作者计算整理

表 5-2-4　农户与人往来频繁度

	老乡			本地人			外地人		
	创业样本	总样本	比例	创业样本	总样本	比例	创业样本	总样本	比例
没有	18	205	8.78	29	164	17.68	34	286	11.89
较少	145	1 034	14.02	151	1 164	12.97	132	1 132	11.66
较多	139	1 065	13.05	140	1 071	13.07	134	958	13.99
很多	35	223	15.70	17	128	13.28	37	151	24.50
总计	337	2 527	13.34	337	2 527	13.34	337	2 527	13.34

资料来源:作者计算整理。

表 5-2-5　主要变量及其统计性描述

变量类别	变量名	符号	变量定义	均值	标准差	最小值	最大值
被解释变量	是否创业	*entrepreneurship*	0=否;1=是	0.133	0.340	0	1
	创业是否成功	*succeed*	1=流动摊贩;2=无营业执照的固定场所经营者;3=有营业执照的固定场所经营者	0.334	0.896	1	3
解释变量	工作地亲友数	*family*	1=没有;2=有几位;3=有很多	2.507	0.756	1	3
	工作地朋友数	*friend*	1=没有;2=有几位;3=有很多	2.247	0.603	1	3
	工作地本地人朋友数	*local_friend*	1=没有;2=有几位;3=有很多	1.906	0.679	1	3
	跟老乡来往的频繁度	*villagers*	1=没有;2=较少;3=较多;4=很多	2.517	0.767	1	4
	跟外地人来往的频繁度	*outlanders*	1=没有;2=较少;3=较多;4=很多	2.385	0.764	1	4
	跟本地人来往的频繁度	*natives*	1=没有;2=较少;3=较多;4=很多	2.460	0.693	1	4

续 表

变量类别	变量名	符号	变量定义	均值	标准差	最小值	最大值
个体特征	年龄	*age*	被调查者的年龄	32.862	11.115	17	74
	年龄的平方项	age^2	被调查者的年龄的平方	1 203.431	848.909	289	5 476
	受教育水平	*educ*	个体受教育年限①	10.533	3.520	0	1
	父母是否做过小生意	*par_bus*	0=否,1=是	0.320	0.467	0	1
	18 周岁以下子女数	*child_numb*	18 周岁以下子女个数	0.445	0.709	0	5
	身体健康状况	*health*	1=很不健康;2=不太健康;3=一般;4=比较健康;5=非常健康	4.015	0.842	1	5
	对工作地的熟悉度	*familiar*	在工作地生活的年数	7.558	6.740	1	48
	是否当过村干部	*cadre*	0=否;1=是	0.023	0.151	0	1
城市特征	户籍地区	*home_east*	0=其他;1=东部地区	0.249	0.433	0	1
		home_mid	0=其他;1=中部地区	0.468	0.499	0	1
	工作地	*city*1	0=其他;1=天津	0.140	0.347	0	1
		*city*2	0=其他;1=上海	0.156	0.363	0	1
		*city*3	0=其他;1=广州	0.152	0.359	0	1
		*city*4	0=其他;1=武汉	0.150	0.358	0	1
		*city*5	0=其他;1=成都	0.142	0.349	0	1
		*city*6	0=其他;1=兰州	0.128	0.334	0	1
		*city*7	0=其他;1=哈尔滨	0.132	0.338	0	1

资料来源:作者计算整理。

① 其中,没上过学赋值 1,小学赋值 6,初中赋值 9,中专技校职高赋值 12,高中赋值 12,大专赋值 15,本科赋值 16,研究生及以上赋值 19。

3. 控制变量

除上述解释变量和被解释变量外，本节在实证模型中还控制了农村创业者特征和创业地特征以解决部分遗漏变量问题。其中，在控制年龄变量时，考虑到样本创业与其年龄可能存在非线性关系，如年龄较高者和较低者的创业积极性都不如中青年高，故在模型中还控制了年龄的平方项。表 5－2－5 给出了相关变量与其统计性描述结果。

四、实证结果与分析

本节将对“双边”社会关系网络对农户创业的影响进行实证，具体分为两个小部分进行。第一部分主要分析“双边”关系对农户创业选择行为的影响，第二部分主要检验“双边”关系对农户创业成功度的作用。实证检验基本结论如下：“双边”社会关系网络对农户的异地创业均有积极作用，尤其是流入地关系在其中发挥了重要作用。表 5－2－6 分别给出流出地关系和流入地关系的 *Logistic* 回归的基本结果。

表 5－2－6　“关系”对农户创业选择行为影响的实证结果

变量名	(1)	(2)	(3)	(4)	(5)	(6)
	流出地关系			流入地关系		
	create	create	create	create	create	create
family	0.627 6***					
	(0.101 8)					
friend		0.039 7				
		(0.103 5)				
villagers			0.005 1			
			(0.077 3)			
outlanders				−0.099 6		
				(0.092 9)		
local_friend					0.168 5*	
					(0.092 0)	
natives						0.310 5***
						(0.090 8)

续 表

变量名	(1)	(2)	(3)	(4)	(5)	(6)
	流出地关系				流入地关系	
	create	create	create	create	create	create
age	0.257 9***	0.246 6***	0.246 7***	0.247 6***	0.249 5***	0.243 8***
	(0.053 0)	(0.052 0)	(0.051 9)	(0.052 0)	(0.051 4)	(0.052 7)
age^2	−0.003 2***	−0.003 0***	−0.003 0***	−0.003 0***	−0.003 0***	−0.003 0***
	(0.000 7)	(0.000 7)	(0.000 7)	(0.000 7)	(0.000 7)	(0.000 7)
educ	−0.063 1***	−0.066 8***	−0.066 1***	−0.066 1***	−0.069 5***	−0.078 4***
	(0.019 3)	(0.019 1)	(0.019 1)	(0.019 1)	(0.019 6)	(0.019 6)
par_bus	0.345 8**	0.356 1***	0.356 6***	0.360 5***	0.390 0***	0.336 9**
	(0.138 8)	(0.137 7)	(0.137 8)	(0.137 8)	(0.137 8)	(0.137 9)
child_num	0.212 3**	0.247 8***	0.248 7***	0.248 6***	0.256 1***	0.265 4***
	(0.092 4)	(0.091 2)	(0.091 6)	(0.091 1)	(0.089 4)	(0.090 9)
health	−0.057 7	−0.078 8	−0.077 9	−0.073 4	−0.073 6	−0.096 3
	(0.073 7)	(0.073 8)	(0.074 0)	(0.074 3)	(0.071 9)	(0.073 2)
familiar	0.025 0***	0.036 1***	0.036 8***	0.037 6***	0.032 7***	0.030 9***
	(0.009 2)	(0.009 0)	(0.008 9)	(0.008 8)	(0.008 9)	(0.009 1)
cadre	−0.345 8	−0.396 8	−0.394 6	−0.402 1	−0.354 7	−0.425 0
	(0.489 9)	(0.476 0)	(0.475 4)	(0.481 2)	(0.457 9)	(0.475 0)
常数项	−8.075 8***	−6.732 5***	−6.674 6***	−6.444 9***	−6.616 3***	−7.154 3***
	(1.079 3)	(1.075 3)	(1.070 1)	(1.069 1)	(1.037 6)	(1.095 9)
户籍地区固定	YES	YES	YES	YES	YES	YES
工作城市固定	YES	YES	YES	YES	YES	YES
样本量	2 506	2 506	2 506	2 506	2 505	2 506

注：***、** 和 * 分别表示估计结果在 1%、5%和 10%的显著性上显著，# 代表在 15%的水平上显著性，括号内为 t 值。

其中，模型(1)(2)(3)(4)给出了流出地关系对农户异地创业选择行为的影响，结果显示：① 农户在创业地的家人和亲戚数量越多越会选择创业，表现为变量 *family* 系数显著为正。针对这一点，本节认为农户受限于自身条件，在创业初期往往面临初始资本少、融资难等问题，创业积极性受影响。而在创业地家人和亲戚数量的增多可能缓解这一问题，这是因为相较于流出地的家人和亲戚，农户与在创业地工作家人和亲戚往来更为频繁，在创业地的家人和亲戚更能了解其创业具体情况，更愿意也更放心借贷资金。而且，家人和亲戚关系是以血缘为纽带建立起的一种联系，其牢固程度要远大于其他关系。② 相较于家人和亲戚，老乡、外地人和普通朋友数目的增加并不会显著促进农户创业，表现为变量 *friend*、*villagers* 和 *outlanders* 系数均不显著。这可能与老乡、外地人和普通朋友性质有关：一方面，相较于家人和亲戚，老乡、外地人和普通朋友的关系较远，农户在异地创业初期初始资金不足时并不会轻易向老乡、外地人和普通朋友寻求帮助；另一方面，农户的老乡、外地人和普通朋友大多在迁入地也并不具有较高的社会资本，在创业初期并不能提供过多帮助。故除家人和亲戚外的流出地关系对农户在迁入地创业的作用有限。由表 5-2-6 中模型(5)、(6)可知，在农户的流入地关系中，本地朋友数目和与本地人交往频繁度的增加均会促进农户的创业热情，表现为变量 *local_friend* 和 *natives* 的系数均显著为正。针对这一现象，我们认为本地人在当地往往拥有更多的社会资本，这一社会资本可以通过传递机制传递给农户，故无论是本地朋友数量的增多还是与本地人往来的频繁度增加都有助于农户创业。由此可见，本地人的社会资本在农户创业中的作用不容小觑。

相较于流出地关系，农户流入地关系的增强会增加创业成功的概率。表 5-2-7 结果显示，在流出地关系中，家人、亲戚和朋友数量的增多对农户异地创业成功度的正向作用并不显著，而与老乡和本地人往来越频繁将越不利于农户创业成功，表现为模型(1)、(2) 中变量 *family* 和变量 *friend* 系数不显著，模型(3)、(4)中变量 *villagers* 和变量 *outlanders* 系数均显著为负。针对这一现象，我们认为可能的原因为以下几点：① 农户与老乡和外地人往来频繁在一定程度上可以反映出其社会融合度不高，对迁入地的归属感不高，流动性强。农民在迁入地创业的目的很大程度上是为了挣钱回老家，而办理营业执照和租赁场地会约束其流动性，故其不倾向于进行更高等级的创业行为。表 5-2-8 给出了各种类型农村创业者在迁入地的定居意愿，结果显示，创业等级越高的农户不愿意在迁入地定居的概率越低。另外，有固定经营场所的农村创业者的定居意愿要显著高于流动摊贩。② 农户与老乡和外地人往来频繁也有可能是受本地人排挤后的“抱团行为”，受到本地人排挤也将不利于农户创业。③ 农户与老乡和外地人往来频繁可能会因为“羊群效应”选择与其他老乡和外地人相同的创业方式，而农户创业往往都有初始资本少、创业等级低的特征，故与老乡和外地人往来频繁将不利于其进行更高等级的创业。

表 5-2-7　社会关系网络对农户创业成功率影响的实证结果

变量名	(1)	(2)	(3)	(4)	(5)	(6)	(7)	(8)
	流出地关系			流入地关系			社会融合度	
	create1	create1	create1	create1	create1	create1	create	create1
family	0.046 6							
	(0.202 2)							
friend		0.071 6						
		(0.183 4)						
villagers			−0.360 0**					
			(0.156 9)					
outlanders				−0.263 9*				
				(0.159 6)				
local_friend					0.253 2#			
					(0.175 5)			
natives						0.217 3#		
						(0.142 8)		
natives_numb							0.184 2***	0.259 3*
							(0.054 1)	(0.136 5)
age	−0.020 9	−0.023 9	−0.019 1	−0.018 7	−0.035 9	−0.040 2	0.230 4***	−0.070 5
	(0.100 2)	(0.099 2)	(0.101 2)	(0.098 0)	(0.101 5)	(0.098 6)	(0.055 0)	(0.118 3)
age^2	−0.000 3	−0.000 3	−0.000 4	−0.000 4	−0.000 1	−0.000 0	−0.002 8***	0.000 2
	(0.001 3)	(0.001 3)	(0.001 3)	(0.001 3)	(0.001 3)	(0.001 3)	(0.000 7)	(0.001 5)
educ	0.050 3	0.048 2	0.045 5	0.053 7	0.036 2	0.041 5	−0.075 8***	0.045 4
	(0.046 7)	(0.046 8)	(0.046 8)	(0.047 2)	(0.046 9)	(0.046 5)	(0.020 5)	(0.053 2)

续 表

变量名	(1)	(2)	(3)	(4)	(5)	(6)	(7)	(8)
	流出地关系			流入地关系			社会融合度	
	create1	create1	create1	create1	create1	create1	create	create1
par_bus	0.408 3	0.404 6	0.431 3	0.378 2	0.401 5	0.393 8	0.312 7**	0.395 4
	(0.285 1)	(0.284 8)	(0.284 1)	(0.282 9)	(0.288 5)	(0.285 3)	(0.145 2)	(0.333 3)
child_num	−0.107 4	−0.110 2	−0.086 5	−0.114 7	−0.111 6	−0.088 5	0.262 2***	−0.098 4
	(0.145 3)	(0.147 3)	(0.146 4)	(0.144 8)	(0.146 3)	(0.147 1)	(0.095 6)	(0.168 2)
health	−0.053 4	−0.056 0	−0.060 9	−0.078 3	−0.055 1	−0.072 2	−0.086 8	−0.080 3
	(0.149 5)	(0.149 8)	(0.153 9)	(0.149 2)	(0.148 5)	(0.148 7)	(0.077 9)	(0.172 2)
familiar							0.036 9***	0.011 0
							(0.009 3)	(0.020 9)
cadre	0.489 1	0.481 3	0.598 2	0.561 7	0.371 2	0.445 8	−0.253 7	0.577 9
	(1.165 2)	(1.161 0)	(1.186 8)	(1.146 7)	(1.201 2)	(1.149 0)	(0.468 9)	(1.407 2)
常数项							−6.820 7***	
							(1.132 9)	
常数项 1	−2.587 2	−2.608 3	−3.757 8*	−3.487 8*	−2.557 3	−2.623 7		
	(2.114 1)	(2.076 6)	(2.128 2)	(2.071 2)	(2.070 9)	(2.020 2)		
常数项 2	−1.564 9	−1.585 5	−2.722 5	−2.456 8	−1.530 0	−1.595 0		−2.506 0
	(2.106 9)	(2.074 4)	(2.123 9)	(2.066 6)	(2.067 5)	(2.018 1)		(2.492 6)
常数项 3								−1.479 7
								(2.494 1)

续　表

变量名	(1)	(2)	(3)	(4)	(5)	(6)	(7)	(8)
	流出地关系			流入地关系			社会融合度	
	create1	create1	create1	create1	create1	create1	create	create1
户籍地区固定	YES	YES	YES	YES	YES	YES	YES	YES
工作城市固定	YES	YES	YES	YES	YES	YES	YES	YES
样本数	337	337	337	337	337	337	2 245	299

注:同表 5-2-6。

表 5-2-8　创业者定居意愿表

在工作地永久定居意愿	流动摊贩		无营业执照的固定场所经营者		有营业执照的固定场所经营者		合　计	
	样本数	比例	样本数	比例	样本数	比例	样本数	比例
不愿意	21	38.89%	17	29.31%	48	21.33%	86	25.51%
愿意	17	31.48%	31	53.45%	111	49.33%	159	47.18%
没想过	16	29.63%	10	17.24%	66	29.33%	92	27.30%
合　计	54	100%	58	100%	225	100%	337	100%

资料来源:作者计算整理。

在流入地关系中，农户的本地朋友数量越多、与本地人往来越频繁将越有利于创业成功。这表现为模型(5)、(6)中变量 *local_friend* 和变量 *natives* 的系数均显著为正。究其原因，我们认为主要有两点：一是在中国情境下，社会资本在场所租赁、营业执照办理方面能发挥一定的作用，虽然家人和亲戚会帮助农户获得创业的初始资金，但不能拥有帮助农户创业成功的社会资本，而本地人和本地朋友拥有。故虽然家人有助于创业，但不能帮助其获得更大的成功，而本地人在这一方面却能给予农户帮助。二是本地朋友和本地人能通过本地的社会关系为农户介绍客户、客源，这一点是农户在异地的家人、亲戚和朋友无法做到的。由以上分析可基本推断，农户在异地与本地人关系越好、社会融合度越高将越有利于其异地创业。为进一步验证上述推测，本节将解释变量换成农户居住地的本地人数量，表 5-2-7 中模型(7)(8)给出了这一实证结果。实证结果显示，农户居住地的本地人数量越多越有利于激发其创业热情，促进其创业成功，表现为模型(7)(8)中变量 *natives_numb* 的系数均显著为正，推测得证。

五、基本结论与政策启示

在中国情境下，社会关系网络如何影响农户异地创业？针对这一问题，本节采用 2013 年上海等七市联合调查数据中的 2 527 个农村流动人口样本数据，发现农户在异地的社会关系网络具有“双边性”特征，即农户在异地既有流出地关系，又有流入地关系。为验证“双边关系”对农户异地创业的作用，本节构建二值选择模型与有序因变量模型系统地剖析了“双边关系”对农户异地创业影响。

通过样本、理论和实证的三重分析，本节得出如下主要结论：一是农户在迁入地社会关系网络越强越去创业，无论是流出地关系还是流入地关系对农户创业都起到了促进作用。其中，对流出地关系而言，在迁入地的家人、亲戚关系有助于增强农户的创业意愿，但对创业成功与否影响不大；对流入地关系而言，流入地关系越强将越有助于激发农户异地创业热情、增加农户创业成功的概率。二是家人、亲戚对农户创业的帮助主要表现在物质资本上，而本地人对农户创业的帮助主要表现在社会资本的传递上。三是通过对比流出地关系和流入地关系的重要性可知，在创业行为的决策问题上，流出地关系与流入地关系对农户异地创业都很重要。其中，外地强关系的作用略高于流入地关系，但流入地关系的作用要显著高于外地弱关系；而在创业的成功度问题上，流入地关系往往发挥更为重要的作用。

基于上述结论，本节认为农户在迁入地的“关系”与其创业行为密切相关，促进农户创业需要从促进农户的社会融合出发，特别需要注意促进农户与迁入地城市居民的融合，这不仅能增加农户创业意愿，更能促进农户创业成功，对打破城乡二元壁垒具有重要意义。

第三节　城乡收入差距与农户异地创业

基于本书的整体框架，我们论述了由于城乡、区域的不均衡发展，落后地区人口为了实现增收、实现阶层跨越等目标，会选择去往就业机会更多、薪酬更高的地区工作，从而产生了流动。本节将延续上一节创业主题，以农户(人口流出的主体)为研究对象，基于归纳整理的中国宏观经济数据与农户异地创业微观数据，从城乡收入差距视角出发，通过分析城乡收入差距带来的激励和阻滞机制来探讨城乡收入差距对农户群体异地创业行为的影响。相关研究验证了本书逻辑框架中关于城乡差距虽然对流动人口创业产生激励作用，但也导致了流动人口人力资本、社会资本、金融资本和心理资本的缺失进而阻碍了其创业的主要观点。

一、引言

党的十九大报告指出，城乡发展不平衡问题亟待解决，推进城乡平衡是当前我国经济发展的必由之路。改革开放后的四十年间，我国经济发展取得了举世瞩目的成绩。世界银行数据显示，我国人均 GDP 已从 1978 年的 156.40 美元增长至 2020 年的 10 504 美元，增长了 66.16 倍。在这一增长的背后也存在着诸多的结构性扭曲，如地区发展的不平衡问题，尤其是城乡发展的不平衡所导致的城乡二元结构矛盾问题。虽然我国城乡居民实际可支配收入日益增加，但存在着显著的城乡增长不同步问题。国家统计局数据显示，我国城乡居民可支配收入比已从 1978 年的 2.57∶1 上升至 2015 年的 3.19∶1，城镇居民人均可支配收入不仅在基数上，更在增速上均远高于农村居民，城乡收入差距日益扩大。城乡收入差距的扩大不仅为宏观经济的可持续增长带来了挑战(陆铭等，2005；王少平等，2008；曹裕等，2010；钞小静等，2014)，还对人们的生活方式，尤其是农民的职业选择产生了巨大影响，表现为越来越多的农民为谋求与城镇居民对等的收入而选择更为多样化的生计策略。“大众创业、万众创新”政策的推进使得创业活动逐渐呈现低门槛化趋势。作为促进个体增收的重要生计策略，创业活动越来越受到农民的青睐。农业部 2017 年数据显示，返乡农民工的创业比例高达 68.5%，农户创业潮正在形成。农户创业不仅帮助农民脱贫致富，更能为促进农村经济增长、打破城乡二元结构矛盾注入新动力。

创业行为作为知识溢出、技术进步、经济增长的重要源泉一直是国内外学者研究的热点(Li 等，2012)。农户创业作为解决我国三农问题的重要手段也成为当前劳动经济学领域关注的重点(黄德林等，2007；朱明芬，2010)。目前，国内外关于农户创业行为的影响因素研究主要可以分为内生性因素研究和外生性因素研究两大类。① 内生性因素。内生性因素主要指影响农户创业的那些与农户个人特征相关因素，包括创业者的人力资本(韦吉飞，2008；Bruce 等，2013)、社会资本(张玉利等，2008；张广胜等，2014；Hyungseok Yoon 等，2015)、金融资本(刘杰等，2011；卢亚娟等，2014)和心理资本(龚军姣，2011)等。从人力资本来看，罗明忠等(2014)基于广东省七个地级市数据，从学习这一视角进行研究后发现，学习可以帮助农民增加创业概率，提高创业绩效。从社会资本来看，杨婵等(2017)基于 2016 年“中国千村调查”数据研究了农民家庭结构对其创业的影响后发现，社会精英家庭衍生出来的社会资本会为农民带来一定的资源优势，进而提高了农民创业概率。从金融资本来看，李树等(2018)基于 2012 年中国劳动力动态调查数据研究农村金融多样性对农民创业的影响后发现，农民创业更易受到融资约束影响，其原因很大程度上是由于农村金融多样性不足导致，增加农村金融多样性将有利于促进农户创业。从心理资本来看，罗明忠等(2014)发现农民的个人心理特质，如情绪的稳定性、尽责性等，均会影响农民创业的成功率。② 外生性因素。外生性因素主要指除农户个人特征外的外部影响因素，如环境(吴磊等，2012；冯建喜等，2016)、政策(周菁华等，2012)等。从环境来看，张益丰等(2014)基于三省 14 个行政村 1 046 位潜在创业者与 389 位创业实践者的调研数据研究后发现，创业环境中的信息获取便利性的增加将促进农户创业。从政策来看，朱红根等(2013)考察了政策支持对农民创业的影响后发现增强政策支持将会增加农民的创业意愿。纵观以往文献，无论是对于内生性因素还是外生性因素的研究大多都侧重于研究创业行为对提高农户收入和打破城乡不平等的作用，鲜少有学者反向思考关注城乡收入差距如何影响农户创业，这就成为本节研究的重点。

本节可能的创新和贡献之处有以下几点：① 在研究内容上，本节从城乡收入差距这一视角出发去研究农户的异地创业行为，发现城乡收入差距对农户异地创业的影响既有激励效应又有阻滞效应，无论从研究视角上还是研究结果的发现上均有一定的新意，对既有关于农户创业的相关研究起到积极的补充作用。② 在研究数据上，本节使用将宏观数据与微观数据相匹配的方法，创新性地将中国宏观经济数据与2013年农户异地创业微观调查数据相结合，并基于这一数据验证城乡收入差距对农户异地创业行为的影响方向以及作用机制，使本节的结论更具科学性和合理性。③ 在研究意义上，以往学者在研究关于农户异地创业的问题时多关注于创业行为对农户增收的影响，鲜少有学者关注到这二者的互动机制。本节从城乡收入差距这一视角出发研究农户的异地创业问题，不但对理解当前我国农户的创业行为具有一定的启发意义，更在此基础上发现了农户异地创业的“增收螺旋陷阱”，这不仅丰富了当前我国农户创业理论，也为如何形成合理的政策建议，由此进一步优化农户创业行为提供了经验支持。

二、城乡收入差距与农户异地创业的现状分析

（一）城乡收入差距现状分析

参考陆铭等(2004)的研究，本节主要是通过计算各省份城镇居民人均可支配收入与农村居民人均纯收入的比值，作为判断我国各地区城乡收入差距的主要指标，该指标数值越大则表示城乡收入差距越大。除这一指标外，本节还分别计算了各地区城市与农村的基尼系数以考察城乡内部收入差距。本部分所使用的原始数据均来源于各期的《中国城市统计年鉴》《中国区域经济统计年鉴》《中国统计年鉴》和各省区统计年鉴等。通过对比分析，本部分得出如下基本经验事实：

1. 城乡收入差距逐年扩大

随着我国国民经济的发展，地区不平衡，特别是城乡不平衡现象日益凸显。《中国统计年鉴》数据显示，改革开放以后，我国城乡收入比已经由1978年的2.57∶1增加至2013年的3.18∶1。① 可能的解释是，改革开放初期，虽然城镇与农村个人可支配收入有一定差距，但由于当时物质生活普遍贫乏，这一差距并未显著凸显。随着我国经济的不断发展，城市由于其先天禀赋与政策支持率先走出贫困，人民物质生活水平逐年丰富。相比之下，农村经济虽稳步增长，却缓于城市。这一增速的不一致导致了我国城乡收入差距的持续扩大，城乡二元经济问题日益突出。

2. 城乡收入差距自东向西依次递增

《中国统计年鉴》数据显示，2013年我国全国平均城乡收入比为2.8∶1。就

① 2014年后我国城乡收入的统计口径发生变化，故本节未使用2014年后城乡收入比数据作为参考依据。

东部地区而言，北京、天津、上海等地区城乡收入比均低于全国平均水平，其中，天津地区最低，为 1.89∶1，这一数值也远低于全国其他省份。就中部地区而言，山西地区城乡收入差距最大，为2.80∶1，与全国平均水平等同。其余省份城乡收入差距相较于东部地区而言，略高但差距不大。就西部地区而言，西部地区除重庆、四川、新疆外，其余各省份城乡收入差距均高于全国平均水平，甘肃、贵州等省份收入差距更是达到3.5∶1 左右。由此可见，相较于东部经济发达省份，西部经济欠发达省份收入差距更大，不平等趋势更明显。

3. 农村内部收入差距显著高于城镇内部

除了城乡间收入差距，农村内部收入差距同样也可能影响农户的创业行为。为了观察我国各省农村和城市地区内部的不平等情况，本节通过估算基尼系数予以判断，计算公式如下所示：

$$\frac{\sum_{i=1}^{n}(cumpopulation_i - cumincome_i)}{\sum_{i=1}^{n} cumpopulation_i} \tag{5.4}$$

其中，公式中 n 表示该省该年按收入高低总共分几组；$\mathrm{cumpopulation}_i$ 表示人口累进情况；$\mathrm{cumincome}_i$ 表示可支配收入的累进情况。从全国 31 个省及直辖市的城镇与农村的基尼系数对比情况来看，农村地区各省平均基尼系数为0.266，而城镇地区为 0.259。也就是说，农村地区内部收入差距要显著大于城镇地区。

（二）农户异地创业现状分析

本节对于农户异地创业的界定为，农户离开户籍地所在的农村进入城镇进行创业的活动，这里的城镇既包括户籍所在地的城镇，也包括户籍所在地以外的城镇。基于这一定义，本节对于农户异地创业现状的分析主要基于 2013 年全国流动人口卫生计生动态监测数据进行。鉴于本节研究目的，在剔除所有重要指标缺省的样本后，得到有效样本共计 174 130 个，有效率达 87.68%。按户籍地区分东、中、西部样本量各有 34 615 个(48.96%)、16 302 个(23.06%)、19 780 个(27.98%)；按户籍性质分，城镇和农村户籍分别为 10 252 个(14.73%)和59 348个(85.27%)。

关于对农户是否创业的定义，基于全国流动人口卫生计生动态监测数据问卷，本节将在问卷问题[Q209]“您现在的就业身份是哪一种?”中选择“2. 雇主”和“3. 自营劳动者”选项的样本视为创业样本。经过整理发现，农户异地创业具有如下特征：

1. 农户异地创业率逐年增高，但雇主率趋于降低

为了观察我国农户异地创业比率的时序特征，本节使用流动人口动态监测数据，整理了2013—2015年流动人口异地创业率这一指标，整理后的统计分析结果显示，2013年、2014年和2015年我国农户异地创业率分为39.31%、42.03%和43.38%，呈逐年增加趋势。虽然创业率逐年提高，但2013年以来，我国异地创业的农户成为雇主的比率并未明显提升，2013年、2014年和2015年这一比率分别为8.78%、8.81%和7.37%，这可能与现阶段我国农户异地创业时多选择小规模的创业形式有关。

2. 欠发达地区农户创业率总体上高于发达地区

表5-3-1给出了我国各个省及直辖市居民异地创业情况统计，其中清晰显示，农村居民创业率显著高于城镇居民。其中，农户异地创业率最高的省份为浙江、福建、宁夏和新疆，这些地区农户创业率均高于其外出务工人员的50%。造成这一现象的主要原因是相较于城镇居民，农户人力资本较低，在劳动力市场处于劣势，为获得与城镇居民相当的收入水平，创业成为其获得高收入的重要手段之一。从地区上看，中部地区农户异地创业率最高，东部地区次之，西部地区农户异地创业率最低。

表5-3-1　东中西部各地区创业率

东部地区				中部地区				西部地区			
地区	总样本	农村	城镇	地区	总样本	农村	城镇	地区	总样本	农村	城镇
北京	19.15	36.36	14.08	吉林	35.69	36.18	34.43	内蒙古	37.80	40.41	27.12
天津	25.71	29.63	21.51	黑龙江	38.98	39.78	36.99	广西	31.03	31.54	27.53
河北	34.86	37.35	21.96	山西	41.70	46.24	22.14	重庆	32.21	34.93	22.47
辽宁	27.45	28.46	24.97	安徽	39.92	40.56	33.6	四川	35.53	36.23	30.74
上海	38.46	47.83	35.19	江西	41.09	41.87	36.34	贵州	26.40	26.24	27.69
江苏	33.23	34.96	25.96	河南	41.51	42.11	33.6	云南	34.30	33.89	39.25
浙江	61.93	64.20	48.54	湖北	45.9	47.32	37.35	西藏	37.96	36.66	50.94
安徽	39.92	40.56	33.69	湖南	46.81	47.37	42.50	陕西	36.35	37.46	27.57
福建	50.97	52.05	42.04	平均值	41.80	42.90	35.06	甘肃	44.20	45.12	37.09
江西	41.09	41.87	36.34					青海	47.03	48.58	36.86
山东	34.71	36.05	21.95					宁夏	49.33	50.86	39.02
广东	40.65	42.02	34.59					新疆	44.42	51.55	34.23
海南	31.96	35.03	24.59					平均值	35.89	36.78	30.31
平均值	39.30	41.40	28.87								

三、城乡收入差距影响农户异地创业的理论解析

依上文所言，城乡收入差距较大地区的农户异地创业率更高，但城乡收入差距也限制了异地创业规模，使其异地创业绩效普遍不及来自城乡收入差距小地区的农村创业者。为何造成这一现象？本节将在这一部分探析城乡收入差距对农户异地创业的作用机制。

（一）激励机制

研究农户异地创业问题首先需要分析农户产生异地创业需求的动因，即农户放弃家乡土地选择异地创业的动机是什么？根据 GEM（Global Entrepreneurship Monitor）的划分方式，农户的异地创业动机主要可分为生存型创业与机会型创业两大类。其中，生存型创业主要指农户在没有更好的就业选择时，为了解决当前面临的经济困难而实施的创业行为；机会型创业则是指农户为了追求非物质回报，获得自我实现和发展的机会而实施的创业行为（孙红霞等，2013）。城乡收入差距的增大都会在不同程度上促进这两类创业动机的形成。

从生存型农户异地创业动机来看，城乡收入差距增大造成的城乡不平等会直接刺激农户的心理，使农户产生对财富的渴求。相较于耕作土地，创业活动具有高回报的典型特征。以缩小与城市收入差距为目标的农户将增收的期望转换为对创业的欲望，生存型创业动机随之增加。

从机会型创业动机来看，拥有创业梦想的农户希望通过创业实现自我价值，这部分拥有机会型创业动机的农户异地创业的目的不仅是为了增收以缩小与城镇居民的收入差距，更多的是为了完成自己的创业理想。创业环境是影响创业者创业成功的重要因素之一（刘畅等，2015），城乡收入差距增大的一个直接后果就是破坏了农村创业的市场环境。城乡收入差距增大使得农村剩余劳动力外流，“羊群效应”使得原本从事农耕工作的农民跟随农村剩余劳动力外流。这一人力资本不断外流的后果是在全国范围内产生了大量的“空心村”，即农户将家乡原本赖以生存的土地抛荒，去到城市成为农民工。农村人力资本的外流使得原本想在家乡创业的农户失去了市场环境，包括客源的大量减少和生产工人的缺失。为了实现自我价值、完成创业理想，拥有企业家精神的农户也逐渐为了谋得更好的创业环境远离家乡。

基于上述分析可以认为，城乡收入差距的扩大会对农户异地创业产生心理激励，促进农户形成创业动机。这种创业动机既包括生存型创业动机，也包括机会型创业动机。

（二）阻滞机制

虽然城乡收入差距的扩大能够在一定程度上增加农户的创业动机，但与城镇人口收入差距的增大也会为农户异地创业带来一定的困难。依上文所言，人力资本、金融资本、心理资本和社会资本是农户异地创业成功的必要条件。城乡收入差距将在不同程度上对上述资本的形成造成影响。

从人力资本来看，根据舒尔茨的人力资本理论，教育、培训与健康是构成人力资本的主要要素。就教育而言，低收入限制了农户对自身及子女教育的投资，使得农户普遍存在学历较低的特征，知识的匮乏使得农户在异地创业时往往面临营销知识不够、管理经验不足等问题，约束其创业规模的扩大。就培训而言，城乡收入差距的扩大限制了农村公共服务的发展，使得农民相较城市人口而言获得创业培训的机会更少，创业知识的缺乏使得农户在创业初期往往面临困难。就健康而言，城乡收入差距的扩大对农民的医疗服务也会产生不利影响：一是农村医院的医疗水平与城市相差甚远，二是低收入约束了农民的日常医疗保健行为，上述影响均会不利于农户获得健康服务。综上所述，城乡收入差距的增大将不利于农户人力资本的提高，对其创业绩效产生不利影响。

从金融资本来看，进行大规模创业往往需要一定的初始资金，农户由于自有资产普遍较少不得不选择贷款扩大自己的创业规模。城乡收入差距的扩大会在无形中加大金融机构借贷资金给农户的风险，金融机构对这一风险进行评估后往往会选择将资金借贷给风险更低的城镇居民。童馨乐等（2015）研究发现，收入水平偏低的农户通常难以获得农村正规金融机构贷款，或者会被附加比较多的贷款条件。因此，金融资本获得难度的增加将限制农户异地创业规模的扩大。

从心理资本来看，农户异地创业需要承受比本地创业更大的压力，这一压力主要来源于城镇各级部门与城镇居民的歧视，这种歧视包括户籍歧视与地域歧视。具体表现为相对于外地人而言，城镇居民更倾向于与本地人进行商业活动。户籍和地域歧视将直接增加农户的异地创业难度：一是城镇居民更偏好本地商家使得农户客源较少，与本地商家相比竞争力低；二是营业执照申请流程更为严格，这将加大农户的创业风险。

从社会资本来看,城乡收入差距的增大无形中会增加农户天然的自卑感,以及增加城镇居民对进城农民的歧视。较为典型的是,农户进城后具有典型的"抱团行为",具体而言农户进城后更喜欢与自己的老乡打交道,这一行为的发生约束了农户在创业地社会资本的形成。相较于外地人而言,当地人在的社会关系网络更复杂,社会资本更高。这一社会资本可能会在农户异地创业时所面临的经营场所租赁、营业执照申请等问题上起到重要作用。据此,城乡收入差距将不利于农户形成与异地创业有关社会资本进而限制其创业绩效的提高。

基于此,我们认为城乡收入差距对农户异地创业行为既有激励效应又有阻滞效应,图 5-3-1 给出了上述两种机制的示意图。在下一部分,我们将对上述两种效应进一步验证。

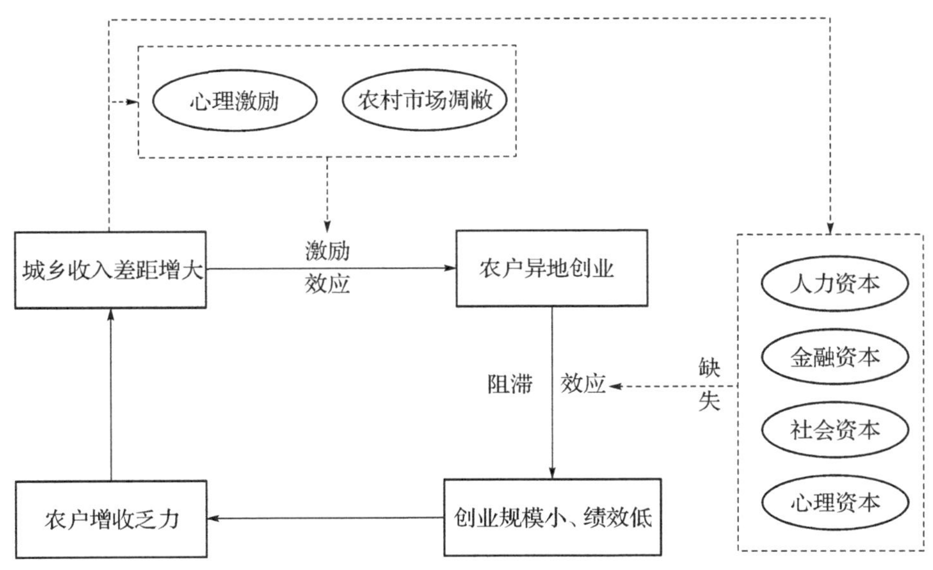

图 5-3-1　城乡收入差距对农户异地创业的作用机制

四、城乡收入差距影响农户异地创业的经验事实

基于第三部分的理论分析,本部分将主要基于 2013 年上海等七市联合调研数据加以验证。鉴于本节的研究目的,在剔除流动人口后非农村流动人口后得到有效样本 2527 份,有效率达 70.4%,以下简称其为"流动人口数据"。

（一）激励效应

1. 心理激励

改革开放后，市场机制的引进使得越来越多的民营企业崭露头角，越来越多的社会底层劳动者通过创业这一途径获得财富。“创业”也逐渐成为人民获得大量财富的重要手段。随着我国经济的发展，各个地区发展出现不平衡现象，特别是城乡二元结构问题突出。相较于城镇人口，人力资本的缺失使得农民很难通过就业这一路径获得大量财富，相反，“做小生意”成为农民发家致富的重要手段。典型的例子，“浙江模式”的成功让越来越多的农户看到了城市市场的广阔和缩小与城镇人口收入差距的机遇。这一心理激励的存在使得越来越多的农户放弃家乡的土地，进入城市进行创业活动。在面对问卷问题[B31]“您是否有辞掉工作，去做小生意的想法？”时，有42.18％的农民工选择“有过”这一选项，这也进一步说明农户认为创业对其增收的作用在一定程度上大于就业。

2. 农村市场凋敝“倒逼”农户异地创业

一直以来，我国很多地区，特别是欠发达的农村地区由于缺少相关产业，存在着劳动力剩余和隐形失业现象。城乡收入差距的增加使得越来越多的农村剩余劳动力涌入城市，产生“民工潮”现象。国家统计局数据显示，2016年我国农民工总量达到28 171万人，占我国农村人口总数的47.77％。农村主要劳动力外流造成的乡村“空心化”使得我国产生越来越多的“空心村”，乡村市场进而凋敝。市场是创业必不可少的重要条件，这一要素的缺失使得拥有创业梦想的农民不得不为了更好的创业机会选择异地创业这一方式，进而增加了农户的异地创业概率。

（二）阻滞效应

1. 人力资本阻滞

城乡收入差距过大，带来的不仅是经济的不平等，还包括城乡机会的不平等。在受教育机会方面，农户由于受教育水平普遍低于城镇人口。调研数据显示，城镇流动人口平均受教育年限为12.25年，而农村流动人口平均受教育年限仅为9.33年。缺乏人力资本，使得流动人口在创业时只能选择低技术门槛或无技术门槛的创业方式。调研数据显示，超过80％的农户在创业时不需要技术或很少需要技术。创业类型不具技术性也是导致农户虽有创业热情但创业规模较小的重要原因。

2. 金融资本阻滞

城乡收入差距过大将造成的另一个问题就是城乡金融资本机会获得的不均等。城乡收入差距较大地区的农户城乡差距大使得农户受到金融约束，这一现实将直接导致初始创业资金不足。“流动人口数据”显示，有 76.19％的农户异地创业时初始资本不足 10 万元，有 36.01％的农户异地创业初始资本不足 1 万元。初始资金不足不仅打击农户的创业积极性，还会使得农户异地创业选择初始成本较小的创业类型，如“流动摊贩”。在本节的农村创业样本中有 16.02％的农户在异地创业时选择“流动摊贩”作为主要的创业形式，远高于城市创业者的 5.15％。“流动摊贩”这一创业形式虽然能够带动部分农户就业，但总体而言，对经济发展特别是农村经济发展的作用十分有限。

3. 社会资本阻滞

创业活动具有很强的社会情境性，城乡差距较大的地区往往会形成城乡分离，具体表现为农户的社会资本主要聚集在农村，而城镇人口社会资本主要聚集于城市。农户异地创业多数会选择在东部大中型城市，因为这类城市往往市场较为广阔，农户可以获得更多的创业机会与创业收入。相较于城镇人口而言，在这类城市中，农户的社会资本更低。“流动人口数据”显示，仅有 16％的农户表示在创业地拥有较多的本地人朋友，远低于城镇居民的 28.37％。农户异地创业时，本地人朋友不仅能够在场所租赁、营业执照办理方面发挥一定的作用，更能通过本地的社会关系为农户谋得更多的社会资本。社会资本的缺失使得农户异地创业面临手续办理困难、场所租赁困难等一系列困境，不利于农户实现大规模创业。

4. 心理资本阻滞

城乡收入差距加大带来的另一个可能结果为歧视，包括户籍歧视和地域歧视等。“流动人口数据”显示，有 2.13％的农户在进入城市后曾经受过户籍歧视，有 2.3％的农户受过地域歧视。另外，在创业过程中，农户也会经常受到本地商户排挤，形成经营困难。本节样本中，有 14.71％的农户曾在创业过程中与创业所在地人发生过冲突，有 6.76％的农户曾遭到过创业所在地社会闲散人员的勒索。

基于上述经验事实，我们可初步推断，城乡收入差距的增加将对提高农户异地创业率起到一定的激励作用，但同时也会对农户异地创业规模的扩大起到一定的阻滞作用。下一部分，我们将对上述影响机制进行实证检验。

五、城乡收入差距对农户创业影响的实证分析

基于理论机制与经验事实分析，本部分构建模型对理论机制部分的相关分析进行进一步验证，具体模型设置如下：

$$entre_{it} = \alpha_0 + \alpha_1 inc\_dis_{it} + \lambda_j z_{jit} + \varepsilon_{it} \tag{5.5}$$

$$w_{it} = \alpha_0 + \alpha_1 inc\_dis_{it} + \lambda_j z_{it} + \varepsilon_{it} \tag{5.6}$$

其中，模型(5.6)主要验证城乡收入差距对农户创业行为的影响，变量 $entre_{it}$ 为农户创业变量，具体为“农户是否创业”变量与“农户创业是否成功”变量，变量 inc_dis_{it} 为城乡收入差距变量，具体为城乡收入比，变量 z_{jit} 为其他控制变量的集合，具体为农户的个体特征变量，主要包括农户的年龄、性别(1＝女；0＝男)、婚姻状况(1＝已婚；2＝未婚)、进入迁入地年数和家庭成员数量；模型(5.6)主要验证城乡收入差距对激励效应和阻滞效应影响，变量 w_{it} 为各个机制的代理变量，具体包括农户的创业意愿、人力资本、金融资本、社会资本和心理资本，其余变量与模型(5.5)一致。实证部分所及数据均为 2013 年上海等七市联合调研数据。

基于上述模型，我们进行实证检验，基本实证结果如下：

表 5－3－2　城乡收入差距对农户创业影响的实证结果

变量名	(1)	(2)	(3)	(4)	(5)	(6)	(7)
	是否创业	创业等级	创业意愿	人力资本	金融资本	社会资本	心理资本
城乡收入比	0.661 2**	−0.847 4*	0.418 1*	−0.864 3***	−0.534 5*	−0.494 3***	−0.258 1*
	(0.300 6)	(0.495 6)	(0.249 3)	(0.185 3)	(0.321 0)	(0.117 5)	(0.152 4)
年龄	−0.010 7	0.050 6**	−0.039 6***	−0.101 0***	−0.005 5	−0.028 2***	−0.011 9
	(0.007 0)	(0.020 1)	(0.008 2)	(0.008 7)	(0.007 2)	(0.004 7)	(0.011 6)
性别	−0.037 8	−0.388 3*	0.400 1***	0.293 4	0.258 6*	0.272 5***	−0.259 3
	(0.127 0)	(0.217 5)	(0.114 9)	(0.209 8)	(0.141 1)	(0.060 5)	(0.175 7)
进入迁入地年数	0.042 4***	−0.010 6	−0.004 6	0.024 9	−0.045 4***	0.073 2***	0.036 7**
	(0.008 5)	(0.017 5)	(0.010 4)	(0.015 8)	(0.009 3)	(0.015 8)	(0.017 3)
家庭人口数	0.021 7	0.005 5	−0.001 6	−0.018 5	−0.017 3	−0.032 3**	0.007 2
	(0.016 5)	(0.049 1)	(0.021 0)	(0.039 3)	(0.019 3)	(0.013 6)	(0.020 5)
婚姻状况	1.083 3***	0.436 0	0.167 9	−1.959 5***	−1.000 9***	−0.139 0	0.463 9*
	(0.189 4)	(0.310 7)	(0.153 1)	(0.223 9)	(0.200 8)	(0.108 5)	(0.241 1)
Constant	−8.303 3***		−5.737 7**	16.081 9***			3.212 8***
	(2.851 9)		(2.429 5)	(0.766 6)			(0.540 2)

续　表

变量名	(1)	(2)	(3)	(4)	(5)	(6)	(7)
	是否创业	创业等级	创业意愿	人力资本	金融资本	社会资本	心理资本
*Constant cut*1		−6.736 2			−9.174 5***	−2.347 4***	
		(4.969 8)			(3.049 6)	(0.406 4)	
*Constant cut*2		−5.677 8			−8.421 9***	0.304 4	
		(4.944 1)			(3.050 4)	(0.448 4)	
*Constant cut*3					−8.090 9***		
					(3.046 6)		
观测值	2 407	325	1 472	2 407	2 407	2 406	1 651
R^2/拟 R^2	0.073 1	0.057 1	0.047 2	0.288 3	0.052 9	0.061 1	0.016 4

注：***、** 和 * 分别表示估计结果在 1%、5%和 10%的显著性上显著，括号内为 t 值。

基于上述实证结果，本节得出如下基本判断：

城乡收入差距与农户异地创业率呈显著的正向相关关系。本节根据问卷[C7]“目前，您具体从事什么职业”这一问题将选择“1. 有营业执照的固定场所经营者；2. 没有营业执照的固定场所经营者；3. 流动摊贩经营者”的样本视为创业者，其他样本视为非创业者。由表 5－3－2 中模型(1)可知，来自城乡收入差距较大地区的农户更可能选择创业，具体表现为模型(1)中城乡收入比变量系数显著为正。针对这一现象可能的解释是，长期的收入不平等会激发农户对财富的渴望。而在“大众创业、万众创新”的社会大环境下，相较于找工作，创业门槛更低且收益更高，农户为获得更高的收入更有可能选择去创业。由表 5－3－2 中模型(3)所示，城乡收入差距会对农户产生一定的激励效应。根据问卷[B31]“您是否有辞掉工作，去做小生意的想法”，本节将选择“1. 有过”的样本视为有创业意愿样本，赋值为 1，将选择“2. 没有”的样本视为没有创业意愿样本，赋值为 0。实证结果显示，城乡收入差距将促进农户产生创业意愿，具体表现为模型(3)中城乡收入比变量系数为正。

城乡收入差距与农户异地创业等级呈显著的反向相关关系。本节根据问卷问题[C7]将选择“1. 有营业执照的固定场所经营者”选项的样本视为创业等级最高，赋值为 3；将选择“2. 没有营业执照的固定场所经营者”选项的样本视为创业等级中等，赋值为 2；将选择“3. 流动摊贩经营者”选项的样本视为创业等级最低，赋值为 1。由表 5－3－2 中模型(2)的实证结果显示，城乡收入差距越大的地区农户异地创业等级越低，具体表现为模型(2)中城乡收入比变量系数显著为负。我们认为这主要与城乡收入差距对农户的人力资本、金融资本、社会资本与心理资本产生了阻滞效应所致。为了验证这一观点，我们分别对城乡收入差距与金融资本、人力资本、社会资本和心理资本的关系进行实证。对于人力资本变量，本节根据问卷问题[A6]“您的受教育程度是什么？”进行赋值处理，具体赋值方式为“0＝没上过学；6＝小学；9＝初中；12＝高中/中专/技校/职高；15＝大专；16＝本科；19＝研究生及以上”。对于金融资本变量，本节根据问卷问题[C13]“您从事这行最初投资是多少？”进行了赋值处理，具体赋值方式为“1＝一万元以下；2＝1—5 万元；3＝5—10 万元；4＝10 万元以上”。对于社会资本，本节根据问卷问题[E3c]“在您目前工作的城市，朋友中的本地人有多少？”进行了赋值处理，具体赋值方式为“1＝没有；2＝有几位；3＝有很多”。对于心理资本变量，本节根据问卷问题[B28]“您在现在的企业，是否遭受到下列歧视”，将选择“以上歧视都没有”的样本处理为未受到过歧视，赋值为 0，其他样本处理为受到过歧视，赋值为 1。实证结果如表 5-3-2 中模型(4)至模型(7)所示。由模型(4)至模型(7)可知，城乡收入差距分别对农户的金融资本、人力资本、社会资本和心理资本产生了负向影响，具体表现为模型(4)至模型(7)中城乡收入比变量系数显著为负。

综上所述，城乡收入差距为农户异地创业带来了激励作用，使得农户纷纷涌入城市进行创业活动。同时，城乡收入差距所带来的农户人力、金融、心理和社会等资本的缺失也约束着农户异地创业的规模，进而限制了农户增收，将农户引入“增收螺旋陷阱”，使农户异地创业陷入困局。如何破解城乡收入差距过大造成的农户异地创业困局？如何推动农户进行高质量的创业活动？上述问题成为当前亟待解决的重点问题。

六、基本结论与政策启示

城乡收入差距将如何影响农户创业？针对这一问题，本节基于中国宏观经济数据和 2013 年农户异地创业微观数据，以城乡收入差距为视角分析农户的异地创业行为后得到以下研究结论：

首先，目前我国城乡收入差距逐年扩大且地区差异显著。从时间趋势上看，我国城乡收入差距逐年扩大趋势明显；从地域分布来看，东部地区城乡收入差距最小，中部地区次之，西部地区城乡收入差距最大；从户籍视角上看，我国农村地区内部收入差距普遍高于城镇地区。这主要与我国城乡发展和地区间发展的不平衡有关：一是城镇地区由于政策倾斜和先天禀赋，不论基数还是增速均高于农村地区，导致我国城乡收入差距的逐年扩大；二是相较于欠发达地区而言，发达城市的辐射效应将拉动周边农村地区经济发展，进而提高当地农户收入，缩小当地城乡居民收入差距。

其次，城乡收入差距在一定程度上将激励农户异地创业。具体表现为：从时间趋势上看，农户异地创业率随着城乡收入差距的增大而逐年递增；从地域视角上看，城乡收入差距较大的中西部地区农户异地创业率要显著高于城乡收入差距较小的东部地区农户；从户籍视角上看，基尼系数较大的农村地区居民创业率普遍要高于基尼系数较小的城镇地区居民。这主要与城乡收入差距对农户异地创业的激励作用有关，城乡收入差距的扩大使得农户对创业致富的心理需求增大，“民工潮”导致的农村市场凋敝使得拥有创业梦想的农户不得不选择异地创业这一方式实现自己的创业梦想。

最后，城乡收入差距对农户异地创业既有激励作用又有阻滞作用。城乡收入差距虽然在一定程度上能够提高农户异地创业概率，但这一提高主要是提高农户低质量创业的概率，对经济发展和农户增收的作用十分有限。具体表现为城乡收入较大地区的农户往往由于人力资本、金融资本、心理资本和社会资本等制约，选择“流动摊贩”或“自营”等小规模的创业形式进行异地创业活动，城乡收入较小地区的农户往往选择“有营业执照的固定场所经营”或“雇主”等大规模的创业形式进行异地创业活动。这将导致创业对城乡收入差距较小的地区农户增收效应要远远高于城乡收入较大地区的农户。长此以往，城乡收入差距较大地区的农户将陷入异地创业的“增收螺旋陷阱”。

基于上述结论，本节认为破解农户异地创业增收困境既要考虑到城乡收入差距的激励效应，又要考虑到城乡收入差距的阻滞效应。从激励效应来看，合理的城乡收入差距将有利于农户产生创业动机，政府对于城乡收入差距的扩大不必感到过分忧虑，维持合理的城乡收入差距将会促进更多农民寻找多样化生计策略，带动其就业。从阻滞效应来看，政府应充分认识到城乡收入差距的扩大可能会对农户的人力资本、金融资本、心理资本和社会资本起到阻滞作用进而不利于其扩大创业规模。故对于城乡收入差距较大地区，政府需要对当地农户的创业行为进行扶持。第一，从人力资本来看，人力资本的缺失使得农户异地创业往往具有低技术门槛的特征，对城乡收入差距较大地区的农户进行创业培训，提高其创业的技术性将有效增加其创业绩效，扩大其创业规模将对当地农户增收、缩小当地城乡收入差距起到积极作用。第二，从金融资本来看，推进农村金融地发展，政府制定合理的金融政策，为城乡收入差距较大地区的创业农户去除不合理的借贷条件，简化借贷流程，这将在一定程度上解决农户面临的创业资金不足问题。第三，从心理资本来看，定期举办异地创业农户与迁入地居民交流会活动，拉近二者距离，这不仅能使农户异地创业更符合当地人需求，更能增加农户在创业地的社会融入感，有利于异地创业的成功。第四，从社会资本来看，积极鼓励城乡收入差距较大地区的农户返乡创业，农户的社会资本大多集中于乡村。精准扶持农户进行返乡创业活动不仅能弥补农户因社会资本不足而带来的异地创业约束，更能带动当地农民就业，带动当地乡村经济发展，为我国乡村振兴事业添砖加瓦。

第六章 流动人口子女教育的影响因素分析

基于本书的理论分析,我们认为教育是除就业和创业之外促进流动人口实现代际阶层跨越的另一重要路径。本章主要是对逻辑框架中的教育主题进行实证研究。在逻辑框架部分,我们论述了教育虽然是流动人口实现代际阶层跨越的重要路径,但由于流动人口自身的社会地位不高,其子女的教育容易受限,本章将就这一论点进行实证检验。不同于以往学者从父母收入(李任玉等,2015)、户籍限制(邬志辉等;2016)等视角出发研究流动人口子女教育问题,本章将基于2013年上海等七市联合调研数据,从教育观这一视角出发研究流动人口社会地位对其教育观的影响。在以往研究的基础上,本章对社会地位和教育观的内容进行了较为全面的拓展和更加细化的维度分类,以期获得更为翔实的结论。

第一节 流动人口社会地位与教育观

一、引言

2017年6月,北京市高考状元熊轩昂关于"寒门难出贵子"的言论在社会上引起广泛关注,寒门学子教育的公平性问题一时间成为全民热议的焦点问题。寒门学子的受教育问题不仅是家庭问题,更是社会问题。从家庭层面来看,教育是寒门学子打破阶级壁垒以完成家庭阶级晋升的捷径(张明等,2016)。从社会层面来看,一方面,提升寒门学子受教育水平以激活阶层流动机制,将有利于社会的长期稳定发展;另一方面,经济增长速度持续下行的新常态下,提升社会底层寒门学子受教育水平以增加人力资本积累,是加快全要素生产率增长的关键(Baumol,1989)。流动人口作为具有代表性群体,如何促进其子女教育的公平是当前我国社会经济发展中亟待解决的重要问题。

目前，关于流动人口子女教育公平性问题的因素研究大致可分为两类：一类外生于家庭，如教育资源分配的地域差异（高明华，2013；唐俊超，2015）、户籍限制（邬志辉，2016）、制度变迁等（李煜，2006）；一类内生于家庭，如父母收入（李任玉等，2015）、父母的教育观念等（王甫勤等，2014）。本节主要聚焦教育观念这一因素的原因是，随着社会一些热点话题的传播[①]，社会各阶层“反智主义”的声音、“教育无用”的论调日益增多。流动人口由于其自身认识的局限性，容易盲从。所以，研究流动人口教育观的形成路径，有助于提升其子代受教育水平，这对带动我国经济下一阶段增长具有重大意义。遗憾的是，目前国内对于教育观形成路径的研究并不多，周皓（2012）对家庭社会经济地位与儿童成长发展进行研究后发现，两者关系显著，而教育期望与亲子交流在其中起到中介作用，但其研究并未包含社会地位与教育观形成的内在机理。流动人口虽然社会地位普遍不高，但内部也存在异质性（李春玲，2006），研究其社会地位与教育观的关系也具有指导意义。

另外，国内关于教育观的研究多侧重于文化教育观（王甫勤等，2014；刘保中等，2015；汪润泉，2016；叶静怡等，2017），而对流动人口成长教育观的研究却少之又少。鉴于流动人口子女的不稳定性[②]，其在成长过程中比起非流动人口子女更易发生成长隐患，加强对流动人口子女的成长教育不可忽视，故笔者在研究中对这一部分内容进行了补充。

本节利用 2013 年 814 个流动人口样本探讨社会地位对教育观的影响。与已有文献相比，本节的可能贡献之处主要有以下几点：① 在研究视角上，以往学者在探讨“寒门难出贵子”这一问题时往往局限于对物质因素的讨论，鲜少有学者关注社会地位对家庭教育观的影响，本节以此为切入点对这一问题进行完善。同时，以往学者在进行父母社会地位与教育观关系的研究时，大多侧重于从文化教育这一层面切入，很少有学者关注到成长教育观的研究，本节以一个较为全面的视角探讨在流动人口社会地位对其多维度教育观的异质性作用。② 在研究对象上，以往鲜少有学者在研究教育观问题时聚焦流动人口群体，本节认为流动人口子女面对教育歧视的概率更大，研究流动人口教育观问题对改善子女教育获得更具现实意义。③ 在研究意义上，本节研究发现，从不同维度看，社会地位对于流动人口教育观的形成作用不尽相同，这对政府如何制定针对性政策并引导流动人口树立正确教育观具有积极的决策参考价值。

---

① 如大学生工资不如农民工、北大毕业生卖猪肉等。

② 既有随父母进入迁入地的“流动儿童”，又有不随父母进入迁入地的“留守儿童”。

本节其余部分的结构安排如下：第二部分阐释社会地位与教育观形成的理论机制；第三部分对本节所涉及的样本、变量进行统计描述；第四部分根据文化、安全、亲子沟通、心理健康教育观分别构建计量模型并解释回归结果；第五部分为基本结论与政策启示。

二、理论机制分析

意识形成具有很强的复杂性，受众多因素影响，社会地位也包含于其中。基于地位获得模型(Blau 等，1967)，本节参考 Mueller(1981)等人的做法，试图从文化地位、职业地位、经济地位三个维度对社会地位进行测度。各维度作用机制的未知，使得社会地位对于教育观形成具有很强的不可预测性。本节的理论机制以文化教育观为例进行[①]。假设流动人口的社会地位具有可比性，且仅存在社会地位较高与社会地位较低的两个群体，我们认为对于社会地位较低的流动人口而言，社会地位对于其教育观形成既有“枷锁效应”又有“鞭策效应”，具体分析如下：

（一）流动人口社会地位对教育观影响的“枷锁效应”

从文化地位来看，在中国，教育具有一定的延续性，自古以来就有“书香门第”这一说法，且学者们也证明了文化地位的传递效应(张苏等，2011)。我们认为，相较于文化地位较低的父母，高文化地位父母在自身成长过程中受到的良好教育使得其对于知识的认知更加全面，更能体会教育对于子女的重要性，进而更加重视子女教育。Bourdieu(2002)认为，高等教育实际上是对中产阶级进行文化传播的一种方式，父母如果受过高等教育，子女将会在教育方面获得更大的成功。

从职业地位来看，相较于职业地位低的家长，职业地位越高的家长往往更加在乎自己的社会声望。而在中国情境下，子女教育的成功会成为整个家庭乃至家族的荣耀(Blair 等，1988)，故职位越高的家长有更大的动机期望子女获得更高等级的教育，以提高其声望。文东茅(2005)采用全国性高校毕业生样本，研究家庭背景与子女受教育状况的关系后发现，父亲的职业地位与子女的受教育状况呈显著正相关，这也为笔者的研究提供了依据。

从经济地位来看，相较于经济地位较低的流动人口家庭而言，经济地位越高的家庭越具有培养孩子的经济资本。在“不让孩子输在起跑线上”的社会大环境下，经济地位较高的家庭对子女教育投资更多，在寻找教育投资机会的同时，家

① 本节将在实证研究部分具体探讨社会地位对流动人口成长教育观形成的作用机制。

长往往接触到更多的教育信息，这使得其意识到教育对于子女重要性的机会增加，这样的正向作用不断强化，使得经济地位高的家庭愈加重视子女的文化教育，与经济地位低的家庭逐渐拉开差距。张云运等(2015)通过分析家庭经济地位与教育投资对流动儿童学业成就的影响后发现，家庭收入和父母受教育水平通过父母教育期望和家庭学习资源为中介影响流动儿童学业成就，证实了家庭投资理论对我国流动儿童群体的适用性。

(二) 流动人口社会地位对教育观影响的“鞭策效应”

从文化地位来看，文化地位低的流动人口可能由于知识的匮乏更加渴求获得知识(温勇等，2007)。一方面，低文化地位流动人口在迁入地的工作生活中普遍面临教育歧视等问题；另一方面，低文化地位流动人口往往因为缺乏知识在迁入地易受到利益损害，如缺乏法律知识导致的“讨薪难”事件。由此可见，低文化地位流动人口在面对知识贫瘠问题时会产生无助感，这种无助感在日常生活中有很高的概率转化为对子女接受高等教育的期望。

从职业地位来看，中国是一个人情社会，社会关系在日常的工作和生活中扮演着重要角色。高职业地位可以使家长获得更加强大的社会关系网络，有研究显示，流动人口的职业地位提升可以促进其社会融合(褚清华，2015)。社会融合所带来的社会网络关系可以在子女学历不高的情况下为其谋得一份较好的工作，相较而言，职位低的父母则不具有这一能力，他们可能将更多的希望寄托于子女可以通过求学这一途径去获得一份好工作。除此以外，成伟等(2013)还在研究中发现，社会资本也具有代际传递的特征。换言之，父母的高社会资本会为子女在工作生活中带来更多资源，这无形中又使得低社会资本的流动人口子女扩大了劣势。对于职业地位较低的流动人口而言，子女人力资本的提高是弥补其低社会资本，以缩小其在劳动力市场劣势的关键，故在这一机制下，职业地位较低的流动人口将更有动机期望子女获得更高层次的教育。

从经济地位来看，经济地位低的家庭更加希望子女通过受教育的方式改变家庭经济状态，这种迫切感比经济宽裕的家庭更加强烈。舒尔茨(1960)、明瑟(1974)和贝克尔(1975)在研究收入分配后发现，劳动者受教育程度与其收入的关系密不可分。对于流动人口而言，接受高等教育是子女获得高收入的有效途径。

综合上述“双向效应”分析，“鞭策效应”和“枷锁效应”同时存在使得社会地位与教育观之间的关系显得更为复杂，这两种效应之间的博弈结果将决定社会地位与流动人口教育观之间的关系。基于此，本节将在实证部分检验“鞭策效应”与“枷锁效应”的博弈结果。

三、样本说明与变量的描述统计

（一）样本说明

鉴于本节的研究目的，这里使用 2013 年上海等七市联合调研数据，在剔除重要指标缺省的样本后得到有效样本 814 人，有效率达 21.71%①。在本节的有效样本中，从性别分布来看，男性和女性样本分别有 440 人（54%）和 374 人（46%）；从年龄分布来看，样本中平均年龄为 35.68 岁，有 694 人（85.25%）年龄在 25 岁至 45 岁之间；从样本的学历分布上看，流动人口受教育水平普遍偏低，其中拥有初中学历的流动人口样本最多，有 297 人（36.49%），接受过本科及以上教育的流动人口有 19 人（2.23%）。

（二）变量描述

1. 被解释变量

在已有研究的基础上，本节对教育观问题进行了拓展，分别从文化教育观和成长教育观这两个维度展开。关于指标的选择问题，对于文化教育观，本节使用流动人口对子女的教育期望作为主要指标进行度量，主要考虑到越重视子女文化教育的家长往往越期待子女获得更高学历。在本节的调查样本中，明确期望子女接受本科及以上教育的样本有 646 个，占全样本的 78.58%；明确期望子女接受研究生及以上教育的样本有 315 个，占全样本的 38.90%；此外，还有 107 个样本选择了“不清楚”这一选项。我们认为选择“不清楚”选项的父母对子女接受高等教育的迫切程度要低于有明确需求的父母，本节并未将这一部分样本删除。对于成长教育观，本节使用流动人口父母对子女安全、亲子沟通、心理健康等成长教育的需求程度作为主要指标进行刻画，主要考虑到越重视子女成长教育的父母对子女成长教育的需求越强。表 6-1-1 给出了这几个指标的简单数理统计结果。对比结果可以发现，相较于文化教育，父母对子女成长教育的重视程度要低一些，特别是对与子女沟通技巧和心理健康教育重要性的认识程度更低。

表 6-1-1　成长教育需求情况表

	安全教育	亲子沟通教育	心理健康教育
没有	87(10.24%)	151(18.43%)	158(18.77%)

① 因客观原因限制，本次调查对与子女教育有关部分的调查为在全样本中随机抽样进行，故使得本节的被解释变量产生大量缺失，但这一情况并不会影响到本节样本选择的随机性与代表性。

续 表

	安全教育	亲子沟通教育	心理健康教育
一般	361(43.15%)	387(46.61%)	391(48.11%)
需求	363(46.61%)	273(34.96%)	261(33.12%)
总和	811(100%)	811(100%)	810(100%)

2. 核心解释变量

依上文所言，本节主要从文化、职业和经济三个维度测度社会地位。对于文化地位的指标选取，笔者使用样本的受教育程度加以刻画。参考王甫勤和时怡雯(2014)的研究，结合本节研究主题，这里将被调查者按是否接受过本科及以上教育处理成虚拟变量，以识别其对本科教育认知的可能差异。对于职业地位这一维度指标的选择，本节参考仇立平等(2011)的研究，并根据流动人口工作特征在其定义方式的基础上进行了修改。由于流动人口一般不含有公共权力者，所以笔者按照生产资料所有权(雇佣与被雇佣)、组织资产(管理与被管理)、专业技术资产(有无技术)，对资产所有者按照规模，对管理者按照层级进行进一步细分，将其划分为下层(Ⅰ)、中下层(Ⅱ)、中中层(Ⅲ)、中上层(Ⅳ)、上层(Ⅴ)五个层级，具体划分方法如表 6-1-2 所示。而对于流动人口的经济地位，本节则使用样本 2012 年的家庭总收入作为指标进行度量。

表 6-1-2　职业地位划分表

正规就业者	层　级	非正规就业者	层　级
生产工人	Ⅱ	有营业执照的固定场所经营者(没有雇佣人)	Ⅲ
后勤服务人员	Ⅱ	没有营业执照的固定场所经营者(没有雇佣人)	Ⅱ
专业技术人员	Ⅲ	有营业执照的固定场所经营者(雇佣 1—5 人)	Ⅳ
基层管理者	Ⅳ	没有营业执照的固定场所经营者(雇佣 1—5 人)	Ⅲ
中高层管理者	Ⅴ	有营业执照的固定场所经营者(雇佣 5 人以上)	Ⅴ
销售人员	Ⅲ	没有营业执照的固定场所经营者(雇佣 5 人以上)	Ⅳ
办公室工作人员	Ⅲ	流动摊贩经营者	Ⅰ
		小工厂或店铺的受雇者	Ⅰ
		散工或零工	Ⅰ
		收废品者	Ⅰ
		有手艺的小工匠	Ⅱ

另外，虽然本节重点研究的是社会地位对流动人口教育观的影响，但也不能忽视样本特征、家庭背景等其他因素的作用，否则极易出现偏误。因此，实证方案中还设置了一些控制变量对样本结果进行控制，关于在不同模型中具体控制变量如何选择，将在第四部分建模时进行说明。表 6-1-3 给出本节涉及的变量与描述性统计结果。

表 6-1-3　变量定义与描述统计

	名　称	变　量	变量定义	N	mean	sd	min	max
教育观	期望子女受本科及以上教育	*exp_under*	0=否;1=是	814	0.79	0.40	0	1
	期望子女受研究生及以上教育	*exp_grad*	0=否;1=是	814	0.40	0.49	0	1
	对安全教育的需求	*safe*	1=没有;2=一般;3=需求	811	2.34	0.66	1	3
	对心理健康教育的需求	*mental*	1=没有;2=一般;3=需求	811	2.15	0.71	1	3
	对亲子沟通技巧教育需求	*com*	1=没有;2=一般;3=需求	810	2.13	0.71	1	3
社会地位	综合地位	*status*	使用因子旋转法求得的因子得分的对数值	812	1.80	0.55	0.07	4.37
	文化地位	*educ*	0=本科以下; 1=本科及以上	814	0.03	0.17	0	1
	职业地位	*position*	1=下层;2=中下层; 3=中中层;4=中上层; 5=上层	814	2.28	0.96	1	5
	经济地位	*income*	样本 2012 年家庭总收入 (单位:万元)	812	6.97	6.14	0	99
个体特征	年龄	*age*	样本的年龄	814	35.68	6.18	22	64
	性别	*gender*	0=男性;1=女性	814	0.46	0.50	0	1
	户籍性质	*urban*	0=农村;1=城市	814	0.19	0.39	0	1
子女情况	是否是在读高中生	*child_educ_high*	0=否;1=是	806	0.12	0.32	0	1
	是否是留守儿童	*left_child*	0=否;1=是	814	0.40	0.49	0	1
	育龄	*raise_age*	最大的孩子的年龄	806	10.21	4.28	2	19
	是否有女儿	*daughter*	0=没有;1=至少有一个	814	0.59	0.49	0	1
	是否有儿子	*son*	0=没有;1=这至少有一个	814	0.71	0.46	0	1

四、实证设计与结果分析

（一）模型构建

1. 文化教育观模型

如上文所言，父母对于子女的教育期望不但与父母的社会地位有关，也与子女学习状态、父母所处环境等因素相关。对社会地位这一变量的指标选择，本节考虑从文化地位、职业地位、经济地位三个维度进行衡量。除了主要解释变量社会地位以外，本节还选取了样本的性别、年龄、子女性别、子女是否留守、子女是否为高中生等个体特征作为控制变量；考虑到年龄对文化教育观的影响存在非线性效应，本节还在控制变量中加入年龄的平方项。另外，对于子女年级变量，本节控制子女是否为高中生而非控制所有年级的学生，这主要是考虑到高中生父母由于临近高考，对子女接受高等教育的紧迫感更加强烈，由此对子女的教育期望与其他年级学生父母相比存在异质性。由于被解释变量为二值变量，故构建 Logistic 模型加以刻画，模型如下：

$$exp = \alpha + \beta\pi + \sum_{p=1}^{n}\lambda control + city_k + home_j + \varepsilon_i \tag{6.1}$$

其中，π 为解释变量，分别表示文化地位（*educ*）、职业地位（*position*）、经济地位（*income*）；*control* 为控制变量，有性别（*gender*）、年龄（*age*）、年龄的平方项（age^2）、子女是否是高中在读生（*child_educ_high*）、子女是否留守（*left_child*）、是否有女儿（*daughter*）、是否有儿子（*son*）；*city* 和 *home* 分别是工作城市固定项和户籍地区固定项。

2. 成长教育观模型

对于成长教育观模型的构建，本节选取流动人口对子女安全教育、心理健康教育以及自身亲子沟通技巧教育的需求指标为被解释变量。与上文类似，此处选取流动人口的文化地位、职业地位和经济地位为主要解释变量。由于经济地位可能与流动人口的成长教育观存在非线性关系，如高收入父母可能由于工作繁忙缺少与孩子相处的时间进而忽视子女的成长教育，故在模型中加入收入的平方项以控制这一非线性关系。考虑到父母对子女的成长教育观可能还与其育儿经验等因素有关，故选取育龄、子女性别等变量对模型加以控制。因为育龄和流动人口年龄存在共线性问题，所以在这一模型中不再控制父母年龄。由于被解释变量为有序离散型变量，本阶段将构造 Ordered Logistic 模型来刻画，模型如下：

$$Y = \alpha + \beta\pi + \sum_{p=1}^{n} \lambda control + city_k + home_j + \varepsilon_i \quad (6.2)$$

其中，Y 分别为安全教育观(*safe*)、亲子沟通教育观(*com*)、心理健康教育观(*mental*)；*control* 为控制变量，分别是性别(*gender*)、育龄(*raise_age*)、是否有女儿(*daughter*)、是否有儿子(*son*)；*city* 和 *home* 分别是工作城市固定项和户籍地区固定项。

（二）实证结果分析

1. 综合社会地位与流动人口教育观

为观察综合社会地位与流动人口教育观的关系，本节利用因子旋转法以最大方差为标准对文化、职业和经济地位计算综合因子得分，使用模型(6.1)和模型(6.2)分别回归得到流动人口综合地位对其教育观的影响，结果如表6-1-4 所示。结果显示，综合地位对流动人口的文化教育观、亲子沟通教育观和心理健康教育观的影响均显著为正；但是对安全教育观，综合地位系数为负且不显著。即除安全教育观外，社会地位对流动人口教育观形成均存在显著正向作用。总体而言，社会地位越高的父母越重视子女教育。但不同教育观的形成过程中究竟是哪种地位起主导作用？文化地位、职业地位、经济地位对不同教育观形成的作用是否存在异质性？针对上述问题，本节将进一步进行探讨。

表 6-1-4 综合社会地位与教育观实证结果

变量名	(1)	(2)	(3)	(4)	(5)
	exp_under	exp_grad	safe	com	mental
status	0.297 6***	0.267 6***	−0.036 4	0.231 1***	0.279 7***
	(0.104 8)	(0.080 7)	(0.074 5)	(0.075 9)	(0.073 6)
age	0.240 9**	−0.130 9	—	—	—
	(0.114 6)	(0.105 2)			
age^2	−0.003 2**	0.001 7	—	—	—
	(0.001 5)	(0.001 4)			
gender	0.435 3**	0.321 4**	0.119 5	0.319 7**	0.347 2**
	(0.191 6)	(0.156 2)	(0.138 6)	(0.136 3)	(0.136 9)

续 表

变量名	(1)	(2)	(3)	(4)	(5)
	exp_under	exp_grad	safe	com	mental
child_educ_high	0.829 8** (0.375 7)	0.061 4 (0.251 1)	—	—	—
left_child	0.215 7 (0.193 5)	0.215 2 (0.161 3)	—	—	—
daughter	0.333 5 (0.232 2)	−0.044 3 (0.189 2)	0.221 5 (0.170 5)	0.106 8 (0.168 0)	0.110 4 (0.167 4)
son	−0.053 7 (0.258 2)	0.020 3 (0.206 7)	0.229 5 (0.189 7)	0.085 8 (0.187 1)	0.159 6 (0.184 5)
Constant	−3.470 4 (2.167 5)	2.093 1 (1.970 0)	—	—	—
*Constant cut*1	—	—	−1.460 3*** (0.373 9)	−1.358 0*** (0.362 7)	−1.412 8*** (0.362 5)
*Constant cut*2	—	—	0.922 5** (0.370 0)	0.864 0** (0.360 2)	0.851 9** (0.359 6)
工作城市	YES	YES	YES	YES	YES
户籍地区	YES	YES	YES	YES	YES
观测值	804	804	801	801	800
拟 R^2	0.071 9	0.059 0	0.020 1	0.022 6	0.026 0

注：***、** 和 * 分别表示估计结果在 1%、5%和 10%的显著性上显著，# 代表在 15%的水平上显著性，括号内为标准误。

2. 不同维度视角下的社会地位对教育观形成作用的异质性

(1) 文化教育观模型实证结果分析

如上文所言，本节进一步从文化地位、职业地位、经济地位三个维度分别再次进行实证。表 6-1-5 给出文化教育观模型基本实证结果，考虑到文化、职业和经济地位间可能存在较强的共线性，为了保证结果的稳健性，本节增加模型(4)以检验共线性问题。表 6-1-5 中，模型(1)(2)(3)分别是文化地位、职业地位、经济地位单独对子女学历期望的回归结果，模型(4)是对这三种地位综合对子女学历期望的回归结果。回归结果显示模型(1)(2)(3)与模型(4)的回归结果十分接近，故结果稳健，具有解释力。

表 6-1-5 文化教育观实证结果(1)

变量名	(1)	(2)	(3)	(4)
	exp_under	exp_under	exp_under	exp_under
educ	0.372 2 (0.577 7)			0.179 4 (0.587 8)
position		0.106 9 (0.097 1)		0.005 0 (0.104 7)
income			0.062 0*** (0.021 5)	0.061 0*** (0.022 6)
age	0.227 6** (0.114 3)	0.226 2** (0.114 4)	0.254 9** (0.115 2)	0.253 7** (0.115 3)
age^2	−0.003 1** (0.001 5)	−0.003 1** (0.001 5)	−0.003 4** (0.001 5)	−0.003 4** (0.001 5)
gender	0.331 7* (0.187 0)	0.360 8* (0.189 7)	0.389 3** (0.189 6)	0.394 5** (0.192 3)
child_educ_high	0.804 8** (0.373 4)	0.822 4** (0.374 4)	0.783 3** (0.375 1)	0.785 1** (0.375 5)
left_child	0.121 6 (0.189 6)	0.140 0 (0.190 9)	0.195 7 (0.191 8)	0.202 4 (0.193 8)
daughter	0.279 3 (0.230 4)	0.292 0 (0.231 0)	0.309 7 (0.232 0)	0.310 5 (0.232 1)
son	−0.098 8 (0.254 7)	−0.076 6 (0.255 4)	−0.098 5 (0.258 2)	−0.098 2 (0.258 6)
Constant	−3.065 3 (2.161 3)	−3.316 8 (2.173 6)	−4.030 3* (2.196 1)	−4.031 1* (2.201 7)
工作城市	YES	YES	YES	YES
户籍地区	YES	YES	YES	YES
观测值	806	806	804	804
拟 R^2	0.061 5	0.062 5	0.074 0	0.074 1

注:同表 6-1-4。

与以往研究结果不同的是,随着时代的发展,中国家长对子女教育的重视程度也与日俱增。有近半数的父母不再满足于子女仅接受本科教育,而是期望子女能够获得研究生及以上教育,本节样本中有 39.8%的父母明确期望子女能够接受研究生教育。为了进一步探究社会地位在这一教育观念转变中的作用,参考模型(6.1),这里将被解释变量处理成是否期望子女接受研究生及以上教育再次进行回归,结果如表 6-1-6 中模型(1)(2)(3)(4)所示。为了验证结果的稳健性,本节去掉对子女教育期望为本科以下的样本,仅对期望子女接受本科及以上教育的样本再次进行回归得到模型(5)(6)(7)(8),结果与(1)(2)(3)(4)基本一致,结果稳健。根据实证结果,我们可以得到以下基本推论:经济地位对流动人口是否期望子女接受高等教育有显著的正向影响。但是,随着父母期望值增加到是否期望子女接受研究生教育时,这一关系弱化并被职业地位与文化地位取代。

根据表 6-1-5 结果可知,明确希望子女可以接受本科及以上教育的家长经济地位要明显高于其他家长,而文化地位和职业地位对家长文化教育观的影响不显著。针对这一结果,我们认为经济地位低的家长往往对未来有更多的不确定性,故在对子女教育的态度上也不像收入高的家长那样明确。

在是否明确期望子女接受研究生教育这一问题上,经济地位对其影响弱化,而文化地位与职业地位影响强化,实证结果如表 6-1-6 所示。由表 6-1-6 可知,文化地位和职业地位对流动人口文化教育观具有显著的正向作用。另外,通过计算职业地位与文化地位对文化教育观的边际贡献,我们发现,文化地位对是否期望子女接受研究生教育的边际效应(2.114)要显著大于职业地位的边际效应(1.26)。

从文化地位来看,由表 6-1-6 中模型(1)(4)(5)(8)实证结果可知,接受过高等教育的流动人口比未接受过高等教育的流动人口更倾向于自己的子女能够接受研究生教育。经过分析主要有两点原因,一是接受过高等教育的流动人口获得的平均收入比未接受高等教育的流动人口要高得多。根据本节样本,接受过高等教育的流动人口 2012 年家庭平均收入为 11.68 万元,而未接受过高等教育的流动人口 2012 年家庭平均收入仅为 7.02 万元。接受过高等教育的流动人口已经看到高学历为自己带来的利益,故更倾向于自己的子女可以获得更高学历。二是进一步研究流动人口受教育程度与其父母受教育水平的关系后可发现,教育具有一定的代际传递效应,这种效应可能间接影响着流动人口教育观的形成。为了验证这一观点,本节使用流动人口父母中最高学历者的受教育年限作为解释变量,流动人口是否接受本科及以上教育作为被解释变量构建 Logistic 模型进行回归,回归结果如表 6-1-7 所示。表 6-1-7 结果显示,学历高的样本更有可能来自学历高的家庭,家庭整体学历水平在一定程度上能够反映该家庭对于学历的重视程度,身处于这样的家庭会越发重视对子女的教育,所以更倾向于子女可以接受研究生教育。

从职业地位来看,表 6-1-6 中模型(2)(4)(6)(8)均反映出流动人口职业地位越高越倾向于子女能够接受研究生教育。一种可能的解释是,相较于高职位流动人口来说,低职位流动人口未来获得社会保障的机会更小,“养儿防老”

表 6-1-6 文化教育观实证结果(2)

变量名	exp_grad				exp_under			
	(1)	(2)	(3)	(4)	(5)	(6)	(7)	(8)
educ	1.135 8**	—	—	1.019 9**	1.352 7**	—	—	1.282 8**
	(0.467 8)			(0.473 8)	(0.600 2)			(0.609 6)
position	—	0.265 7***	—	0.244 2***	—	0.302 0***	—	0.314 7***
		(0.081 7)		(0.084 9)		(0.091 9)		(0.096 5)
income	—	—	0.017 3	0.005 1	—	—	0.002 4	−0.013 3
			(0.012 8)	(0.013 1)			(0.013 2)	(0.014 5)
age	−0.140 2	−0.147 3	−0.130 5	−0.145 7	−0.321 2**	−0.316 3**	−0.315 8**	−0.323 2**
	(0.105 5)	(0.105 6)	(0.105 1)	(0.105 9)	(0.136 4)	(0.134 9)	(0.135 9)	(0.135 5)
age^2	0.001 7	0.001 8	0.001 6	0.001 9	0.004 1**	0.004 1**	0.004 0**	0.004 2**
	(0.001 4)	(0.001 4)	(0.001 4)	(0.001 4)	(0.001 9)	(0.001 8)	(0.001 9)	(0.001 8)
gender	0.272 2*	0.330 0**	0.252 6	0.353 9**	0.216 9	0.296 7*	0.179 8	0.303 4*
	(0.154 0)	(0.156 5)	(0.153 6)	(0.157 6)	(0.171 5)	(0.175 1)	(0.171 4)	(0.176 5)
child_educ_high	0.012 1	0.029 4	0.028 5	0.049 3	−0.253 0	−0.242 0	−0.241 2	−0.211 2
	(0.248 1)	(0.250 2)	(0.248 7)	(0.251 6)	(0.265 2)	(0.267 7)	(0.265 7)	(0.269 6)
left_child	0.164 9	0.201 9	0.142 4	0.238 7	0.098 2	0.148 5	0.051 3	0.161 2
	(0.158 6)	(0.160 1)	(0.159 0)	(0.162 4)	(0.176 1)	(0.178 5)	(0.177 2)	(0.181 3)
daughter	−0.098 6	−0.072 2	−0.101 7	−0.058 0	−0.228 7	−0.200 0	−0.242 6	−0.194 8
	(0.187 4)	(0.188 6)	(0.187 3)	(0.189 1)	(0.207 5)	(0.209 1)	(0.207 1)	(0.209 8)
son	−0.040 3	0.019 7	−0.050 8	0.003 8	0.050 3	0.100 9	0.025 0	0.098 4
	(0.204 1)	(0.206 2)	(0.204 3)	(0.206 7)	(0.224 4)	(0.226 7)	(0.224 0)	(0.227 9)
Constant	2.336 1	1.785 1	2.144 3	1.688 5	6.069 4**	5.189 8**	6.095 1**	5.300 6**
	(1.970 7)	(1.982 5)	(1.970 3)	(1.990 0)	(2.509 6)	(2.499 6)	(2.509 1)	(2.511 0)
工作城市	*YES*	*YES*	*YES*	*YES*	*YES*	*YES*	*YES*	*YES*
户籍地区	*YES*	*YES*	*YES*	*YES*	*YES*	*YES*	*YES*	*YES*
观测值	806	806	804	804	639	639	638	638
拟 R^2	0.054 4	0.058 5	0.050 4	0.063 4	0.065 8	0.071 5	0.058 7	0.078 0

注:同表 6-1-4。

这一意识更加强烈，更希望子女早日工作。另一种可能的解释是，相比低职位，高职位使得流动人口视野更加开阔，更了解目前大学生就业形势不容乐观，为了子女今后能够在劳动力市场获得更大的就业优势，流动人口更期望子女可以接受研究生教育以获得更高的人力资本。

关于经济地位与流动人口是否明确期望子女接受研究生教育关系不显著这一现象，本节考虑可能的原因是，近年来国家对高等教育特别是研究生教育的补贴力度足以覆盖研究生教育所需学费，低费用门槛使得家庭经济地位较低的学生也可以无经济压力地接受研究生教育，所以从这一层面来说，经济地位的高低并不会成为是否期待子女接受研究生教育的主要原因。

表 6-1-7 教育代际传递实证结果

变量名	educ	
	(1)	(2)
par_edu	0.004 2** (0.001 9)	0.003 8* (0.002 0)
age		−0.000 9 (0.000 9)
gender		−0.019 5* (0.011 7)
Constant	0.000 3 (0.011 8)	0.042 6 (0.039 3)
观测值	799	799
R^2	0.009 5	0.013 4

注：同表 6-1-4。由于问卷对父母特征调查较少，所以这一部分只控制了子女的年龄与性别特征。

(2) 成长教育观模型实证结果分析

表 6-1-8 给出成长教育观模型的基本回归结果，据此本节可得下述基本推断。

流动人口文化地位与经济地位越高越重视子女的成长教育。表 6-1-8 结果显示，文化地位对流动人口不同维度的成长教育观均存在着显著的正向影响，受过高等教育的家长更加重视子女的成长教育，这也与周皓(2013)等人的研究结果一致。文化程度越高的父母在日常生活中更加关注新闻媒体，信息来源渠道的拓宽直接增加了其育儿信息的获取机会，使得其更有可能意识到成长教育对于子女发展的重要性。而文化地位低的父母往往对育儿抱有“棍棒底下出孝子”等传统思想观念，忽视了儿童成长教育的重要性。由表 6－1－8 可知，虽然在心理健康教育上，流动人口的经济地位与其对子女的心理健康教育的重视程度呈倒“U”形关系，但是通过计算，转折点位于 50.93 万元(即 0.075 8/2 * 0.000 8)处，而根据流动人口收入的特点，年收入能够超过 47.38 万元的流动人口较少，在总样本中，只有 19 个样本家庭年收入超过这一数值。故我们可以认为对流动人口来说，收入越高，越重视子女心理健康教育。

职业地位越高的流动人口对子女亲子沟通教育、心理健康教育更加重视。表 6－1－8 显示，职位越高的流动人口对子女的心理健康教育越关注。对于这一现象的一种合理解释是，职位晋升带来的压力增大使得流动人口对心理健康诉求增多。图 6－1－1 给出了各阶层经常感受到压力的样本和各阶层有心理健康服务需求的样本占各阶层样本总数的百分比情况。由图 6－1－1 可知，高职位群体对心理健康的诉求更多，这一诉求也会随时间推移转移到对子女心理健康教育上。

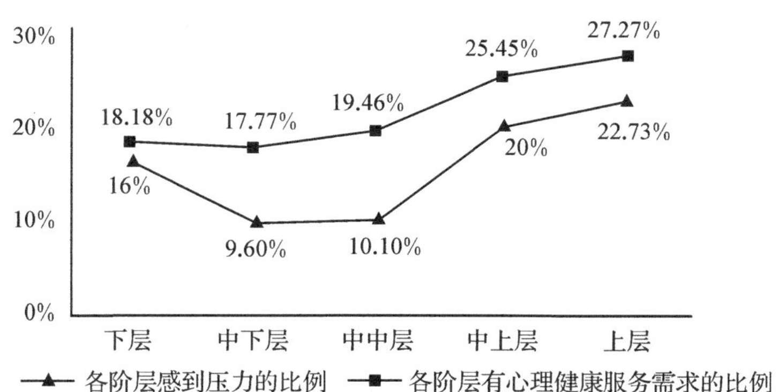

图 6－1－1 各阶层心理状况

与职业地位相比，流动人口安全教育观与其从事职业、所在行业关系更加密切。从安全教育观来看，表 6－1－8 显示职业地位对流动人口安全教育观的影响不显著，为了杜绝存在第二类错误的可能，再次对职业地位与安全教育观进行相关性检验，检验结果显示两者之间的相关系数仅为 0.002，故可以认为职位与流动人口安全教育观关系不大。为了进一步分析，本节分别对流动人口的职业、行业—安全教育需求做了二维对应分析图，如图 6－1－2 和图 6－1－3 所示。结果显示，流动人口安全教育观的形成在一定程度上与职业和行业有关。从职业来看，由图 6－1－2 结果可知，专业技术人员相对于其他职业来说更重视子女安

表 6-1-8　成长教育观模型回归结果

变量名	safe				com				mental			
	(1)	(2)	(3)	(4)	(5)	(6)	(7)	(8)	(9)	(10)	(11)	(12)
educ	0.794 0*	—	—	0.751 4*	1.316 2***			1.138 8**	1.074 5**			0.853 0**
	(0.449 0)			(0.454 2)	(0.445 5)			(0.450 7)	(0.420 8)			(0.427 8)
position		−0.039 2		−0.083 1		0.202 2***		0.150 3*		0.231 0***		0.157 9**
		(0.074 0)		(0.078 9)		(0.074 1)		(0.078 4)		(0.073 8)		(0.078 2)
income			0.045 6*	0.048 5*			0.086 6***	0.064 5*			0.075 8***	0.059 2***
			(0.026 9)	(0.028 5)			(0.031 9)	(0.033 3)			(0.019 9)	(0.020 8)
$income^2$			−0.001 1	−0.001 1			−0.001 9*	−0.001 6			−0.000 8***	−0.000 6**
			(0.000 8)	(0.000 8)			(0.001 1)	(0.001 1)			(0.000 3)	(0.000 3)
gender	0.137 4	0.112 8	0.118 2	0.109 5	0.291 0**	0.327 9**	0.270 9**	0.329 0**	0.317 7**	0.360 7***	0.286 9**	0.347 2**
	(0.137 9)	(0.139 0)	(0.137 9)	(0.139 8)	(0.135 6)	(0.136 9)	(0.135 6)	(0.137 8)	(0.135 9)	(0.137 2)	(0.136 0)	(0.138 2)
raise_age	−0.034 0**	−0.038 7**	−0.032 1*	−0.031 3*	−0.042 6**	−0.042 1**	−0.039 9**	−0.033 4**	−0.047 3***	−0.044 0***	−0.038 4**	−0.031 7*
	(0.016 9)	(0.017 0)	(0.017 2)	(0.017 3)	(0.016 6)	(0.016 6)	(0.016 8)	(0.016 9)	(0.016 6)	(0.016 7)	(0.016 9)	(0.017 0)
daughter	0.240 4	0.223 0	0.249 1	0.244 2	0.056 7	0.079 7	0.078 8	0.106 2	0.046 5	0.080 8	0.074 7	0.105 6
	(0.169 2)	(0.169 6)	(0.169 9)	(0.170 5)	(0.167 0)	(0.167 3)	(0.167 6)	(0.168 3)	(0.166 0)	(0.166 5)	(0.166 7)	(0.167 4)
son	0.222 5	0.210 0	0.257 6	0.241 8	0.010 0	0.052 3	0.056 4	0.084 9	0.097 1	0.150 5	0.119 9	0.150 8
	(0.188 2)	(0.189 0)	(0.189 0)	(0.189 8)	(0.185 7)	(0.186 4)	(0.186 5)	(0.187 5)	(0.182 7)	(0.183 7)	(0.184 0)	(0.184 9)
*Constant cut*1	−1.377 5***	−1.562 8***	−1.175 3***	−1.325 5***	−1.390 3***	−0.939 1**	−1.020 4***	−0.634 2	−1.488 2***	−0.938 5**	−1.097 5***	−0.682 2
	(0.372 0)	(0.426 3)	(0.399 8)	(0.439 2)	(0.362 3)	(0.414 2)	(0.392 6)	(0.432 3)	(0.360 7)	(0.414 0)	(0.380 8)	(0.423 4)
*Constant cut*2	1.006 7***	0.816 5*	1.221 2***	1.077 3**	0.824 0**	1.276 5***	1.204 2***	1.610 5***	0.752 0**	1.311 3***	1.166 8***	1.599 4***
	(0.368 7)	(0.422 1)	(0.398 4)	(0.436 9)	(0.359 4)	(0.415 4)	(0.393 0)	(0.435 7)	(0.357 1)	(0.415 1)	(0.380 6)	(0.426 6)
工作城市	YES	YES	YES	YES	YES	YES	YES	YES	YES	YES	YES	YES
户籍地区	YES	YES	YES	YES	YES	YES	YES	YES	YES	YES	YES	YES
观测值	803	803	801	801	803	803	801	801	802	802	800	800
伪 R^2	0.021 9	0.019 9	0.020 0	0.022 5	0.023 1	0.021 9	0.018 0	0.026 5	0.021 8	0.023 6	0.022 0	0.028 7

注:同表 6-1-4。

全教育。针对这一点，我们认为专业技术人员在进入工厂之前往往需要进行专业的职业培训，国内的职业培训目前都有涉及安全教育这一层面，长期培训潜移默化地提高了专业技术人员的安全意识，使得其更加重视子女的安全问题。从行业来看，图 6-1-3 显示，制造业从业人员对子女安全教育的重视程度要普遍高于其他行业，究其原因，相较于其他行业，是制造业企业更重视岗前培训的结果。

文化地位对流动人口教育观形成的影响要显著高于职业地位与经济地位。图 6-1-4 给出了文化地位、职业地位、经济地位分别对流动人口安全教育观、亲子沟通教育观、心理健康教育观的边际效应，通过对比可知文化地位对流动人口教育观形成的边际作用最大。针对这一点，我们认为接受教育年限越多的家长对文化教育和成长教育特征了解更多，这一点使得其对子女接受相关教育的情况更为重视。

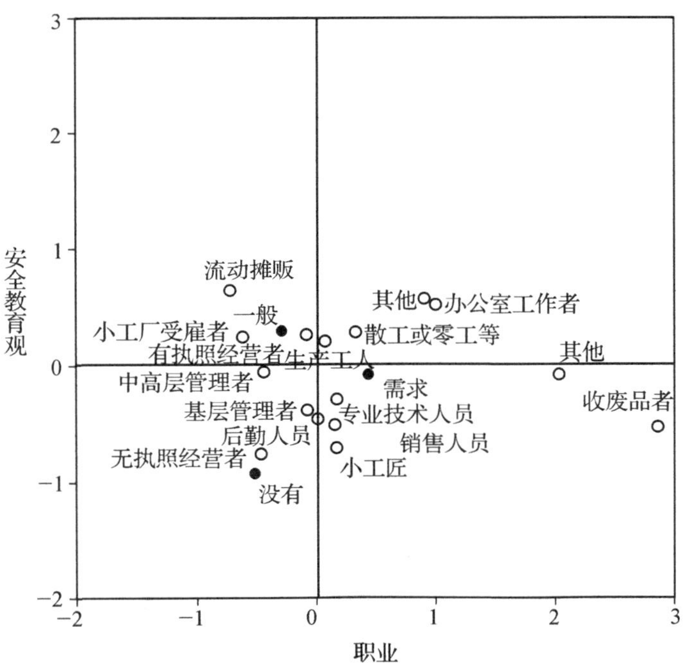

图 6-1-2 职业—安全教育需求对应分析图

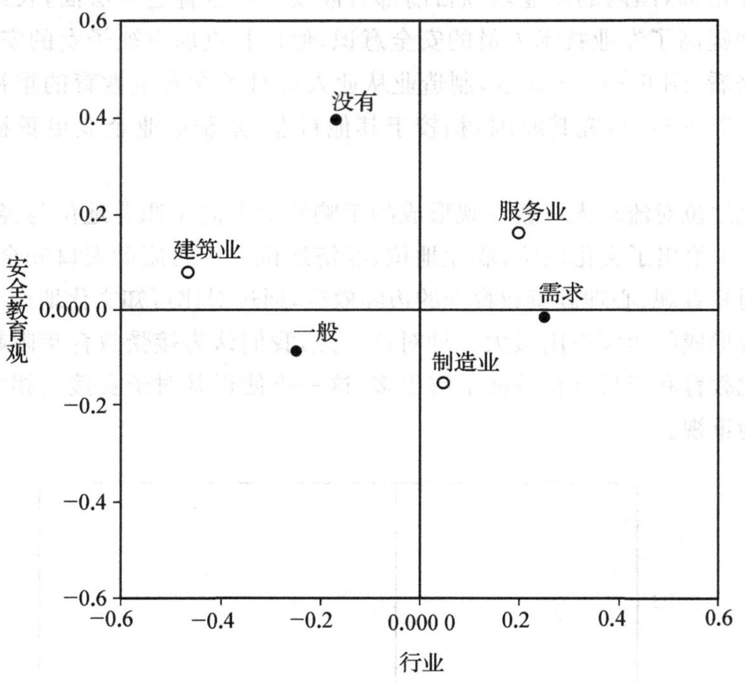

图 6-1-3　行业—安全教育需求对应分析图

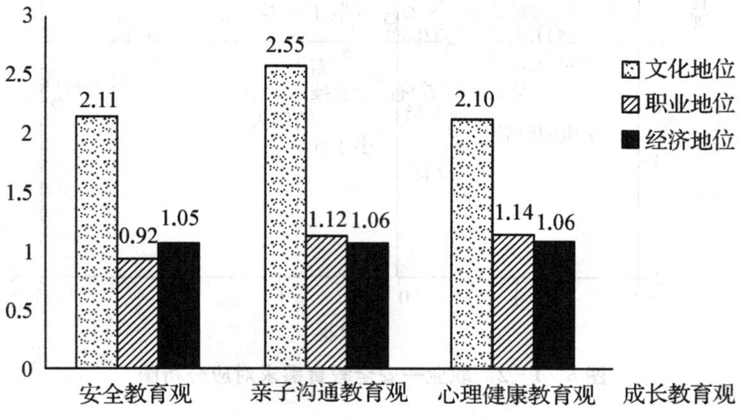

图 6-1-4　成长教育观边际效应系数

3. “城—城”“乡—城”流动人口教育观的异质性分析

在上述研究中，本节的流动人口样本既包括“城—城”流动人口，又包括“乡—城”流动人口，其中，“乡—城”流动人口样本占总样本的81%。为进一步观察社会地位对“城—城”流动人口与“乡—城”流动人口教育观形成的作用是否存在一定的异质性，本节在模型(6.1)和模型(6.2)的基础上分别加入文化地位、职业地位、经济地位与是否为城市户籍(0=否;1=是)这一虚拟变量的交叉项，构造模型(6.3)和模型(6.4)进行检验。

$$exp = \alpha + \beta\pi + \varphi\pi * urban + \sum_{p=1}^{n} control + city_k + home_j + \varepsilon_i \quad (6.3)$$

$$Y = \alpha + \beta\pi + \varphi\pi * urban + \sum_{p=1}^{n} \lambda control + city_k + home_j + \varepsilon_i \quad (6.4)$$

表6-1-9给出了文化教育观异质性的回归结果，在被解释变量为是否期望子女接受本科及以上教育时，经济地位与户籍性质的交叉项系数不显著，即对流动人口而言，经济地位对其是否期望子女接受本科及以上教育的作用在“城—城”和“乡—城”之间不存在显著的异质性。在被解释变量为是否期望子女接受研究生及以上教育时，从文化地位这一维度来看，不仅文化地位与户籍性质的交叉项不显著，文化地位系数也变得不显著，我们考虑可能是由样本量减少和共线性问题导致。具体而言，本节对流动人口文化地位的度量采取是否为本科及以上教育(0=否;1=是)这一虚拟变量，样本中接受过本科及以上教育的流动人口样本较少，仅占总样本的2.83%，加入交叉项后会使得标准误变大，系数变得不显著。但通过计算，我们发现，文化地位与户籍性质的交叉项系数均为正且t值均大于1，因此，文化地位对流动人口是否期望子女接受研究生及以上的影响在“城—城”流动人口和“乡—城”流动人口之间存在一定的异质性。从职业地位这一维度来看，拥有同等职业地位的“城—城”流动人口比“乡—城”流动人口更期望子女接受研究生及以上教育，表现为职业地位与户籍性质的交叉项系数显著为正。

由表6-1-10、表6-1-11和表6-1-12的实证结果可知，从安全教育维度来看，文化地位由于样本量问题和共线性问题，结果不显著。经济地位对流动人口成长教育观的影响在“城—城”与“乡—城”群体间并无显著差异。从亲子沟通教育观来看，除文化地位与户籍性质的交叉项系数不显著外，职业地位、经济地位与户籍性质的交叉项系数均显著为正，即相对于“乡—城”流动人口而言，职业地位、经济地位对“城—城”流动人口教育观形成的影响更为明显。同样，心理健康教育观也存在类似特征。

表 6-1-9 “城—城”“乡—城”流动人口文化教育观异质性检验结果

变量名	exp_under						exp_grad		
	(1)	(2)	(3)	(4)	(5)	(6)	(7)	(8)	(9)
income	0.046 1** (0.021 8)	0.047 2** (0.022 0)	0.059 6** (0.023 2)	—	—	—	—	—	—
income * *urban*	0.0072 (0.027 1)	0.011 1 (0.027 2)	0.007 6 (0.028 1)	—	—	—	—	—	—
educ	—	—	—	0.511 7 (0.730 1)	0.390 1 (0.733 4)	0.485 7 (0.742 4)	—	—	—
educ * *urban*	—	—	—	0.987 8 (0.944 8)	1.092 6 (0.948 1)	1.053 6 (0.957 7)	—	—	—
position	—	—	—	—	—	—	0.156 0* (0.084 2)	0.148 9* (0.084 4)	0.174 4** (0.087 8)
position * *urban*	—	—	—	—	—	—	0.190 7*** (0.070 0)	0.189 4*** (0.070 2)	0.206 9*** (0.076 9)
Constant	1.373 0*** (0.250 8)	1.125 9*** (0.370 8)	−3.972 0* (2.206 0)	−0.117 6 (0.170 3)	−0.322 8 (0.298 2)	2.426 5 (1.974 6)	−0.546 8** (0.250 0)	−0.700 5** (0.346 4)	2.421 6 (2.007 3)
控制变量	NO	NO	YES	NO	NO	YES	NO	NO	YES
工作城市	YES	YES	YES	YES	YES	YES	YES	YES	YES
户籍地区	NO	YES	YES	NO	YES	YES	NO	YES	YES
观测值	812	812	804	814	814	806	814	814	806
拟 R^2	0.042 5	0.050 1	0.074 1	0.046 2	0.048 7	0.055 5	0.055 2	0.057 3	0.066 2

注:同表 4。

表 6-1-10　“城—城”“乡—城”流动人口安全教育观异质性实证结果

变量名	safe					
	(1)	(2)	(3)	(4)	(5)	(6)
educ	0.526 2 (0.741 4)	0.488 5 (0.743 8)	0.447 7 (0.743 9)	—	—	—
educ * *urban*	0.467 1 (0.918 4)	0.530 5 (0.920 0)	0.523 0 (0.921 7)	—	—	—
income	—	—	—	0.048 7* (0.029 2)	0.047 2* (0.028 9)	0.037 5# (0.028 3)
income * *urban*	—	—	—	0.014 9 (0.018 9)	0.015 2 (0.019 0)	0.018 8 (0.019 2)
$income^2$	—	—	—	−0.001 2 (0.000 9)	−0.001 1 (0.000 9)	−0.001 0 (0.000 8)
*Constant cut*1	−1.633 2*** (0.179 1)	−1.400 7*** (0.280 7)	−1.361 9*** (0.372 8)	−1.423 0*** (0.216 8)	−1.222 7*** (0.300 9)	−1.171 1*** (0.400 2)
*Constant cut*2	0.748 3*** (0.166 4)	0.983 8*** (0.276 0)	1.023 0*** (0.369 8)	0.973 5*** (0.209 3)	1.176 3*** (0.298 3)	1.227 2*** (0.398 9)
控制变量	NO	NO	YES	NO	NO	YES
工作城市固定	YES	YES	YES	YES	YES	YES
户籍地区固定	NO	YES	YES	NO	YES	YES
观测值	811	811	803	809	809	801
拟 R^2	0.020 3	0.020 9	0.024 6	0.017 1	0.017 8	0.022 1

注:同表 6-1-4。

表 6-1-11 "城—城""乡—城"流动人口亲子沟通教育观实证结果

变量名	com								
	(1)	(2)	(3)	(4)	(5)	(6)	(7)	(8)	(9)
educ	1.097 5 (0.740 4)	1.031 2 (0.746 0)	1.037 4 (0.743 0)	—	—	—	—	—	—
educ * *urban*	0.478 2 (0.912 9)	0.543 8 (0.917 6)	0.420 7 (0.917 2)	—	—	—	—	—	—
position	—	—	—	0.119 8# (0.076 4)	0.114 7# (0.076 7)	0.113 1# (0.079 0)	—	—	—
position * *urban*	—	—	—	0.221 3*** (0.066 4)	0.221 0*** (0.066 5)	0.214 1*** (0.045 1)	—	—	—
income	—	—	—	—	—	—	0.070 7** (0.033 4)	0.068 9** (0.033 4)	0.062 4* (0.033 4)
income * *urban*	—	—	—	—	—	—	0.065 8*** (0.019 8)	0.065 4*** (0.019 9)	0.063 6*** (0.020 0)
$income^2$	—	—	—	—	—	—	−0.001 9* (0.001 1)	−0.001 9* (0.001 1)	−0.001 7 (0.001 1)
*Constant cut*1	−1.270 9*** (0.167 4)	−1.119 9*** (0.269 8)	−1.377 4*** (0.363 3)	−0.930 2*** (0.233 1)	−0.825 9*** (0.309 4)	−0.963 9** (0.416 2)	−0.931 4*** (0.213 7)	−0.830 2*** (0.296 1)	−1.002 0** (0.394 6)
*Constant cut*2	0.931 7*** (0.163 6)	1.085 0*** (0.269 2)	0.837 1** (0.360 5)	1.293 1*** (0.235 2)	1.399 4*** (0.311 9)	1.271 3*** (0.417 1)	1.303 7*** (0.216 4)	1.406 2*** (0.299 1)	1.240 3*** (0.395 1)
控制变量	NO	NO	YES	NO	NO	YES	NO	NO	YES
工作城市固定	YES	YES	YES	YES	YES	YES	YES	YES	YES
户籍地区固定	NO	YES	YES	NO	YES	YES	NO	YES	YES
观测值	811	811	803	811	811	803	809	809	801
拟 R^2	0.015 6	0.016 3	0.023 2	0.020 7	0.021 3	0.028 1	0.024 3	0.024 6	0.030 6

注:同表 6-1-4。

表 6-1-12 "城—城""乡—城"流动人口心理健康教育观异质性实证结果

变量名	mental								
	(1)	(2)	(3)	(4)	(5)	(6)	(7)	(8)	(9)
educ	0.279 1	0.262 6	0.284 2						
	(0.667 9)	(0.670 9)	(0.671 1)						
educ * *urban*	1.358 6	1.376 7	1.260 5						
	(0.857 0)	(0.859 4)	(0.860 9)						
position				0.172 1**	0.172 2**	0.163 6**			
				(0.076 4)	(0.076 6)	(0.079 3)			
position * *urban*				0.151 3**	0.151 0**	0.151 2**			
				(0.065 0)	(0.065 1)	(0.065 9)			
income							0.068 2***	0.068 4***	0.058 3***
							(0.021 1)	(0.021 1)	(0.021 6)
income * *urban*							0.037 3*	0.037 3*	0.038 9**
							(0.019 5)	(0.019 5)	(0.019 6)
$income^2$							−0.000 7**	−0.000 7**	−0.000 6**
							(0.000 3)	(0.000 3)	(0.000 3)
*Constant cut*1	−1.291 6***	−1.242 0***	−1.446 2***	−0.869 2***	−0.881 1***	−0.960 3**	−0.954 5***	−0.976 2***	−1.092 1***
	(0.168 2)	(0.269 8)	(0.362 0)	(0.231 8)	(0.307 2)	(0.415 0)	(0.191 9)	(0.282 1)	(0.381 7)
*Constant cut*2	0.918 3***	0.968 2***	0.796 4**	1.357 6***	1.345 7***	1.299 0***	1.291 4***	1.269 8***	1.177 4***
	(0.164 1)	(0.267 8)	(0.358 8)	(0.234 6)	(0.309 0)	(0.415 9)	(0.193 9)	(0.283 1)	(0.381 4)
控制变量	NO	NO	YES	NO	NO	YES	NO	NO	YES
工作城市	YES	YES	YES	YES	YES	YES	YES	YES	YES
户籍地区	NO	YES	YES	NO	YES	YES	NO	YES	YES
样本数	810	810	802	810	810	802	808	808	800
拟 R^2	0.015 1	0.015 1	0.023 1	0.019 0	0.019 0	0.026 8	0.023 4	0.023 4	0.028 8

注:同表 4。

综上所述，对于地位相似的流动人口而言，“城—城”流动人口比“乡—城”流动人口更关注子女的教育。在本次调查的总样本中，“乡—城”流动人口子女不在身边的有25.54%，而此项指标在“城—城”流动人口中仅为5.71%，这也间接印证了上述结论。段成荣等(2013)的研究成果也佐证了这一观点。

（三）内生性与稳健性检验

为了确保实证结果的可靠性，我们对模型的内生性问题和稳健性问题进行了进一步探讨。

1. 内生性检验

对于本节研究是否面临内生性问题的考量，除了流动人口对待文化教育的态度可能会从小形成，并且在成长的过程中影响流动人口文化地位外，流动人口对子女的教育，特别是成长教育的态度，并不会反向影响流动人口的社会地位，所以存在双向因果关系的可能性低。故本节对于内生性问题的解决主要集中于文化教育观与文化地位之间的内生性问题。针对模型可能存在的内生性问题，本节拟采取工具变量法来检验。

基于“与内生变量(*educ*)密切相关，与随机干扰项(ε)无关”的原则，本节主要选择是否在1999年后参加高考和流动人口户籍地教育支出占财政支出的比重两个变量作为工具变量。选择是否在1999年后参加高考作为工具变量主要基于以下两点考虑：① 1999年我国高校开始进行大规模扩招，故我们认为在1999年后参加高考的流动人口获得本科及以上学历的可能性更高，即是否在1999年后参加高考与是否是本科及以上学历相关。② 高考扩招政策不受个体影响，故是否在1999年后参加高考这一变量具有很强的外生性。对于是否1999年后参加高考这一变量，本节选择是否在1999年满18岁作为代理变量(0=已满18岁；1=未满18岁)。选择流动人口样本户籍地教育支出占财政支出的比重作为工具变量主要考虑到：① 户籍地的教育支出状况会影响个人教育的获得；② 地级市层面宏观数据具有较强的外生性。

首先，为了确保工具变量的外生性，本节对工具变量进行过度识别检验，检验结果p值为0.836 8，即接受“所有工具变量与扰动项不相关”的原假设，即工具变量外生。其次，为了保证工具变量的代表性，本节还对工具变量进行了弱工具变量检验，检验结果在5%的显著性水平下拒绝“工具变量为弱工具变量”的原假设，至此，本节工具变量选用具有代表性。工具变量模型的实证结果如表6-1-13所示，结果与基准实证结果基本一致。

表 6 - 1 - 13　Ivprobit 模型实证结果

变量名	educ_under	std.err.
educ	5.925 5***	(0.824 7)
age	0.012 4	(0.094 0)
age^2	−0.000 1	(0.001 3)
gender	0.185 1*	(0.107 1)
child_educ_high	0.191 7	(0.366 2)
left_child	0.248 1***	(0.080 4)
daughter	0.132 1	(0.171 1)
son	0.041 6	(0.109 3)
Constant	−0.619 6	(1.376 9)
预测的准确率	62.04%	—
样本量	764	—

注：同表 6 - 1 - 4。

2. 稳健性检验

本节主要从变量和子女特征两个层面考虑稳健性问题。

变量问题，在处理流动人口职业地位时，本节将正规职业与非正规职业流动人口放到一起定义其地位等级，具有一定的主观性，可能会影响到结果的代表性，为此，本节将流动人口按照是否拥有正规职业分成两个样本，分别进行回归。结果如表 6 - 1 - 14 所示，结果与全样本回归结果基本一致。

子女年龄问题，考虑到流动人口是否期望子女上大学可能与子女年龄有关，本节删除最小子女年龄在 18 岁及以上的样本再次进行回归，结果如表 6 - 1 - 15 和表 6 - 1 - 16 所示，与基准实证结果几乎完全一致。

子女学习阶段问题，考虑到流动人口是否期望子女上大学可能与子女学习阶段有关，本节删除最小子女为中专技校在读、大学在读、已经工作及未读书也未工作的样本再次进行回归，所得结果与基准实证结果回归结果几乎完全一致，回归结果在表 6 - 1 - 17 给出。

子女成绩问题，流动人口对子女的学历期望可能受子女成绩的影响，考虑到这一点可能会对结果的代表性有所影响，本节剔除子女成绩较差的样本重新回归，结果如表 6 - 1 - 18 所示，与基准实证结果基本一致。

表 6-1-14　分职业样本实证结果

变量名	正规职业样本					非正规职业样本				
	(1)	(2)	(3)	(4)	(5)	(6)	(7)	(8)	(9)	(10)
	exp_under	*exp_grad*	*safe*	*com*	*mental*	*exp_under*	*exp_grad*	*safe*	*com*	*mental*
position	0.130 8 (0.155 4)	0.413 3*** (0.128 9)	−0.046 9 (0.115 1)	0.249 7** (0.117 1)	0.230 2** (0.116 2)	0.130 8 (0.155 4)	0.124 8 (0.122 6)	−0.129 1 (0.109 2)	0.132 1 (0.109 5)	0.165 3# (0.107 3)
age	0.283 0 (0.177 0)	−0.138 8 (0.159 5)	—	—	—	0.283 0 (0.177 0)	−0.088 6 (0.146 6)	—	—	—
age^2	−0.003 9 (0.002 4)	0.001 6 (0.002 2)	—	—	—	−0.003 9 (0.002 4)	0.001 3 (0.001 9)	—	—	—
gender	0.564 8** (0.262 4)	0.542 6** (0.212 1)	0.155 9 (0.184 2)	0.428 5** (0.182 8)	0.454 0** (0.183 2)	0.564 8** (0.262 4)	0.167 1 (0.249 7)	−0.006 4 (0.228 3)	0.275 5 (0.220 7)	0.268 7 (0.222 8)
child_educ_high	0.475 3 (0.529 1)	−0.105 6 (0.359 5)	—	—	—	0.475 3 (0.529 1)	0.068 2 (0.359 6)	—	—	—
left_child	0.1553 (0.254 7)	0.130 4 (0.211 3)	—	—	—	0.155 3 (0.254 7)	0.297 5 (0.258 7)	—	—	—
daughter	0.494 3 (0.340 8)	0.088 7 (0.260 4)	0.272 2 (0.232 4)	−0.127 8 (0.226 6)	0.088 8 (0.225 5)	0.494 3 (0.340 8)	−0.219 4 (0.285 1)	0.217 4 (0.258 0)	0.297 0 (0.253 6)	0.051 1 (0.254 2)
son	0.228 0 (0.361 5)	0.304 9 (0.280 4)	0.332 9 (0.252 5)	−0.186 1 (0.249 4)	−0.036 4 (0.245 3)	0.228 0 (0.361 5)	−0.320 7 (0.321 8)	0.075 5 (0.299 3)	0.295 4 (0.290 7)	0.454 9 (0.288 7)
raise_age	—	—	−0.028 6 (0.021 9)	−0.053 3** (0.021 7)	−0.055 2** (0.021 7)	—	—	−0.053 4* (0.027 9)	−0.028 2 (0.026 9)	−0.030 3 (0.027 1)
Constant	−5.122 2 (3.338 1)	0.897 3 (2.953 8)	—	—	—	−5.122 2 (3.338 1)	1.238 9 (2.805 1)	—	—	—

续 表

变量名	正规职业样本						非正规职业样本			
	(1)	(2)	(3)	(4)	(5)	(6)	(7)	(8)	(9)	(10)
*Constant cut*1	—	—	−1.480 2**	−1.047 0*	−1.066 4*	—	—	−1.828 4***	−0.782 1	−0.786 5
			(0.588 4)	(0.575 9)	(0.579 4)			(0.655 6)	(0.638 5)	(0.624 3)
*Constant cut*2	—	—	0.779 5	1.197 5**	1.169 9**	—	—	0.775 7	1.505 4**	1.559 2**
			(0.583 7)	(0.576 3)	(0.579 0)			(0.647 3)	(0.643 7)	(0.629 2)
工作城市	YES	YES	YES	YES	YES	YES	YES	YES	YES	YES
户籍地区	YES	YES	YES	YES	YES	YES	YES	YES	YES	YES
样本数	478	478	476	476	475	478	328	327	327	327
拟 R^2	0.086 7	0.085 1	0.018 9	0.029 1	0.026 8	0.086 7	0.051 4	0.035 3	0.038 9	0.033 8

注：非正规职业样本部分结果虽不显著但 t 值均大于 1 且符号与正文一致，对于其不显著的原因考虑是由于样本量减少所致，其他同表 6-1-4。

表 6-1-15　剔除最小子女年龄超过 18 岁的样本实证结果——成长教育观

变量名	(1)	(2)	(3)	(4)	(5)	(6)	(7)	(8)	(9)	(10)	(11)	(12)
	safe	*safe*	*safe*	*safe*	*com*	*com*	*com*	*com*	*mental*	*mental*	*mental*	*mental*
educ	0.799 9*			0.765 7*	1.328 1***			1.153 6**	1.077 3**			0.853 8**
	(0.448 8)			(0.453 9)	(0.445 5)			(0.450 9)	(0.421 0)			(0.428 1)
position		−0.042 3		−0.083 3		0.211 4***		0.161 4**		0.241 9***		0.168 8**
		(0.074 5)		(0.079 6)		(0.074 6)		(0.079 0)		(0.074 4)		(0.078 9)
income			0.042 0#	0.044 7#			0.085 2***	0.061 7*			0.076 0***	0.058 5***
			(0.026 0)	(0.027 6)			(0.032 0)	(0.033 5)			(0.020 0)	(0.020 9)
*income*2			−0.001 0	−0.001 0			−0.001 9*	−0.001 5			−0.000 8***	−0.000 6**
			(0.000 7)	(0.000 8)			(0.001 1)	(0.001 1)			(0.000 3)	(0.000 3)
gender	0.135 1	0.109 1	0.117 0	0.108 1	0.290 2**	0.332 7**	0.272 0**	0.335 3**	0.326 2**	0.373 8***	0.298 9**	0.363 0***
	(0.139 1)	(0.140 3)	(0.139 2)	(0.141 1)	(0.136 8)	(0.138 3)	(0.136 7)	(0.139 2)	(0.137 1)	(0.138 6)	(0.137 3)	(0.139 6)

续 表

变量名	(1)	(2)	(3)	(4)	(5)	(6)	(7)	(8)	(9)	(10)	(11)	(12)
	safe	*safe*	*safe*	*safe*	*com*	*com*	*com*	*com*	*mental*	*mental*	*mental*	*mental*
raise_age	−0.025 3	−0.030 2*	−0.023 9	−0.022 9	−0.033 7**	−0.033 5**	−0.031 3*	−0.024 6	−0.048 2***	−0.044 8***	−0.039 3**	−0.032 4*
	(0.017 3)	(0.017 4)	(0.017 6)	(0.017 7)	(0.017 0)	(0.017 0)	(0.017 2)	(0.017 3)	(0.017 1)	(0.017 2)	(0.017 3)	(0.017 5)
daughter	0.213 2	0.194 4	0.219 6	0.214 1	0.043 4	0.069 4	0.066 3	0.096 2	0.008 4	0.048 2	0.036 5	0.071 3
	(0.170 5)	(0.171 0)	(0.171 2)	(0.171 9)	(0.168 3)	(0.168 7)	(0.169 0)	(0.169 8)	(0.167 3)	(0.167 9)	(0.168 0)	(0.168 7)
son	0.211 9	0.197 7	0.245 6	0.228 7	−0.008 9	0.037 5	0.038 8	0.070 7	0.089 3	0.148 2	0.111 1	0.146 0
	(0.190 5)	(0.191 4)	(0.191 3)	(0.192 1)	(0.187 8)	(0.188 5)	(0.188 6)	(0.189 6)	(0.184 7)	(0.185 8)	(0.186 0)	(0.186 9)
*Constant cut*1	−1.338 7***	−1.535 2***	−1.157 7***	−1.307 6***	−1.326 3***	−0.852 3**	−0.960 9**	−0.549 9	−1.524 3***	−0.942 7**	−1.130 3***	−0.688 1
	(0.375 5)	(0.430 5)	(0.402 5)	(0.442 7)	(0.365 1)	(0.417 2)	(0.396 2)	(0.436 0)	(0.363 9)	(0.417 9)	(0.384 0)	(0.427 3)
*Constant cut*2	1.042 2***	0.840 7**	1.234 6***	1.091 3**	0.879 5**	1.355 7***	1.254 0***	1.687 0***	0.707 3**	1.300 4***	1.125 4***	1.586 4***
	(0.372 4)	(0.426 3)	(0.401 1)	(0.440 3)	(0.362 7)	(0.419 1)	(0.397 0)	(0.439 9)	(0.359 8)	(0.418 9)	(0.383 5)	(0.430 3)
工作城市	YES	YES	YES	YES	YES	YES	YES	YES	YES	YES	YES	YES
户籍地区	YES	YES	YES	YES	YES	YES	YES	YES	YES	YES	YES	YES
观测值	790	790	788	788	790	790	788	788	789	789	787	787
拟 R^2	0.020 6	0.018 6	0.022 5	0.025 1	0.021 9	0.020 9	0.022 5	0.029 8	0.022 5	0.024 8	0.027 1	0.032 7

注:同表 6-1-14。

表 6-1-16　剔除最小子女年龄超过 18 岁的样本实证结果——文化教育观

变量名	exp_under				exp_grad			
	(1)	(2)	(3)	(4)	(5)	(6)	(7)	(8)
educ	0.369 8			0.174 8	1.145 2**			1.029 5**
	(0.577 3)			(0.587 3)	(0.467 8)			(0.474 1)
position		0.121 1		0.020 6		0.278 8***		0.258 4***
		(0.098 2)		(0.105 9)		(0.082 5)		(0.085 8)

续　表

变量名	exp_under				exp_grad			
	(1)	(2)	(3)	(4)	(5)	(6)	(7)	(8)
income			0.061 6***	0.059 6***			0.017 2	0.004 4
			(0.021 5)	(0.022 6)			(0.012 8)	(0.013 2)
age	0.229 3**	0.227 4**	0.255 9**	0.254 0**	−0.131 5	−0.138 3	−0.121 9	−0.136 9
	(0.114 1)	(0.114 2)	(0.114 9)	(0.115 1)	(0.105 4)	(0.105 6)	(0.105 1)	(0.105 9)
age^2	−0.003 2**	−0.003 1**	−0.003 4**	−0.003 4**	0.001 6	0.001 7	0.001 5	0.001 7
	(0.001 5)	(0.001 5)	(0.001 5)	(0.001 5)	(0.001 4)	(0.001 4)	(0.001 4)	(0.001 4)
gender	0.302 1	0.336 3*	0.360 6*	0.370 2*	0.277 9*	0.342 0**	0.258 4*	0.366 3**
	(0.187 9)	(0.190 8)	(0.190 5)	(0.193 2)	(0.155 2)	(0.157 9)	(0.154 8)	(0.159 1)
child_educ_high	0.873 6**	0.897 6**	0.850 7**	0.855 8**	−0.025 9	0.000 4	−0.009 6	0.019 4
	(0.389 7)	(0.391 1)	(0.391 5)	(0.392 1)	(0.254 2)	(0.256 4)	(0.254 8)	(0.257 9)
left_child	0.131 1	0.155 3	0.204 1	0.214 2	0.200 4	0.244 6	0.176 3	0.281 2*
	(0.191 1)	(0.192 6)	(0.193 2)	(0.195 5)	(0.159 8)	(0.161 6)	(0.160 1)	(0.163 9)
daughter	0.280 3	0.295 7	0.311 7	0.313 7	−0.113 5	−0.082 7	−0.115 9	−0.068 9
	(0.232 3)	(0.233 0)	(0.234 0)	(0.234 0)	(0.189 0)	(0.190 3)	(0.188 9)	(0.190 8)
son	−0.078 3	−0.053 1	−0.077 5	−0.075 0	−0.019 8	0.046 0	−0.030 3	0.030 1
	(0.256 2)	(0.257 1)	(0.259 7)	(0.260 2)	(0.206 2)	(0.208 5)	(0.206 3)	(0.209 0)
Constant	−3.066 5	−3.348 4	−4.015 1*	−4.039 3*	2.157 1	1.563 8	1.966 0	1.471 9
	(2.158 4)	(2.170 8)	(2.192 8)	(2.198 3)	(1.970 0)	(1.983 0)	(1.969 8)	(1.990 4)
工作城市	YES	YES	YES	YES	YES	YES	YES	YES
户籍地区	YES	YES	YES	YES	YES	YES	YES	YES
观测值	793	793	791	791	793	793	791	791
拟 R^2	0.059 3	0.060 7	0.071 8	0.071 9	0.053 9	0.058 8	0.049 7	0.063 7

注:同表 6-1-14。

表 6-1-17　剔除子女已经工作或中专、大专、本科在读样本实证结果

变量名	exp_under				exp_grad			
	(1)	(2)	(3)	(4)	(5)	(6)	(7)	(8)
educ	0.291 1 (0.576 0)			0.102 3 (0.585 9)	1.128 6** (0.466 8)			1.017 3** (0.473 1)
position		0.119 2 (0.100 0)		0.020 4 (0.107 7)		0.281 5*** (0.082 9)		0.262 8*** (0.086 2)
income			0.061 1*** (0.022 0)	0.059 3** (0.023 1)			0.016 5 (0.012 8)	0.003 6 (0.013 2)
age	0.219 2* (0.120 7)	0.216 9* (0.120 7)	0.247 3** (0.121 4)	0.245 4** (0.121 6)	−0.139 6 (0.109 2)	−0.147 6 (0.109 3)	−0.129 1 (0.108 8)	−0.147 2 (0.109 7)
age^2	−0.002 9* (0.001 6)	−0.002 9* (0.001 6)	−0.003 2* (0.001 6)	−0.003 2* (0.001 6)	0.001 8 (0.001 5)	0.001 9 (0.001 5)	0.001 6 (0.001 5)	0.001 9 (0.001 5)
gender	0.197 5 (0.191 2)	0.232 9 (0.194 1)	0.256 8 (0.193 7)	0.265 1 (0.196 6)	0.249 3 (0.156 5)	0.313 1** (0.159 2)	0.229 6 (0.156 1)	0.337 3** (0.160 3)
child_educ_high	0.682 7* (0.377 1)	0.706 2* (0.378 4)	0.674 0* (0.378 9)	0.678 4* (0.379 5)	−0.044 9 (0.251 8)	−0.020 8 (0.254 2)	−0.030 0 (0.252 5)	0.000 3 (0.255 6)
left_child	0.063 0 (0.196 3)	0.089 1 (0.197 7)	0.137 0 (0.198 4)	0.145 1 (0.200 7)	0.197 6 (0.161 5)	0.241 3 (0.163 4)	0.171 8 (0.161 9)	0.277 7* (0.165 7)
daughter	0.351 0 (0.243 5)	0.369 4 (0.244 4)	0.386 4 (0.245 3)	0.388 5 (0.245 4)	−0.099 8 (0.192 0)	−0.064 3 (0.193 4)	−0.102 0 (0.191 9)	−0.051 0 (0.193 9)
son	0.047 8 (0.264 2)	0.073 5 (0.265 2)	0.052 2 (0.267 7)	0.054 7 (0.268 1)	−0.001 4 (0.207 7)	0.066 1 (0.210 1)	−0.011 0 (0.207 8)	0.049 0 (0.210 7)

续　表

变量名	exp_under				exp_grad			
	(1)	(2)	(3)	(4)	(5)	(6)	(7)	(8)
Constant	−3.051 8 (2.257 9)	−3.327 7 (2.267 9)	−4.023 7* (2.291 1)	−4.045 1* (2.296 1)	2.179 6 (2.028 5)	1.597 6 (2.039 3)	1.976 7 (2.026 2)	1.530 5 (2.047 3)
工作城市	YES	YES	YES	YES	YES	YES	YES	YES
户籍地区	YES	YES	YES	YES	YES	YES	YES	YES
观测值	771	771	769	769	771	771	769	769
拟 R^2	0.052 0	0.053 5	0.064 3	0.064 4	0.049 2	0.054 5	0.044 9	0.059 4

注:同表 6-1-14。

表 6-1-18　剔除子女成绩很差的样本实证结果

变量名	exp_under				exp_grad			
	(1)	(2)	(3)	(4)	(5)	(6)	(7)	(8)
educ	0.234 1 (0.584 6)	—	—	0.014 9 (0.597 3)	1.016 7** (0.479 9)	—	—	0.902 3* (0.486 8)
age	0.206 2* (0.120 8)	0.202 7* (0.120 9)	0.232 3* (0.121 7)	0.230 9* (0.121 9)	−0.135 2 (0.110 6)	−0.144 1 (0.110 8)	−0.127 1 (0.110 2)	−0.142 8 (0.111 1)
age^2	−0.002 8* (0.001 6)	−0.002 8* (0.001 6)	−0.003 1* (0.001 6)	−0.003 1* (0.001 6)	0.001 7 (0.001 5)	0.001 9 (0.001 5)	0.001 6 (0.001 5)	0.001 9 (0.001 5)
gender	0.327 5* (0.192 1)	0.369 6* (0.195 4)	0.392 0** (0.195 1)	0.400 3** (0.198 1)	0.311 7** (0.157 0)	0.381 0** (0.160 0)	0.293 2* (0.156 6)	0.401 5** (0.161 0)

续 表

变量名	exp_under				exp_grad			
	(1)	(2)	(3)	(4)	(5)	(6)	(7)	(8)
child_educ_high	0.767 2**	0.791 4**	0.749 5**	0.754 3**	−0.033 8	−0.011 7	−0.018 9	0.005 8
	(0.375 8)	(0.377 1)	(0.377 6)	(0.378 2)	(0.250 1)	(0.252 4)	(0.250 7)	(0.253 8)
left_child	0.021 3	0.050 2	0.102 9	0.108 6	0.139 9	0.181 2	0.118 7	0.206 4
	(0.194 9)	(0.196 0)	(0.197 2)	(0.199 1)	(0.162 0)	(0.163 5)	(0.162 5)	(0.165 6)
daughter	0.297 7	0.317 0	0.338 2	0.340 3	−0.126 4	−0.088 7	−0.125 9	−0.080 4
	(0.241 1)	(0.241 8)	(0.242 9)	(0.243 0)	(0.192 6)	(0.194 0)	(0.192 6)	(0.194 5)
son	−0.014 3	0.012 4	−0.008 2	−0.004 7	−0.034 9	0.033 0	−0.042 3	0.012 1
	(0.262 3)	(0.263 2)	(0.265 8)	(0.266 2)	(0.208 8)	(0.211 2)	(0.209 1)	(0.211 7)
Constant	−2.703 4	−3.001 0	−3.667 8	−3.705 2	2.090 1	1.509 9	1.927 0	1.453 8
	(2.277 8)	(2.288 9)	(2.312 5)	(2.317 6)	(2.062 5)	(2.075 1)	(2.060 6)	(2.081 4)
工作城市	YES	YES	YES	YES	YES	YES	YES	YES
户籍地区	YES	YES	YES	YES	YES	YES	YES	YES
观测值	770	770	768	768	770	770	768	768
拟 R^2	0.058 6	0.060 6	0.072 6	0.072 7	0.048 7	0.055 0	0.045 5	0.058 7

注:同表 6-1-14。

五、研究结论与政策建议

“寒门为何难出贵子”？本节从教育观这一视角出发，基于2013年上海等七市联合调研数据，运用二值选择模型与有序因变量模型系统地剖析了社会地位对流动人口教育观的影响。在分析中，本节在学者已有的研究基础上进行了拓展，对社会地位和教育观的内涵进行了丰富以期获得更为全面的结论。在社会地位这一指标的刻画上，本节从文化地位、职业地位、经济地位三个维度深入考察了不同维度社会地位对流动人口教育观形成的差异化影响；在对教育观的考量上，本节摒弃以往单视角考量文化教育观的做法，采取多视角方式在研究中还加入了对成长教育观的考量。就成长教育观而言，细分出安全教育观、亲子沟通教育观、心理健康教育观三个关乎儿童健康成长的重要指标进行了多角度研究。

通过样本、理论与实证的三重分析得出以下主要结论：① 流动人口大部分已认识到子女接受高等教育的重要性，但在成长教育的问题上存在着较为严重的重视不够的问题。② 总体来说，流动人口的社会地位越高越重视子女教育，但文化地位、职业地位和经济地位三个维度对于流动人口教育观的作用机制却存在差异。③从文化教育观来看，在是否明确期望子女接受高等教育这一问题上，经济地位对其正向作用显著且稳健，而文化地位、职业地位对其影响都不显著；但是，在是否明确期望子女接受研究生及以上教育的问题上，却得到完全相反的结论，经济地位的作用不再显著，而文化地位和职业地位则起到显著且稳健的正向影响。这证明，社会地位对流动人口文化教育观的形成呈现显著的门槛作用，在是否期望子女接受高等教育这一问题的门槛是流动人口的经济地位，而在是否期望子女接受研究生及以上教育这一问题的门槛是流动人口的文化地位与职业地位。④ 从成长教育观来看，在对亲子沟通和心理健康教育观的重视程度上，流动人口的文化地位、职业地位和经济地位都显著且稳健的正向作用于二者；在对安全教育观的重视程度上，文化地位、经济地位对其有显著且稳健的正向影响，而职业地位对其没有显著影响，通过更深入地二维对应分析发现，比起职业地位，流动人口的职业性质与其安全教育观的关系则更为密切。⑤ 更进一步通过对“城—城”和“乡—城”流动人口教育观形成的异质性分析，本章发现对于同等地位的流动人口而言，“城—城”流动人口普遍比“乡—城”流动人口更重视子女教育。

基于上述结论，我们认为流动人口社会地位可以通过家长教育观这一中介机制影响教育的公平性，这也为解释“寒门难出贵子”这一现实问题提供了新证据。目前,学界对流动人口子女教育的公平性研究往往局限于社会环境、学校教育等外生性原因,很少有学者考虑家庭教育观念这一层面。我们认为流动人口子女的受教育问题不该只停留在对外生教育公平性的呼吁,也该关注到家庭内部教育观念对教育公平性的影响。基于以上结论,本节得到以下政策启示:① 政府要对社会地位较低的流动人口父母特别是"乡—城"流动人口父母加强关于儿童教育的宣传,提升其对子女教育的重视,特别是对于安全、亲子沟通、心理教育的重视,避免产生更多的流动人口子女成长隐患。② 宣传政策要有针对性。就文化教育观而言,对经济地位低的流动人口进行定向宣传文化教育的重要性;就安全教育观而言,为流动摊贩和消费性行业服务人员等特定职业的流动人口安排安全教育讲座;就亲子沟通教育观和心理健康教育观而言,对社会地位低的流动人口进行普遍宣传。

第二节　流动人口社会地位与子女成长教育获得

一直以来,流动人口的流动性特征使得其子女的成长教育易被忽视,在国家提倡素质教育的宏观背景下,如何提升流动人口成长教育意识以完成家庭与国家成长教育政策的良性互动是保障流动人口子女健康成长的关键。上一节我们已经完成了流动人口社会地位对其成长教育观影响的实证检验,并且具体探讨了可能的内在机制,但并未就上述影响是否影响到流动人口子女教育获得进行进一步讨论。本节是在上一节研究的基础上,进一步就流动人口子女成长教育获得问题继续做深入探讨,试图论证教育观确实是社会地位影响流动人口子女成长教育获得的主要路径。

一、引言

地区经济发展状况不均衡造成的人口流动加剧现象使得我国流动人口规模逐年扩大[①]。随之而来,流动人口随迁子女数量的增加成为当前各级政府公共

① 据《中国流动人口发展报告 2015》估计,到 2020 年我国流动人口将逐步增长至 2.91 亿,占全国总人口的 1/5。

服务工作的一大挑战[①]。尤其是,各级政府如何妥善安排流动人口随迁子女接受教育成为当前亟待解决的重要问题。近年来,随着各级政府工作的深入,流动人口子女文化教育工作取得了积极进展,但与日益完善的文化教育相对的是当前流动儿童成长教育的缺失。习近平总书记在十九大报告中强调要"发展素质教育,推进教育公平,培养德智体美全面发展的社会主义建设者和接班人",这也为当前我国教育事业的发展指明了新方向,即发展素质教育。以安全教育与心理健康教育为主的成长教育,一直是青少年素质教育中最为重要的一环。由于特殊的流动性,流动人口子女往往在"迁入地"呈现城市融入度较低、不稳定性较高的特征,安全教育和心理健康教育对流动人口子女的健康成长尤为重要。如何制定科学合理的公共服务政策,促进流动儿童安全教育与心理健康教育的获得也是顺应国家号召的关键性举措。

目前,国内学者对于教育的因素研究有很多,主要可分为两大类:一类学者关注外生于家庭的因素,如教育资源分配的地域差异(郭元祥,2000;杨东平,2000;吴愈晓,2013;高明华,2013;李春玲,2014;熊艳艳等,2014;唐俊超,2015)、户籍限制(郭建鑫,2007;王竹林,2010;邬志辉等,2016)、制度变迁(李煜,2006);另一类学者主要关注内生于家庭的因素,如父母收入(李任玉,2015)、父母的地位(王甫勤,2014)等。但是,上述研究均聚焦于对文化教育的研究,鲜少有学者关注到儿童成长教育并对其进行因素研究,本节对这一内容进行了补充。此外,本节从父母社会地位这一视角出发研究流动人口子女成长教育问题的另一个重要原因是,家庭因素对儿童成长的重要性程度要远高于其他因素。虽然近年来,国家提倡实行素质教育并积极推动儿童成长教育改革,但这一改革能否顺利实行最终还是取决于微观家庭能否与宏观政策实现良性互动。对流动人口而言,其社会地位是否会影响子女在"迁入地"成长教育的获得?这一问题成为本节研究的重点。

本节基于 2013 年上海等七市联合调研数据,探索父母社会地位对流动人口子女在"迁入地"成长教育获得情况的影响,可能的贡献之处主要有以下几点:① 在研究视角上,以往学者在探讨流动人口子女在"迁入地"受教育问题时往往局限于对文化教育的讨论,鲜少有学者关注到流动人口子女成长教育问题。本节以此为切入点对这一问题进行探讨,可以对现有文献起到一定的完善作用。② 在研究方法上,囿于数据限制,以往学者在研究流动人口子女

---

① 据统计,2015 年全国义务教育阶段在校生中进城务工人员随迁子女达 1 367.10 万人,相比 2010 年增长了 17.13%。(中华人民共和国教育部,2012;中华人民共和国教育部,2016)。

成长教育等相关问题时常使用定性分析方法，鲜少有学者使用定量分析方法进行研究。本节构建有序因变量模型和中介效应模型进行实证分析，为以往学者的研究提供了经验证据。③ 在研究意义上，本节经研究发现，从不同维度看，社会地位会通过家庭教育观这一路径间接影响流动人口子女成长教育的获得。这一结论对政府如何形成针对性政策，以促进流动人口子女成长教育获得具有积极的借鉴意义。

本章以下部分的结构安排如下：第二部分厘清父母社会地位对流动人口子女在"迁入地"成长教育获得的作用机制；第三部分对本节所涉及的样本、变量进行统计描述；第四部分分别构建有序因变量模型与中介效用模型进行实证分析；第五部分对实证部分进行进一步拓展；第六部分为本节的基本结论与政策启示。

二、理论机制分析与研究假说

目前，国内外对社会地位的研究大多是基于 Blair 和 Duncan(1967)的地位获得模型开展的。基于这一模型，学者们提出了社会阶层流动的新视角，即家庭社会地位会通过影响家庭的文化教育期望，进而影响子女的文化教育成就以及社会地位的获得(周皓，2013)。这一机制在儿童成长教育问题上是否依然成立，本节将对这一问题进行理论机制的探讨。

参考 Mueller(1981)等人的做法，本节将从职业地位、经济地位、文化地位三个维度对社会地位进行测度。各维度作用机制的未知使得社会地位对于教育观形成，具有很强的不可预知性。

假设流动人口父母的社会地位具有可比性，且仅存在社会地位较高与社会地位较低的两个群体。我们认为父母社会地位的差异对流动人口子女成长教育获得的影响具有一定的异质性，并且这一影响是以父母成长教育观为主要路径进行传导，具体分析如下：

(一) 流动人口职业地位与子女成长教育获得

从职业地位这一视角来看，我们认为职业地位对流动人口子女成长教育的获得在不同类型的教育内容上将存在异质性。我们将成长教育主要分为安全教育与心理健康教育两个层面进行讨论。从安全教育来看，目前我国流动人口在就业时多需进行培训，培训内容中将包括生产安全教育的内容。我们认为比起职业地位，特定工种接触的安全教育信息将更多，也更重视子女的安全教育，进而影响子女安全教育的获得。从心理健康教育来看，职业地位越高的父母面临的压力更大，其对心理健康的诉求更大。根据本节样本统计分析结果，这一诉求会使其更加重视心理健康教育信息，这一机制将转移至自己的子女进而影响子女心理健康教育的获得。基于上述分析，本节提出**假说 1：**

假说 1：职业地位对子女成长教育获得的影响将在不同的教育内容上存在一定的异质性：对于安全教育而言，比起职业地位，特定职业性质将存在更重要的影响；对于心理健康教育而言，父母职业地位越高将越重视子女心理健康教育。

（二）流动人口文化地位与子女成长教育获得

从文化地位来看，在素质教育逐渐成为国家倡导的主流教育方式的大环境下，各个地区都在进行素质教育改革，儿童成长教育也逐渐走入公众视野。相对于文化地位低的流动人口而言，文化地位较高的流动人口群体对国家政策的灵敏度更高，能更为迅速地顺势而思，更快地关注成长教育的重要性。而相较于文化地位较高的流动人口群体而言，文化地位较低的流动人口群体对于政策的感知则较为迟缓，还陷在以前一味强调子女文化教育的思维模式中进而限制了子女成长教育的获得。布尔迪约等（2002）认为，高等教育实际上是对中产阶级文化传播的一种方式，父母如果受过高等教育，子女在父母的潜移默化下教育方面会获得更大的成功。基于此，本节提出**假说 2：**

假说 2：文化地位越高的流动人口对政策导向信息感知的灵敏度更高，更易在素质教育实行的大环境下，感受到儿童成长教育的重要性，进而子女成长教育的可得性更高。

（三）流动人口经济地位与子女成长教育获得

从经济地位来看，相较于经济地位较低的流动人口家庭，经济地位越高的家庭越具有培养孩子的经济条件。在“不让孩子输在起跑线上”的社会大环境下，经济地位较高的家庭对子女的教育投资更多，在寻找教育投资机会的同时，家长往往接触到更多的教育信息。这种教育信息除了传统的文化教育信息，还有在素质教育环境下相应而生的儿童成长教育信息。这种对儿童成长教育信息的获得使得经济地位高的流动人口父母更能意识到成长教育对于子女的重要性，故更愿意在教育市场上搜寻子女接受成长教育机会，这样的正向作用不断强化，使得其子女获得更多的成长教育，与经济地位低的家庭逐渐拉开差距。张云运等（2015）通过研究家庭经济地位与教育投资对流动儿童学业成就的影响后发现，家庭收入和父母受教育水平会通过父母教育期望和家庭学习资源这一路径影响流动儿童学业成就，证实了家庭投资理论对我国流动儿童群体的适用性。基于理论分析，我们认为这一理论也同样适用于儿童的成长教育。基于此，本节将提出**假说 3**：

假说 3：流动人口父母经济地位越高，将越重视子女的成长教育，进而子女成长教育的获得状况更好。

本节将在实证研究部分对以上三个维度的假说进行验证。

三、样本说明与变量的描述统计

（一）样本说明

鉴于本节的研究目的，本节剔除重要指标缺省的样本得到有效样本 814 份，有效率达 21.71%。在本节的有效样本中，从性别分布来看，男性和女性样本分别有 440 人和 374 人，各占有效样本的 54%和 46%。从年龄分布来看，样本中平均年龄为 35.68 岁，主要集中在 25—45 岁，有 694 人，占有效样本的 85.25%。从样本的学历分布来看，流动人口受教育水平普遍偏低。其中，拥有初中学历的流动人口样本最多，有 297 人，占总样本的 36.49%；接受本科及以上教育的流动人口有 19 人，占总样本的 2.33%。

（二）变量描述

1. 被解释变量

本节对流动人口子女的成长教育的研究将从安全教育与心理健康教育这两个影响青少年健康成长的重要方面进行展开。表 6-2-1 给出对流动人口子女在迁入地安全教育与心理健康教育获得情况的简单数理统计结果。结果显示，从安全教育层面，有 89.33%的父母表示子女在迁入地并不能够获得足够的安全教育。此外，有近一半的父母表示子女在迁入地没有受到过安全教育。在心理健康教育方面情况更不乐观，仅有 24.13%的流动人口父母表示自己的子女在迁入地受到过心理健康教育，且仅有 5.32%认为足够。根据上述结果可以发现，大部分流动人口子女在迁入地不能获得对儿童成长至关重要的成长教育，这可能为流动人口子女健康成长带来隐患。

表 6－2－1　迁入地成长教育获得情况表

	安全教育	心理教育
没有	371(46.03%)	613(75.87%)
一般	349(43.30%)	152(18.81%)
足够	86(10.67%)	43(5.32%)
总和	806(100%)	808(100%)

资料来源：作者计算整理。

2. 核心解释变量

对于社会地位这一变量，本节使用降维思想，对流动人口职业地位、文化地位、经济地位采用因子分析的方法进行降维处理，得到一个关于社会地位的综合指标加以刻画。

其中，对于职业地位的测度，本节参考仇立平等(2011)的研究，并根据流动人口工作分布的特征在赖特的分析模型上进行了修改。考虑到流动人口一般不含有公共权力者，故本节按照赖特的生产资料所有权(雇佣与被雇佣)、组织资产(管理与被管理)、专业技术资产(有无技术)，对资产所有者按照规模、管理者按照层级进行进一步细分。最后将流动人口的职业地位划分为下层(Ⅰ)、中下层(Ⅱ)、中中层(Ⅲ)、中上层(Ⅳ)、上层(Ⅴ)五个层级，具体分法如表 6－2－2 所示。

表 6－2－2　职业地位划分表

正规就业者	层　级	非正规就业者	层　级
生产工人	Ⅱ	有营业执照的固定场所经营者(没有雇佣人)	Ⅲ
后勤服务人员	Ⅱ	没有营业执照的固定场所经营者(没有雇佣人)	Ⅱ
专业技术人员	Ⅲ	有营业执照的固定场所经营者(雇佣 1—5 人)	Ⅳ
基层管理者	Ⅳ	没有营业执照的固定场所经营者(雇佣 1—5 人)	Ⅲ
中高层管理者	Ⅴ	有营业执照的固定场所经营者(雇佣 5 人以上)	Ⅴ
销售人员	Ⅲ	没有营业执照的固定场所经营者(雇佣 5 人以上)	Ⅳ

续 表

正规就业者	层 级	非正规就业者	层 级
办公室工作人员	Ⅲ	流动摊贩经营者	Ⅰ
		小工厂或店铺的受雇者	Ⅰ
		散工或零工	Ⅰ
		收废品者	Ⅰ
		有手艺的小工匠	Ⅱ

资料来源：作者计算整理。

对于文化地位这一变量，本节根据流动人口受教育程度，计算其受教育年限作为指标加以刻画①。而对于流动人口的经济地位，本节则使用样本 2012 年的家庭总收入作为指标进行度量。

另外，虽然本节核心研究的是社会地位对流动人口教育观的影响，但也不能忽视样本特征、家庭背景等其他因素的作用，否则极易出现估计偏误。故实证中还设置了一些控制变量对样本结果进行控制，关于在不同模型中具体控制变量如何选择，我们将在第四部分建模时进行具体说明。表 6－2－3 给出本节所涉变量及其简单的描述性结果。

四、模型构建与实证结果分析

(一) 成长教育获得模型构建与实证结果分析

对于成长教育观模型的构建，本节选取流动人口子女安全教育、心理教育的获得情况指标作为被解释变量，利用因子旋转法以最大方差为标准，对职业、经济和文化地位计算综合因子得分得到综合地位变量为解释变量。考虑到父母对子女的成长教育观可能还与其育儿经验等因素有关，为减轻遗漏变量问题，选取育龄、子女性别等变量进行控制。由于被解释变量为有序离散型变量，本阶段将构造 Ordered Logistic 模型，构造模型(6.5)。

$$Y_p = \alpha + \beta status + \lambda\, control + city_k + home_j + \varepsilon_i \tag{6.5}$$

① 具体折算方式为：小学＝6；初中＝9；中专＝12；高中＝12；大专＝15；本科＝16；研究生及以上＝19。

表 6-2-3　变量定义与描述性统计

	名　称	变　量	变量定义	观　测	均　值	标准差	最小值	最大值
因变量	安全教育获得情况	*safe_ac*	1=没有;2=一般;3=足够	806	1.65	0.67	1	3
	心理健康教育获得情况	*mental_ac*	1=没有;2=一般;3=足够	808	1.30	0.56	1	3
自变量	社会地位	*statues*	使用因子旋转法求得的因子得分的对数值	812	7.08	4.98	1.07	78.7
	职业地位	*position*	1=下层;2=中下层;3=中中层;4=中上层;5=上层	814	2.28	0.96	1	5
	经济地位	*income*	样本 2012 年家庭总收入(单位:万元)	812	6.97	6.14	0	99
	文化地位	*educ*	受教育年限	814	11.20	3.03	0	19
控制变量	性别	*gender*	0=男性;1=女性	814	0.46	0.50	0	1
	户籍性质	*urban*	0=农村;1=城市	814	0.19	0.39	0	1
	育龄	*raise_age*	最大的孩子的年龄	806	10.21	4.28	2	19
	是否有女儿	*daughter*	0=没有;1=至少有一个	814	0.59	0.49	0	1
	是否有儿子	*son*	0=没有;1=这至少有一个	814	0.71	0.46	0	1
中介变量	安全教育观	*safe*	对子女安全教育的需求程度:1=没有;2=一般;3=需求	811	2.34	0.66	1	3
	心理健康教育观	*mental*	对子女心理健康教育的需求程度:1=没有;2=一般;3=需求	811	2.15	0.71	1	3

资料来源:作者计算整理。

其中，Y 分别为安全教育(*safe*)、心理教育(*mental*)；*status* 为解释变量，*control* 为控制变量，分别是户籍性质(*urban*)、性别(*gender*)、育龄(*raise_age*)、是否有女儿(*daughter*)、是否有儿子(*son*)，*city* 和 *home* 分别是工作城市固定项和户籍地区固定项。

表 6-2-4 给出了社会地位对流动人口子女在迁入地成长教育获得情况影响的实证结果。

表 6-2-4　社会地位与成长教育获得情况的实证结果

变量名	(1)	(2)	(5)	(6)
	safe_ac	safe_ac	mental_ac	mental_ac
sta_n	0.070 0	0.046 8	0.298 5***	0.236 2***
	(0.070 9)	(0.075 5)	(0.081 3)	(0.085 5)
urban		0.383 3**		0.587 2***
		(0.182 4)		(0.209 5)
gender		−0.004 0		0.182 4
		(0.138 8)		(0.170 4)
raise_age		0.015 4		−0.003 4
		(0.017 0)		(0.020 7)
daughter		0.101 9		0.128 5
		(0.171 8)		(0.212 2)
son		0.233 3		0.091 1
		(0.190 3)		(0.232 9)
工作城市固定	YES	YES	YES	YES
户籍地区固定	YES	YES	YES	YES
*Constant cut*1	0.405 8	0.877 2**	1.799 5***	2.179 4***
	(0.279 0)	(0.377 6)	(0.355 9)	(0.470 8)
*Constant cut*2	2.740 8***	3.222 5***	3.580 3***	4.007 3***
	(0.297 5)	(0.395 3)	(0.383 3)	(0.495 5)
样本量	804	797	806	799

注：***、** 和 * 分别表示估计结果在 1%、5%和 10%的水平上显著，括号内为标准误。下同。

由表 6-2-4 可以得出以下结论：① 社会地位对流动人口子女安全教育获得情况的影响不显著。对于这一现象，我们认为可能的解释是无论社会地位较高的流动人口还是社会地位较低的流动人口，其对子女的安全教育都比较重视。对于社会地位较低的流动人口而言，由于其工作的特殊性[①]，对安全教育的重要

① 社会地位较低的流动人口常就职于建筑业与制造业等工作环境相对恶劣的行业，由于相关行业存在一定的安全风险，在日常就业中经常受到企业的安全培训。

性具有一定的认识。社会地位较高的流动人口，日常接触的信息更多，更能理解安全教育对于子女成长的重要性，也会重视子女的安全教育。故我们认为父母社会地位对流动人口子女安全教育获得的影响并不存在显著的异质性。社会地位对流动人口子女心理健康教育的获得情况有显著正向影响。究其原因，我们认为可以从父母教育观念这一视角出发进行分析，流动人口社会地位越高往往越关注子女的心理健康教育。文化地位较高的流动人口父母往往会拥有更多的心理健康教育知识，更加重视子女心理健康教育；经济地位较高的流动人口父母往往更愿意寻找教育投资渠道，在获取教育投资渠道的同时，获得了更多的育儿信息，更重视子女的全面发展，故更加重视子女的心理健康教育；职业地位更高的父母，工作压力更大，在本节的调查样本中，父母职业地位越高往往认为压力更大，对心理健康服务的诉求更大，这一机制也会转移到对子女的教育上，更加重视子女的心理健康教育。

基于此，我们认为，父母社会地位对流动人口子女成长教育获得的影响将会通过父母成长教育观念这一路径传递，为了验证上述结论，本节构建中介效应模型检验这一机制。

（二）中介效应模型构建与实证结果分析

基于理论机制部分分析，本节对中间机制的探讨主要从流动人口教育观念这一中间机制入手进行分析。对于教育观念这一变量，考虑到指标的可得性，本节使用父母对子女成长教育的需求程度这一指标加以刻画。参考已有文献，本节将在这一部分构建递归模型对中介效应进行检验（汪伟等，2015），模型如下：

$$W_p = \alpha + \beta status + \gamma\, control + city_k + home_j + \varepsilon_i \tag{6.6}$$

$$Y_p = \alpha + \beta'_1 status + \beta_2 w_p + \gamma\, control + city_k + home_j + \varepsilon_i \tag{6.7}$$

其中，W_p 为中介变量，本节使用父母对安全教育和心理健康教育的需求作为主要指标进行衡量。其他变量的选择与基础回归部分相同。中介效用法的实验步骤如下：第一步，作为对照组，对模型(6.5)进行基础回归，检验父母社会地位对流动人口子女成长教育获得的作用是否存在（第一部分已证明）；第二步，对模型(6.6)进行回归，检验社会地位对中介变量是否存在显著影响；第三步，对模型(6.7)进行回归，当 β 与 β' 皆为正时，若 β 大于 β' 则说明存在正向中介效应。

表 6-2-5 给出了中介效应模型回归结果。

表 6-2-5　中介效应模型实证结果

变量	(1)	(2)	(3)	(4)	(5)	(6)
	safe_ac	safe	safe_ac	mental_ac	mental	mental_ac
sta_n	0.046 8	−0.048 1	0.078 8	0.236 2***	0.243 0***	0.200 3**
	(0.075 5)	(0.076 8)	(0.077 8)	(0.085 5)	(0.076 2)	(0.088 1)
safe			1.110 8***			
			(0.120 8)			
mental						0.783 7***
						(0.134 8)
urban	0.383 3**	0.103 5	0.392 4**	0.587 2***	0.350 6*	0.483 7**
	(0.182 4)	(0.187 4)	(0.189 5)	(0.209 5)	(0.188 4)	(0.217 8)
gender	−0.004 0	0.115 9	−0.043 1	0.182 4	0.337 0**	0.088 1
	(0.138 8)	(0.138 8)	(0.144 0)	(0.170 4)	(0.137 4)	(0.175 6)
raise_age	0.015 4	−0.039 4**	0.034 7*	−0.003 4	−0.039 1**	0.006 5
	(0.017 0)	(0.017 1)	(0.017 7)	(0.020 7)	(0.016 8)	(0.021 3)
daughter	0.101 9	0.234 1	0.044 5	0.128 5	0.121 9	0.118 1
	(0.171 8)	(0.170 7)	(0.177 7)	(0.212 2)	(0.167 7)	(0.217 4)
son	0.233 3	0.248 0	0.186 3	0.091 1	0.185 6	0.080 7
	(0.190 3)	(0.191 0)	(0.197 7)	(0.232 9)	(0.185 9)	(0.239 0)
工作地	YES	YES	YES	YES	YES	YES
户籍地	YES	YES	YES	YES	YES	YES
Constant	0.877 2**	−1.405 5***	3.344 1***	2.179 4***	−1.366 0***	4.040 5***
*cut*1	(0.377 6)	(0.378 5)	(0.483 7)	(0.470 8)	(0.368 3)	(0.583 3)
Constant	3.222 5***	0.978 0***	5.876 1***	4.007 3***	0.906 7**	5.930 6***
*cut*2	(0.395 3)	(0.375 1)	(0.514 0)	(0.495 5)	(0.365 7)	(0.609 7)
样本量	797	801	795	799	800	796

根据回归结果，可得以下基本结果：从安全教育来看，社会地位并不会对流动人口安全教育观形成产生显著影响，表现为社会地位变量系数回归结果不显著，但是从模型(3)可以看出，流动人口的安全教育观，确实对其子女在迁入地安全教育的获得有显著正向影响。由此可见，父母安全教育观确实是影响流动人口子女安全教育获得的有效路径。从心理健康教育观层面来看，通过模型(4)(5)(6)实证结果可以发现，社会地位通过流动人口心理健康教育观这一有效机制影响其子女心理健康教育的获得。具体表现为，模型(4)实证结果显示父母社会地位的提升会促进流动人口子女心理健康教育的获得，表现为 *sta_n* 变量系数显著为正；模型(5)结果显示，父母社会地位的提高会促进流动人口的安全教育观，表现为 *sta_n* 变量系数显著为正。另外，模型(6)回归结果显示，父母社会

地位可以通过影响心理健康教育观形成这一路径间接影响流动人口子女在迁入地心理健康教育的获得，表现为模型(6)中 *sta_n* 变量系数显著小于模型(4)中 *sta_n* 变量系数。

（三）进一步实证分析

由实证分析部分结果可知，父母社会地位与流动人口子女心理健康教育的获得密切相关，教育观是联系二者的重要路径，但社会地位与流动人口子女安全教育获得的关系不显著。为进一步探究流动人口子女安全教育的获得是否完全不受家庭社会地位的影响，我们将从流动人口经济地位、职业地位、文化地位三个维度进一步进行剖析。

上一部分，本节分析了父母社会地位对流动人口子女成长教育获得情况的作用不显著，但父母安全教育观却是影响流动人口子女安全教育获得的有效路径。那么，从文化、职业、经济三个不同维度来看，社会地位对家庭教育观的影响是否具有异质性？针对这一问题，我们构建多维度模型进行进一步分析。考虑到高经济地位的流动人口可能会因为忙于生计而忽视子女的安全教育，经济地位与流动人口父母安全教育可能存在非线性关系，故在模型中加入家庭年收入变量的平方项加以控制。另外，考虑到受过高等教育的父母可能接受过更多的安全教育(因为安全教育为高等教育的通识课程)，我们在对父母文化地位的刻画还增加了是否接受过高等教育(*edu-year*)这一指标。

$$safe = \alpha + \beta_1 educ + \gamma\, control + city_k + home_j + \varepsilon_i \tag{6.8}$$

$$safe = \alpha + \beta_2 position + \gamma\, control + city_k + home_j + \varepsilon_i \tag{6.9}$$

$$safe = \alpha + \beta_3 income + \mu\, income^2 + \gamma\, control + city_k + home_j + \varepsilon_i \tag{6.10}$$

其中，*educ*、*position*、*income* 分别为文化地位、职业地位、收入地位，*safe* 为家庭安全教育观；*control* 为控制变量，分别是户籍性质(*urban*)、性别(*gender*)、育龄(*raise_age*)、是否有女儿(*daughter*)、是否有儿子(*son*)；*city* 和 *home* 分别是工作城市固定项和户籍地区固定项。

表 6-2-6 给出了多维模型实证结果，根据表 6-2-6 结果可知，流动人口收入越高将越关注子女安全教育，且父母的文化地位对其安全教育观的形成具有显著的正向效应，这一效应并不体现在教育年限的多寡上，而是体现在父母是否接受过高等教育上。但是，流动人口的职业地位与其安全教育观关系不显著，

表 6-2-6 异质性分析实证结果

变量	(1)	(2)	(3)	(4)	(5)	(6)	(7)	(8)
	safe	safe	safe	safe	safe	safe	safe	safe
educ_year	−0.009 6	−0.015 7						
	(0.022 3)	(0.023 0)						
educ			0.871 9**	0.812 8*				
			(0.438 0)	(0.450 1)				
position					−0.022 6	−0.048 4		
					(0.071 3)	(0.075 8)		
income							0.053 8*	0.045 1*
							(0.027 5)	(0.027 1)
income^2							−0.001 2	−0.001 1
							(0.000 9)	(0.000 8)
urban		0.105 7		0.041 7		0.103 3		0.025 8
		(0.184 6)		(0.180 7)		(0.184 4)		(0.182 7)
gender		0.116 7		0.119 0		0.109 2		0.117 9
		(0.137 8)		(0.136 1)		(0.139 2)		(0.137 9)
raise_age		−0.037 7**		−0.030 1*		−0.038 5**		−0.032 1*
		(0.016 9)		(0.016 6)		(0.017 0)		(0.017 2)

续 表

变量	(1)	(2)	(3)	(4)	(5)	(6)	(7)	(8)
	safe	safe	safe	safe	safe	safe	safe	safe
daughter		0.241 3		0.232 5		0.233 1		0.251 8
		(0.170 2)		(0.166 2)		(0.170 6)		(0.171 0)
son		0.236 2		0.234 7		0.225 1		0.261 8
		(0.190 6)		(0.184 7)		(0.190 9)		(0.191 2)
工作地	YES	YES	YES	YES	YES	YES	YES	YES
户籍地	YES	YES	YES	YES	YES	YES	YES	YES
*Constant cut*1	−1.534 6***	−1.578 5***	−2.101 0***	−2.038 6***	−1.481 8***	−1.542 3***	−1.211 3***	−1.166 9***
	(0.363 7)	(0.448 2)	(0.113 8)	(0.271 5)	(0.317 5)	(0.427 9)	(0.300 1)	(0.404 2)
*Constant cut*2	0.843 3**	0.801 7*	0.234 9***	0.293 8	0.896 0***	0.837 7**	1.186 9***	1.229 7***
	(0.358 9)	(0.444 1)	(0.071 7)	(0.257 2)	(0.312 5)	(0.423 9)	(0.297 6)	(0.402 9)
样本量	811	803	811	803	811	803	809	801

为了进一步探究这一问题，这一部分使用二维对应分析法分析职业类型、行业性质与流动人口安全教育观形成的关系。

图 6-2-1 与图 6-2-2 结果显示，安全教育观的形成在一定程度上与流动人口的职业和行业有关，专业技术人员相对于其他职业来说更重视子女的安全教育。针对这一点，这里给出以下解释：专业技术人员在进入工厂之前往往需要进行专业的职业培训，目前国内的职业培训都有涉及安全教育这一层面，长期培训潜移默化地提高了专业技术人员的安全意识，进而也更加重视子女的安全教育问题。从行业来看，图 6-2-2 显示，交通运输业、批发零售业从业人员对子女安全教育的意识要普遍高于其他行业[①]。由此可知，职业性质与行业性质对流动人口安全教育观的影响比其职业地位更重要。

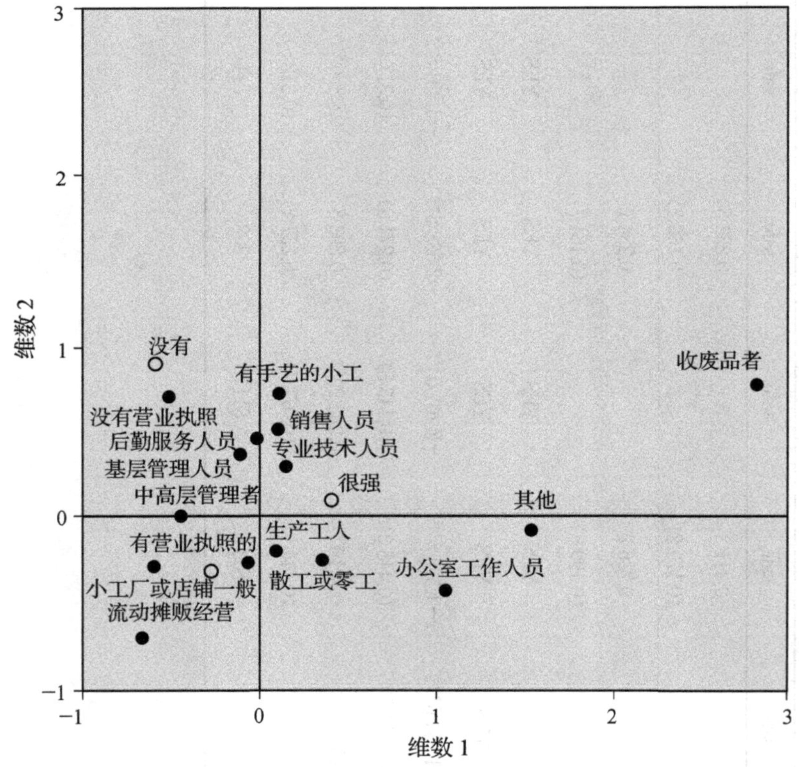

图 6-2-1　职业—安全教育需求对应分析图

① 由于缺少相关证据，本节并未就交通运输业与批发零售业从业人员对子女的安全教育更加重视的内在原因加以探讨。

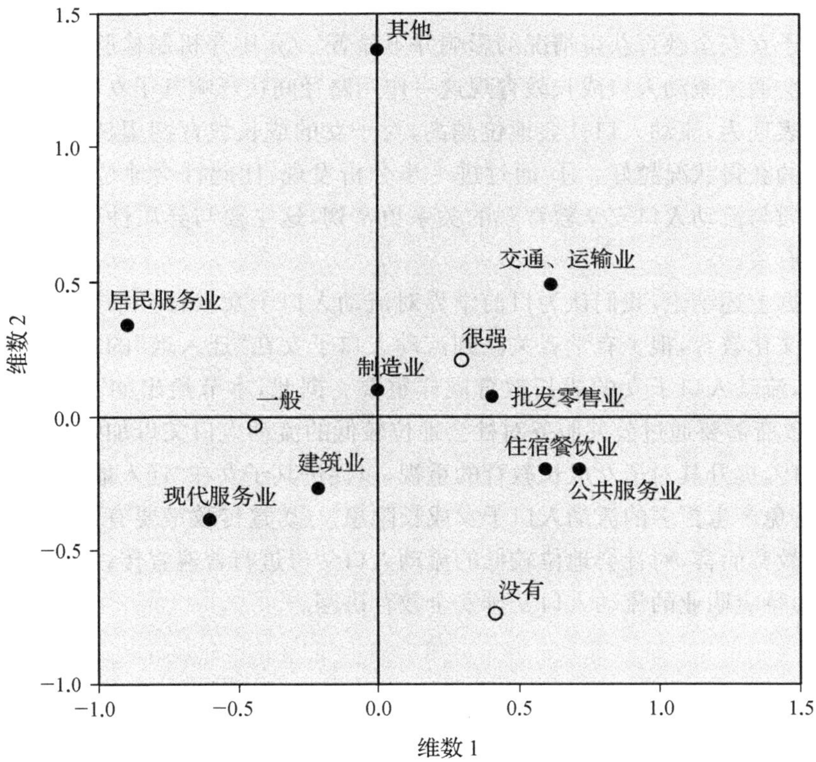

图 6-2-2　行业—安全教育需求对应分析图

五、基本结论与政策建启示

流动人口社会地位越高，子女在“迁入地”成长教育的获得状况会更好吗？本节基于 2013 年上海等七市联合调研数据，构造有序因变量模型和中介效应模型系统的剖析了父母社会地位对流动人口子女在“迁入地”成长教育获得情况的影响。在研究中，本节对社会地位与成长教育的内涵在以往学者的研究基础上都进行了拓展，以期获得更为全面的结论。

通过样本、理论与实证的三重分析，本节得出以下基本结论：① 当前我国流动人口子女在“迁入地”的成长教育存在着较为严重的缺失问题。近半数的流动人口子女从未获得过安全教育，有超过 70%的流动人口子女在“迁入地”从未获得过心理健康教育。② 从不同维度来看，父母社会地位对流动人口子女成长教育获得情况的影响具有异质性。在心理健康教育上，父母社会地位越高，流动人口子女心理健康教育的获得状况越好；在安全教育观问题上，父母社会地位对流动人口子女安全教育获得情况的影响并不显著。③ 中介机制检验结果显示，社会地位会通过流动人口成长教育观这一作用路径间接影响其子女成长教育的获得。其表现为，流动人口社会地位越高，对子女的成长教育期望越高，子女的成长教育的获得状况越好。④ 通过进一步分析发现，比起社会地位，职业性质与行业性质与流动人口安全教育观的关系更密切，这主要与异质性工种的岗前培训差异有关。

根据上述结论，我们认为目前学界对流动人口子女教育公平性的探讨往往局限于文化教育，很少有学者关注到流动人口子女在“迁入地”的成长教育。而事实上，流动人口子女的成长教育同样重要。据此，本节给出如下几点政策启示：① 政府需要通过公共服务对社会地位较低的流动人口父母加强关于儿童教育的宣传，提升其对子女成长教育的重视，以促进其子女在“迁入地”成长教育的获得，避免产生更多的流动人口子女成长隐患。② 宣传政策要有针对性。就心理健康教育而言，对社会地位较低的流动人口父母进行普遍宣传；就安全教育观而言，为特定职业的流动人口安排安全教育讲座。[①]

① 如流动摊贩、消费性服务业的服务人员等。

第七章 流动人口经济行为与阶层流动

在逻辑框架部分的分析中，我们认为城乡、区域差距是导致人口流动的重要原因，而通过流动获得就业、创业以及教育的机会是流动人口实现阶层跨越的重要途径。在这一章中，我们将完成本逻辑的最后一部分，探讨流动人口阶层流动的影响因素。我们将循着本书的逻辑线，基于2015年中国综合社会调查(CGSS)数据，尝试验证逻辑框架中的三大路径——就业、创业和教育——是否对流动人口的阶层流动产生影响，完成对本书中心观点的验证，并在研究结论的基础上从政府和流动人口群体两个视角提出缓解流动人口阶层流动困境的可行机制。

第一节 流动人口阶层流动的现实背景

李克强总理在2019年政府工作报告中强调，要切实保障基本民生，促进社会公平正义，改革发展成果更多更公平惠及人民群众。改革开放四十余年来，我国在取得一系列发展成果的同时也面临着社会结构的剧烈变迁，社会阶层固化现象日益加剧。阶层固化加剧了社会贫困与不公，拉大了贫富差距，严重阻碍了社会经济的可持续发展。因此，如何打破社会阶层固化分割，创造社会阶层流动的多元动力机制是新时期面临的重大社会难题(张明等，2016)。而流动人口作为弱势群体的代表，探讨其阶层流动的影响因素对于促进社会公平、破解阶层固化难题具有较为丰富的理论意义与现实意义。阶层流动作为社会经济运行的结果，其形成背后有着深刻原因，那么到底是什么因素影响了流动人口的阶层流动，哪些因素导致了流动人口阶层的固化？流动人口阶层流动与固化背后的原因是什么？这些问题构成了本研究的重点。

阶层流动是指社会中的个人或群体在其社会地位上的变动，一般分为代际流动和代内流动，前者指父代与子代之间职业地位或阶层位置的变化情况；

后者指个人在一定时间内所经历的职业地位或阶层位置的变化情况。就业状况及教育情况是影响流动人口阶层流动的重要因素。一方面，家庭就业状况越好，工资收入越高，越有可能拥有更好的生活条件与物质资源，从而获得更多的发展机会，从而实现阶层跨越（Moore，2005）。而创业作为自雇就业的一种特殊形式，在目前“大众创业”的浪潮之下，既成为个体乃至家庭实现阶层跨越的现实选择，又是促进社会公平正义与社会流动的迫切需要。研究创业对阶层流动的影响，对于促进社会公平与打破阶层固化具有较强的现实意义。另一方面，教育作为影响人力资本的重要因素，向来被认为是推进社会阶层流动、改善社会治理的有效工具（Blau 等，1967）。从代际传递的角度来看，父母的教育期望、文化素养、学习生活习惯等都会通过言传身教间接传递给子女，这进一步增加了拥有良好家庭背景的子代未来获得较高社会地位的可能（Constantin，2013）。

基于此，本章采用 2015 年中国综合社会调查（CGSS）数据，通过构建 ordered logit 模型实证研究流动人口阶层流动的影响因素，主要从就业、创业、教育三个角度实证分析就业状况、创业情况以及教育流动（父代与子代教育代际流动情况）对流动人口阶层流动的影响，并基于东中西部地区与农村和非农村地区的样本分别进行回归，进一步判断流动人口阶层流动影响因素发挥作用的异质性。我们最终发现，职业收入、创业与教育向上流动对社会阶层向上流动有着显著的正向作用，即收入的增加，自主创业与相比于父代的受教育水平提高使得流动人口社会阶层向上流动。本章的可能贡献在于以下两点：第一，在研究视角上，与以往考虑教育单一维度变量，例如是否接受高等教育、受教育年限等因素对于阶层流动的影响不同，本章考虑父代与子代教育代际流动情况对于阶层流动的影响；第二，在研究内容上，与以往研究大多集中在阶层代际流动方面不同，本章在对阶层流动划分为代际与代内流动的基础上，分别研究就业状况、创业情况、教育流动对两种阶层流动方式的影响，丰富了这一领域的研究。

本章的行文结构安排如下：第二部分进行理论机制分析，阐述就业、创业、教育对流动人口阶层流动的影响作用机制；第三部分对本章所涉及的样本、变量进行统计描述；第四部分构建有序因变量模型等进行实证研究并对结果进行分析解释；第五部分探讨流动人口阶层流动困境的破解机制；第六部分为本章的基本结论与政策启示。

第二节　流动人口经济行为与阶层流动的逻辑关系

一、就业与流动人口阶层流动

党的十九大报告指出，就业是最大的民生。对整个社会来说，就业是社会进行物质与精神财富创造的手段和方式；对个人来说，是人们获得生活来源、实现自身价值的重要手段。就业状况的好坏直接影响到个人及家庭的经济状况，从而对社会阶层的固化及流动产生重要影响。现有研究大多从收入状况、职业状况的角度来研究阶层代际流动。在收入方面，大量文献显示，从阶层代际流动的角度来看，父代与子代收入方面存在着较为严重的代际之间的传递现象，子女收入水平与父母收入水平存在着显著的正向关系（Solon，1992；Zimmerman，1992；Black 等，2011；王海港，2005；孙三百等，2012）。家庭收入情况将对社会阶层流动产生重要影响，一方面，收入较高的家庭拥有较为丰富的经济来源与较高的经济地位，面对子女教育等一系列投资决策时受较少的约束，能够为家庭成员提供更多的投资（Lefgren 等，2012），增加了家庭成员在未来获得更好生活条件的机会，为家庭成员在未来获得更高的社会地位提供可能，从而更有可能实现阶层向上流动（Moore，2005）。另一方面，贫困家庭处于社会的弱势地位，拥有较少的社会资本与金融资本，面临的投资决策约束较多，较难得到更好的发展机会，更有可能陷入贫困（D'Addio，2007），从而导致阶层固化。

除此之外，职业作为就业状况的重要反映，也会对阶层流动产生重要影响。现有研究将关注重点放在父代职业背景对子代职业层次的影响上，部分研究认为，子代职业地位与父代职业地位呈正相关，即父代社会职业地位越高，子代拥有较高社会地位的可能性较大（Dunn 等，2000；Case 等，2005；Behrman 等，2002），原因在于父母职业阶层较高家庭的子女更倾向于拥有较强的认知与学习能力，父母对子女的教育也更为关注，从而倾向于拥有良好的职业前景与更高的社会职业地位。另一部分关于职业代际流动的研究则关注于劳动力市场上普遍存在的“子承父业”现象，即职业的代际传承（周兴等，2014）。周兴等（2014）通过对中国城乡家庭代际间职业流动的研究发现，我国城乡各职业阶层代际职业传递性较强，且城镇家庭子女的职业随其职业生涯的发展有向父辈职业“回归”的趋势。这与部分研究观点相一致，都认为在许多职业中“子承父业”现象较为明显(孙凤,2006;Lentz 等,1992)。

在本章实证部分,我们主要分析就业收入对阶层流动的影响,并试图解释产生这一结果背后的原因。

二、创业与流动人口阶层流动

李克强总理在2015年政府工作报告中指出,“大众创业、万众创新”既可以扩大就业、增加居民收入,又有利于促进社会纵向流动和公平正义。创业作为就业的一种特殊形式,在“大众创业,万众创新”大背景下已成为激发就业活力、打破阶层固化的必然选择。现有关于创业对阶层流动的影响较少,张宇清等(2017)通过对多位青年草根创业者进行深度访谈,从精准帮扶、信贷支持、技能教育等多个方面为创业者创业成功提出了切实可行的政策建议,以求通过创业打破阶层固化。刘爱楼(2017)从父代与子代代际传递的视角出发,通过实证研究与案例分析方法研究创业绩效的影响因素,最终认为虽然创业是打破阶层固化、促进社会流动的重要工具,但阶层固化本身所带来的贫困人员在家庭资源禀赋上的代际传递作用会对这一过程形成抑制。从创业是否成功的角度来说,创业如果成功,则会为个人和家庭带来较多的经济收入,提高生活水平与社会地位,为自身及后代提供较多的发展机会,从而实现阶层的跨越;如果失败,则会导致一代人甚至是几代人的财力、物力、人力付诸东流,生活水平急剧下降,社会地位跌落谷底,“创业炮灰”的存在就是明显的例子。这些人有的本是有着稳定工作的高管白领,创业失败后不仅一无所有,还背负高额债务,社会阶层地位较创业之前明显下降,短时间内无法改变。

就我们所研究的流动人口群体来说,其创业面临的阻碍更多、困难更大,想实现创业成功更是难上加难。一方面,从流动人口自身角度来看,流动人口包含着大量的农民进城务工人员,这部分人员大多来自较为贫困的农村,其人力资本与家庭资源禀赋较低,缺乏创业所需的启动资金与其他社会资源,也不具备创业所需的一系列管理经验与专业技能,资源获取情况较差。现有研究表明,弱势群体中存在着父代向子代的四大贫困(知识贫困、经济贫困、关系贫困、权利贫困)传递,致使出身草根的青年创业者面临着极大制约(刘爱楼,2017)。另一方面,从外部环境的角度来看,第一,大城市高额的租金、物价、劳动力工资带来了巨大的创业成本,成为创业路上极大的障碍;第二,外来务工人员由于户籍制度等各种制度政策因素,在大城市创业往往面临一系列限制,且在其创业过程中容易受到本地人的歧视和排斥。由于社会保障体系的不健全,部分进城务工人员的社会保障甚至得不到有效落实，无法享受到大城市本地居民可以享受的一系列社会资源。如此种种，最终导致有的创业者对创业望洋兴叹，有的创业者创业失败，铩羽而归。然而，较低的家庭资源禀赋所带来的不仅仅是负面影响，出身贫寒对草根青年创业者也有着有利的一面，儿时较为艰苦的生活环境培养了创业者吃苦耐劳的品质与坚韧不拔的精神（刘爱楼，2017），这也正是创业所必需的品质。

在本章的实证部分，我们试图研究流动人口创业与否对于其阶层流动的影响，通过对回归结果的解释，进而判断创业对阶层流动发挥作用背后的主导因素与可能的原因。

三、教育与流动人口阶层流动

教育是推动社会阶层流动的重要因素，现有关于阶层流动的研究大多与教育有关。在中国，以学历程度为代表的受教育程度，早已成为反映一个人社会地位的标签与谋求更高收入的凭证（张明等，2016）。关于教育与阶层流动之间的关系存在两种观点：一是教育对阶层流动具有积极作用，教育可以促进代际阶层流动从而打破阶层固化（解雨巷等，2019）；二是教育对阶层流动具有消极作用，教育已成为优势阶层保持其子女地位的主要工具，可能会起到加剧社会阶层固化的作用（Constantin，2013）。支持教育能够促进代际流动从而打破阶层固化的可能原因在于，教育作为人力资本的重要来源，直接影响个人的经济地位，受教育程度的提高能够带来个体职业地位或社会地位的提升，从而进入更高的阶层，打破阶层固化。具体来看，受教育程度作为传递人力资本的一种信号，在劳动市场上发挥着重要的作用。根据信号传递理论，受教育程度较高的人往往传递出自身工作能力较强的信号，从而更容易获得雇主的青睐并获得更高的工资收入，进而提升家庭经济地位与社会地位，且高等教育学历不仅为最初的职业选择提供更多更好的机会，为未来的职业发展也提供着更为广阔的前景（杨志顺，2006）。在20世纪80年代高考刚刚恢复之时，考上大学成为许多人改变命运的选择，许多出身寒门的学子通过高考实现了自身命运的转变与阶层的跨越，一跃成为社会的中产阶层。蒋亚丽等（2015）认为，在目前我国社会阶层还未固化的情况下，高等教育依旧是农村学生转变自身社会阶层的重要途径：在公平的高考制度下，可以通过自身的努力实现向上层社会流动的目的。由此可见，教育对于促进社会阶层流动、打破阶层固化的积极作用。

然而，另一部分研究认为，教育对于社会阶层流动具有消极作用，甚至会加剧阶层固化（Constantin，2013），这主要是从父母教育背景与社会资源角度考虑的结果。教育机会的获得与父母的受教育水平、社会地位状况密切相关，一般认为，父母受教育程度越高，其子女越有可能拥有良好的接受教育的文化氛围(Stephens等，2012)，能享受到优越的初等教育调节(Lareau，2000)，并且父母往往能凭借拥有的社会资本为子女接受高等教育提供机会与条件(Ream等，2008)。此外，父母会通过潜移默化的方式影响其子女的学习习惯、生活方式，学历较高者的子女往往拥有良好的学习习惯与认知能力，辅之以良好的外部环境与社会资本的作用，其保持较高社会地位，成为精英的可能性更高。反之，那些父母受教育程度较低的家庭，拥有的社会资本与教育资源较少，子代鲜有社会阶层向上流动的机会(张明等，2016)，从而使教育成为优势阶层保持其子女地位的主要工具，起到了加剧社会阶层固化的作用。社会中的教育不公平现象进一步使得教育对于社会阶层的固化作用加剧。对于流动人口来说，其子女的教育机会、教育条件与城市同龄孩子相比存在着明显的不平等，由于户籍、区域等一系列限制，流动人口子女往往只能就读于师资、生源、教学条件等方面较差的偏远地区的学校或民工子弟学校(张红霞，2014)。这就使得本就出身文化水平较差家庭的子女想要通过读书改变命运变得难上加难，教育甚至成为加剧阶层固化的工具。

在本章的实证部分，与以往考虑受教育程度单一变量的影响不同，我们试图研究教育流动(父母与子女代际教育差异)对于阶层流动的影响，从而判断出与父母相比，子女教育程度增加或减少对于阶层流动的作用，并试图解释产生结果背后的原因。

第三节　流动人口经济行为与阶层流动分析的数据来源

一、数据说明

本章使用2015年中国综合社会调查(CGSS)数据，该调查是由中国人民大学发起的一项全国综合性社会调查。2015年CGSS项目调查覆盖全国28个省、市、自治区，共得到10 968个样本。由于本章研究对象为流动人口，根据流动人口的定义，流动人口是指离开户籍所在地的县、市或者市辖区，以工作、生活为目的异地居住的成年育龄人员。据此，本章选取CGSS调查中改变常住地但未改变户籍登记的样本，并剔除在本地只是短暂居住的人口，如探亲和学生放暑假回家，且为保证个体处于劳动力市场中，删除大于60岁的样本，最终筛选得到849个样本。

二、变量说明

（一）被解释变量：阶层代际流动

本章的被解释变量是阶层代际流动。借鉴解雨巷等（2019）的研究方法，被解释变量来自 CGSS2015 家户问卷中关于阶层认同的问题："在我们的社会里，有些人处在社会的上层，有些人处在社会的下层。最高 10 分代表最顶层，最低 1 分代表最底层。从 1 到 10 分排序，得分越高表示主观认同阶层越高。您认为您自己目前在哪个等级上？您认为在您 14 岁时，您的家庭处在哪个等级上？"根据该得分，将该问题的回答 1—10 分按每两分一级合并为 5 个等级，即一共分为 1—5 五个层级。当 14 岁时家庭所处层级低于目前所处层级时，阶层代际流动变量（y）的取值为 1，表示子代所处社会阶层低于父代所处社会阶层，即阶层向下流动；当 14 岁时家庭所处层级等于目前所处层级时，阶层代际流动变量（y）的取值为 2，表示父代和子代处于相同社会阶层，即代际传承；当 14 岁时家庭所处层级高于目前所处层级时，阶层代际流动变量（y）的取值为 3，表示子代所处社会阶层高于父代所处社会阶层，即阶层向上流动。

前文我们已将阶层流动界定为"阶层流动是指社会中的个人或群体在其社会地位上的变动"，对于上述问题的回答就表明了，被调查者对于自身家庭当前以及曾经社会地位高低程度的判断。根据被调查者对于社会地位高低程度判断的变化情况，我们构建出以上指标，以衡量流动人口阶层代际流动。

（二）核心解释变量：职业收入、是否创业、教育流动

1. 职业收入

为研究职业收入对阶层流动的影响，本章选取年度职业收入的对数作为解释变量，用 *income* 表示。

2. 创业选择

为研究创业对阶层流动的影响，设置创业选择变量即是否创业（*business*），取值方式为当工作状况为自己是老板（或者是合伙人）和个体工商户时取值为 1，除此以外的其余情况下取值为 0。

3. 教育流动

为考察教育代际传递情况对社会阶层流动的影响，设置教育流动变量

（*edu**）。选取父亲与母亲最高受教育程度作为衡量父代教育水平的代理变量，将子代最高受教育程度（*edu*）与父代最高受教育程度（*edumax*）分别赋值。受教育程度为小学及以下赋值为1、初中赋值为2、高中赋值为3、大学及以上赋值为4。当父代受教育程度赋值（*edumax*）大于子代受教育程度赋值（*edu*）时，教育流动变量（*edu**）取值为1，表示代际教育向下流动；当父代受教育程度赋值（*edumax*）等于子代受教育程度赋值（*edu*）时，教育流动变量（*edu**）取值为2，表示子代与父代受教育程度相同，即代际教育传承；当父代受教育程度赋值（*edumax*）小于子代受教育程度赋值（*edu*）时，教育流动变量（*edu**）取值为3，表示代际教育向上流动。

4. 控制变量

借鉴解雨巷等（2019）的做法，本章选取其他可能影响社会阶层代际流动的因素作为控制变量，包括性别（*gender*）、年龄（*age*）、婚姻状态（*marriage*）、身体健康情况（*health*）、住房面积（*housearea*）、有无参加医保（*insurance*）、有无参加养老保险（*pension*）、是否拥有家用小汽车（*car*）、居住地等变量。为排除极端值的影响，对住房面积（*housearea*）这一变量进行1%的缩尾处理。具体的变量定义见表7-3-1。

表7-3-1　变量定义

类　别	名　称	变　量	变量定义
被解释变量	阶层代际流动	y	具体定义见上文变量说明部分
	阶层代内流动	y_2	阶层代内流动的替代变量，具体定义见稳健性检验部分
解释变量	工资收入	*income*	年度职业收入的自然对数
	是否创业	*business*	当工作状况为自己是老板（或者是合伙人）和个体工商户两种情况下取值为1，其余状况取值为0
	教育流动	*edu**	具体定义见上文变量说明部分
控制变量	性别	*gender*	男性=1，女性=0
	年龄	*age*	2015年当年的年龄，即2015—出生年份
	有无参加医疗保险	*insurance*	有=1，无=0
	有无参加养老保险	*pension*	有=1，无=0
	婚姻状态	*marriage*	有=1，无=0
	身体健康情况	*health*	很不健康=1，比较不健康=2，一般=3，比较健康=4，很健康=5
	房屋面积	*housearea*	所居住住房的套内建筑面积
	是否拥有家用小汽车	*car*	是=1，否=0

（三）描述性统计

本章研究重点是职业收入、创业选择与教育流动这三个因素对于社会阶层流动的影响，但也不能忽视其他因素的作用，否则容易造成估计偏误，所涉及变量的基本描述统计见表 7－3－2。从中可以发现，社会阶层流动平均值为 2.32，中位数为 2，两者相差不大；职业收入平均值为 4.601，中位数为 4.602，两者较为接近；创业个体占样本总数的 19.1%；教育流动平均值为 2.565，中位数为 3；在控制变量方面，男性个体比重为 47.8%；59% 的样本个体参加了医疗保险；80.1%的样本个体参加了养老保险；72.7%的样本个体已婚；28.4%的个体拥有家用小汽车；其他控制变量均值与中位数也相差不大。总的来说，各个变量分布比较均匀，基本排除了极端值的影响。

表 7－3－2　变量的描述性统计

变　量	观测值	平均数	标准差	最小值	中位数	最大值
y	849	2.32	0.703	1	2	3
y_2	849	2.339	0.655	1	2	3
income	648	4.601	0.374	3	4.602	6
business	669	0.191	0.394	0	0	1
*edu**	849	2.565	0.607	1	3	3
gender	849	0.478	0.5	0	0	1
age	849	36.98	10.82	18	36	60
pension	849	0.801	0.4	0	1	1
insurance	849	0.59	0.492	0	1	1
marriage	849	0.727	0.446	0	1	1
health	849	4.027	0.922	1	4	5
housearea	849	77.03	57.26	8	70	400
car	849	0.284	0.451	0	0	1

第四节　流动人口经济行为与阶层流动的经济解释

一、模型设定

为研究流动人口阶层流动的影响因素，且由于被解释变量为有序多分类变量，本章在基础回归部分运用 Ordered Logit 模型进行研究，所构建的模型如下所示：

$$y_i^* = \alpha + \beta income_i + \gamma business_i + \delta edu_i^* + \varphi Z_i + \varepsilon_i \tag{7.1}$$

记为

$$y^* = \boldsymbol{x}'\boldsymbol{\beta} + \varepsilon \tag{7.2}$$

$$y_i = \begin{cases} 1, 若\ y_i^* \leqslant r_0 \\ 2, 若\ r_2 \leqslant y_i^* \leqslant r_1 \\ 3, 若\ r_1 \leqslant y_i^* \end{cases} \tag{7.3}$$

$$\rho r[y_i = j] = \begin{cases} F(r_0 - \boldsymbol{x}'\boldsymbol{\beta}) \\ F(r_1 - \boldsymbol{x}'\boldsymbol{\beta}) - F(r_0 - \boldsymbol{x}'\boldsymbol{\beta}) \\ 1 - F(r_1 - \boldsymbol{x}'\boldsymbol{\beta}) \end{cases} \tag{7.4}$$

其中，y_i 表示个体 i 阶层流动的模式，其中 $i=1,2,\cdots,n$。本章定义三种描述社会阶层流动的形式，即阶层向下流动（$y_i=1$）、阶层不变（$y_i=2$）、阶层向上流动（$y_i=3$）。y^* 表示潜变量，根据有序因变量模型的模型规则，y^* 表示潜变量，是包括职业收入（*income*）、创业选择（*business*）、教育流动（edu^*）以及其他控制变量在内的各变量的函数，y^* 是不可观察的。(7.3) 式表示 y_i 与 y_i^* 相关的取值方式，r_0、r_1 为待估参数，称为“切点”，本章被解释变量有三个取值，所以有两个切点。(7.4) 式表示对应于 y_i 取某个特定值的概率，其中，$F(.)$ 为 *Logit* 模型的链接函数，x 为包括职业收入（*income*）、创业选择（*business*）、教育流动（edu^*）在内的各解释变量，β 为相应的估计系数。建立 Ordered Logit 模型并采用极大似然法进行估计。

二、基准回归结果及分析

对上述模型进行回归，分别考虑职业收入（*income*）、创业选择（*business*）、教育流动（edu^*）及各个控制变量对社会阶层流动的影响，得到的回归结果如表 7-4-1所示。为规避由于区位因素而引起的回归分析中的偏误，本章将标准误聚类到省级层面。

表 7-4-1　基准回归结果

变量名	(1)	(2)	(3)	(4)	(5)	(6)	(7)
	y	*y*	*y*	*y*	*y*	*y*	*y*
income	0.469 4***	0.439 8***			0.404 3***	0.390 4***	0.405 6**

续　表

变量名	(1)	(2)	(3)	(4)	(5)	(6)	(7)
	y	*y*	*y*	*y*	*y*	*y*	*y*
	(0.135 7)	(0.138 5)			(0.155 5)	(0.150 4)	(0.160 6)
business			0.555 4***	0.444 5**			0.371 3*
			(0.208 0)	(0.201 3)			(0.218 8)
eduup					0.391 2**	0.417 3**	0.455 3**
					(0.193 9)	(0.207 6)	(0.218 7)
edudown					−0.128 0	−0.181 4	−0.098 8
					(0.420 3)	(0.410 3)	(0.465 2)
gender		0.039 6		0.118 9		0.025 7	−0.025 8
		(0.160 0)		(0.153 5)		(0.155 0)	(0.146 6)
age		0.000 5		−0.003 2		0.001 1	−0.003 0
		(0.006 3)		(0.008 3)		(0.006 4)	(0.010 1)
pension		0.077 8		0.275 2		0.053 0	0.064 5
		(0.214 9)		(0.203 2)		(0.213 2)	(0.221 3)
insurance		−0.194 7		−0.191 1		−0.240 0	−0.210 1
		(0.181 3)		(0.176 0)		(0.187 0)	(0.179 9)
marriage		0.457 0***		0.347 5***		0.478 6***	0.324 2**
		(0.126 8)		(0.125 1)		(0.129 2)	(0.157 4)
health		0.095 0		0.085 1		0.082 9	0.073 7
		(0.116 2)		(0.098 2)		(0.115 8)	(0.110 2)
housearea		0.003 8**		0.004 1**		0.003 8**	0.004 1*
		(0.001 8)		(0.001 9)		(0.001 8)	(0.002 5)
car		0.028 8		0.145 8		0.043 0	0.045 6
		(0.175 8)		(0.148 9)		(0.182 3)	(0.175 6)
*cut*1	0.338 3	1.525 6**	−1.569 8***	−0.343 4	0.178 1	1.382 9*	1.274 6
	(0.611 0)	(0.744 4)	(0.105 1)	(0.900 4)	(0.660 6)	(0.837 9)	(1.127 5)
*cut*2	2.394 6***	3.614 3***	0.571 9***	1.829 2**	2.252 0***	3.493 4***	3.434 8***
	(0.615 0)	(0.746 7)	(0.064 6)	(0.860 5)	(0.653 2)	(0.831 5)	(1.094 9)
居住地固定	Yes	Yes	Yes	Yes	Yes	Yes	Yes
观测值	648	648	669	669	648	648	584
Pesudo R^2	0.034 1	0.045 0	0.035 1	0.045 8	0.039 2	0.050 8	0.052 1

注：***、**、*分别表示在1%、5%、10%的水平上显著，括号内为标准误。下同。

表7-4-1前两列探讨了职业收入与社会阶层流动的关系。其中第一列表示只考虑职业收入与控制居住地、不控制其他变量时，从上述模型的回归结果可以看出，职业收入(*income*)的系数为正，且在1%的显著水平上显著。在控制各控制变量的影响后，职业收入回归系数依然为正显著，说明职业收入增加，社会阶层向上流动的概率增加，职业收入对阶层向上流动具有显著正向影响。正如前文理论分析中所指出的，收入增加，个人及家庭就会拥有更多的资源用于子女教育各项投资活动，所面临的资金约束减少，社会经济地位提升，

且容易获取更多的社会资源以获得更多的社会资本与更高的社会地位，实现阶层向上流动。

表7-4-1的第三列和第四列研究了个体创业选择对社会阶层流动的影响，可以看出，当不控制其他变量时，相比于不进行创业，创业的个体其阶层向上流动的可能性显著增加；在控制其他变量后，创业对阶层流动的提升效应依旧显著，从而表明创业对于社会阶层向上流动具有显著的促进作用。在经济转型升级新时期，创业已成为许多人改变命运的选择。虽然在创业过程中会面临各种风险，但是在“大众创业”浪潮之下，国家针对创业出台了许多鼓励支持政策，其中就包括大学生自主创业优惠政策、农民工返乡创业优惠政策等。具体来看，这一系列优惠政策包括税收减免、无息贷款等许多有效措施，这些措施有效减轻了创业者的负担，增强了创业者的信心与动力，大大减少创业初期的成本，使创业风险大为降低，有效解决了创业者创业资源不足的问题。对包括农民工在内的流动人口来说，这些政策为流动人口创业减少了壁垒、消除了阻碍，使其创业成功的概率大大增加。一旦创业成功，其经济地位便与之前大不相同，生活水平与社会地位大大提升，且有能力为自身及后代提供较多的发展机会，从而有可能实现阶层的跨越与向上流动。国家政策为创新创业营造了良好的社会环境，消除了创业路上的阻碍，这进一步有利于创业成功，从而发挥创业的阶层提升效应。

表7-4-1的第五列和第六列重点研究了教育流动对于社会阶层流动的影响，我们以教育代际传承($edu^*=2$)为参照组，可以发现，相比于代际教育程度不变的情况，代际教育向上流动对社会阶层向上流动具有显著的正向影响，而代际教育向下流动具有负向影响，但这一影响不显著。这说明了子女相对于父母受教育程度提升对社会阶层向上流动具有显著的正向作用，而当子代的受教育水平相比于父代更低时，其社会阶层更容易出现向下流动。教育作为人力资本的重要来源，在某种程度上决定了人的经济地位与社会地位，受教育程度较高，进入更高社会阶层的可能性越大，实证结果对此进行了进一步验证。这说明，在现阶段条件下，教育对社会阶层流动依然具有显著的正向作用，父代阶层较低的子代依然可以通过高等教育实现阶层向上流动。虽然前文理论机制分析部分表明，家庭背景对孩子的受教育状况有一定的影响，教育不公平现象依然存在，但总体来说，义务教育等各项教育政策还是为流动人口等弱势群体尽可能提供了较为平等的接受教育的机会，个体依然可以通过接受教育改变自身命运，教育作为实现社会阶层向上流动的途径的作用依然存在。

表7-4-1的第七列同时考虑职业收入、创业选择与教育流动对社会阶层

流动的影响，结果与单独考虑时相一致，进一步说明了职业收入、创业选择、代际教育向上流动对社会阶层向上流动的正向作用。在控制变量方面，只有婚姻状态（*marriage*）与房屋面积（*housearea*）对阶层流动具有显著影响。相比于未婚，已婚个体更有可能实现阶层的向上流动，这可能因为夫妻双方拥有的资源比单独一方多，且婚姻能给人带来情感交流与各项福利增加，从而使其社会阶层向上流动，提高其主观阶层认同（解雨巷等，2019）。而房屋面积对社会阶层向上流动也具有显著的正向影响，住房面积越大，实现社会阶层向上流动的可能性越大。这可能是由于面积较大的住房说明家庭财力雄厚，进而可以扩大社会交往范围，更有可能实现社会阶层向上流动。

三、城乡分样本回归

考虑到城乡结构存在差异，本章根据个体的户籍性质将样本分为农村样本和城市样本两类，分别进行回归，得到回归结果如表 7－4－2 所示。从中可以看到，与全样本基准回归不同的是，对农村样本来说，在控制一系列控制变量后，职业收入增加对其阶层向上流动并没有显著影响。这可能是由于农村样本中大部分个体收入来源依旧是农业，农业收入的增加可能进一步导致“子承父业”现象的加剧，使子孙后代继续从事农业活动，进而社会阶层不变，因此对阶层向上流动影响不够显著。而创业选择对农村样本社会阶层向上流动依旧具有显著正向影响，说明相比于不进行创业的农村样本个体，创业个体实现社会阶层向上流动的可能性更高。这可能是由于农村样本个体多从事一些较为低端行业的创业活动，如经营小餐馆、成为小个体工商户等，这样的行业风险较低，容易获得成功，从而实现经济地位的转变。且有利于农民工创业等一系列创业优惠政策的实施，极大地激发了农村人口创业热情，使其在创业时能够面临更小的阻碍，创业成功概率较大提升，进而促进社会阶层向上流动。对于教育流动来说，代际教育向上流动对阶层向上流动的作用并不显著，这可能与农村样本的家庭背景有关。相比于城市样本，农村个体拥有较少的社会资源与家庭背景，其子女更容易面临教育不平等现象而处于受教育的弱势地位，进而造成无法得到充足的教育资源。面对与城市地区教育资源的巨大差距，农村个体通过自身努力改变命运、实现阶层跨越的可能性降低，进而造成农村样本教育流动对社会阶层向上流动正向作用不显著。

表 7-4-2　农村流动人口样本阶层代际流动的影响因素分析

变量名	(1)	(2)	(3)	(4)	(5)	(6)
	y	y	y	y	y	y
income	0.699 2**	0.446 5				
	(0.276 7)	(0.299 5)				
business			0.671 8**	0.547 6*		
			(0.288 3)	(0.299 9)		
eduup					0.145 6	0.073 2
					(0.236 4)	(0.206 2)
edudown					0.000 8	−0.037 2
					(0.388 8)	(0.420 6)
gender		0.218 3		0.285 8		0.158 6
		(0.311 1)		(0.269 3)		(0.181 2)
age		0.002 3		−0.004 6		0.005 8
		(0.010 3)		(0.011 8)		(0.010 3)
pension		0.096 2		0.323 8		0.085 0
		(0.241 8)		(0.290 0)		(0.165 6)
insurance		0.121 2		−0.033 7		0.130 6
		(0.237 4)		(0.244 7)		(0.237 5)
marriage		0.325 1		0.079 1		0.292 2
		(0.202 9)		(0.186 7)		(0.210 2)
health		0.154 8		0.077 8		0.222 1*
		(0.162 4)		(0.127 8)		(0.122 7)
housearea		0.004 0*		0.003 8**		0.004 9**
		(0.002 1)		(0.001 6)		(0.001 9)
car		0.361 9		0.458 9*		0.308 7
		(0.237 2)		(0.245 8)		(0.225 9)
*Cut*1	1.999 1*	2.477 2**	−0.949 4***	−0.001 5	−1.031 0***	1.065 8
	(1.194 1)	(1.012 0)	(0.107 2)	(0.983 2)	(0.155 3)	(0.837 8)
*Cut*2	4.097 3***	4.622 1***	1.284 2***	2.278 3**	1.104 0***	3.265 3***
	(1.224 7)	(1.086 0)	(0.102 9)	(0.998 2)	(0.143 4)	(0.864 3)
居住地固定	Yes	Yes	Yes	Yes	Yes	Yes
N	351	351	373	373	481	481
Pesudo R^2	0.040 4	0.054 9	0.046 5	0.061 7	0.031 1	0.051 6

表 7-4-3 报告了城市地区的样本回归结果。从中可以看到，城市样本回归结果与农村样本有较大不同，对城市样本来说，职业收入对社会阶层向上流动具有显著的正向促进作用，职业收入发挥出显著的社会阶层提升效应。这与全

样本回归结果相一致，都说明了收入的增加、经济地位的提高有助于个体社会地位及社会阶层的提升。但对于创业选择来说，创业选择的回归系数并不显著，说明个体选择创业并不会带来社会阶层的有效提升，这可能与城市样本进行创业会选择一些风险较高的项目相关。这些项目风险较大，容易遭遇失败，且流动人口进城创业会面临一系列约束限制，创业失败概率更大，进而无法造成社会阶层的提升。教育向上流动（*eduup*）系数显著为正，且教育向下流动（*edudown*）系数显著为负，说明子代比父代受教育程度提升有显著的社会阶层提升效应，而子代比父代受教育程度降低会导致社会阶层的下降。这与前文的回归结果相一致，进一步说明了代际受教育程度提升对于社会向上阶层流动的正向作用。

表 7-4-3　城市流动人口样本阶层代际流动的影响因素分析

变量名	(1)	(2)	(3)	(4)	(5)	(6)
	y	*y*	*y*	*y*	*y*	*y*
income	0.455 9*	0.621 0**				
	(0.244 1)	(0.271 9)				
business			0.473 1	0.387 5		
			(0.315 5)	(0.321 2)		
*edu*3					0.445 1	0.550 8*
					(0.270 7)	(0.292 6)
*edu*5					−1.057 4	−1.026 6*
					(0.684 2)	(0.590 4)
gender		−0.209 3		−0.099 9		−0.112 1
		(0.225 9)		(0.218 8)		(0.174 8)
age		0.010 9		0.005 7		−0.003 4
		(0.010 1)		(0.012 2)		(0.007 9)
pension		0.068 9		0.337 0		0.073 1
		(0.381 4)		(0.352 8)		(0.354 8)
insurance		−0.559 6		−0.308 6		−0.540 9**
		(0.364 2)		(0.276 7)		(0.264 3)
marriage		0.512 0**		0.436 2**		0.617 8***
		(0.207 4)		(0.220 8)		(0.168 3)
health		0.025 9		0.070 1		0.088 7
		(0.138 6)		(0.176 1)		(0.121 5)
housearea		0.005 3*		0.005 1		0.005 1*
		(0.002 8)		(0.003 5)		(0.002 7)
car		−0.126 2		−0.024 4		0.141 9
		(0.208 3)		(0.196 7)		(0.189 1)

续 表

变量名	(1)	(2)	(3)	(4)	(5)	(6)
	y	y	y	y	y	y
*cut*1	−0.735 8	1.658 2	−2.780 6***	−0.871 5	−2.431 4***	−0.738 8
	(1.202 4)	(2.166 6)	(0.230 5)	(1.362 4)	(0.269 1)	(1.089 6)
*cut*2	1.366 8	3.829 6*	−0.634 0***	1.325 1	−0.329 1	1.441 7
	(1.141 7)	(2.089 8)	(0.087 7)	(1.298 0)	(0.277 5)	(1.015 0)
居住地固定	Yes	Yes	Yes	Yes	Yes	Yes
观测值	296	296	295	295	367	367
Pesudo R^2	0.069 4	0.090 5	0.073 1	0.088 2	0.031 1	0.051 6

四、地区异质性分析

为进一步分析不同地区社会阶层流动影响因素的差异，本章将全部样本按其所在省级行政区分为东部、中部和西部地区，将标准误聚类到省级层面进一步探讨地区间阶层流动的影响因素的差异。回归结果见表 7－4－4。从中可以发现，东部地区的样本回归结果与全样本基本一致，表明职业收入、创业选择、教育向上流动对社会阶层向上流动产生了显著正向影响。这可能与东部地区经济发展较快、法律制度较完善、社会经济环境较好有关，从而使得各项因素能够发挥有效的社会阶层提升效应。而对于中部地区样本来说，虽然职业收入与教育流动依旧表现为显著正向影响，但创业选择对社会阶层向上流动的效应不显著，这可能是因为中部地区经济发展水平落后于东部，缺少发展机会，且各项制度因素的相对落后也导致创业难以发挥有效的阶层提升作用。对于发展更为缓慢的西部地区来说，职业收入、创业选择、教育流动均无法有效促进社会阶层向上流动，这与西部经济发展水平较低、制度环境较差有着密不可分的关系。东部地区的家庭初始资源禀赋普遍优于中西部地区，且由于户籍制度等一系列限制，中西部地区更容易面临教育不公平、就业不公平现象，从而导致职业收入、创业选择、教育流动等因素无法发挥有效的社会阶层提升效应。这说明应促进公共资源在各阶层的公平分配，打破户籍制度导致的教育与就业不平等，维持社会阶层向上流动的渠道畅通，从而改善阶层固化，缩小不平等程度。

表 7-4-4　阶层流动影响因素分析的分地区回归结果

变量名	(1)			(2)			(3)		
	y			y			y		
	东部	中部	西部	东部	中部	西部	东部	中部	西部
income	0.400 3**	0.612 2	0.297 4				0.332 8*	0.737 1*	0.536 8
	(0.165 6)	(0.401 1)	(0.603 2)				(0.174 7)	(0.440 3)	(0.639 3)
business				0.433 4*	0.287 9	0.485 0			
				(0.221 1)	(0.777 7)	(1.044 5)			
eduup							0.467 2*	0.508 9*	−0.609 2
							(0.272 0)	(0.285 3)	(0.746 7)
edudown							0.374 5	−1.645 3**	−1.408 9**
							(0.479 6)	(0.667 5)	(0.656 0)
gender	0.011 0	−0.073 7	0.290 5	0.147 7	−0.011 7	0.188 6	0.006 3	−0.199 9	0.238 5
	(0.178 9)	(0.362 7)	(0.716 6)	(0.169 6)	(0.418 8)	(0.698 9)	(0.170 5)	(0.333 6)	(0.814 2)
age	0.001 8	0.018 2	−0.017 3	0.001 2	−0.005 8	−0.003 1	0.003 5	0.019 4	−0.022 3
	(0.005 9)	(0.021 3)	(0.026 1)	(0.008 5)	(0.031 3)	(0.031 4)	(0.006 0)	(0.022 7)	(0.025 9)
pension	−0.163 3	0.474 2	0.461 9	0.035 1	0.621 9	0.947 5	−0.168 0	0.458 3	0.516 0
	(0.186 0)	(0.703 9)	(0.750 7)	(0.164 8)	(0.750 4)	(1.143 4)	(0.197 5)	(0.632 6)	(0.739 3)
insurance	−0.086 9	−0.048 7	−1.124 8***	−0.081 8	−0.024 4	−0.987 3**	−0.129 2	−0.117 4	−1.166 1***

续　表

变量名		(1)			(2)			(3)	
		y			*y*			*y*	
	(0.216 5)	(0.442 2)	(0.293 3)	(0.216 5)	(0.509 0)	(0.448 0)	(0.238 2)	(0.388 4)	(0.382 6)
marriage	0.328 3**	0.797 7**	0.831 2	0.342 9***	0.583 0	−0.230 3	0.307 9**	0.736 3*	0.947 4
	(0.145 3)	(0.387 7)	(0.721 4)	(0.105 3)	(0.765 6)	(0.772 9)	(0.141 2)	(0.431 3)	(0.584 4)
health	0.030 0	0.350 1	0.377 7	0.066 4	0.231 8	0.292 0	0.019 2	0.462 9*	0.283 8
	(0.144 9)	(0.242 4)	(0.268 9)	(0.117 7)	(0.225 4)	(0.342 9)	(0.141 7)	(0.239 4)	(0.283 1)
housearea	0.000 5	0.002 2	0.023 0***	0.001 0	0.007 3***	0.021 2**	0.000 7	0.002 0	0.021 7**
	(0.002 3)	(0.001 9)	(0.008 9)	(0.002 5)	(0.002 3)	(0.008 8)	(0.002 3)	(0.002 0)	(0.009 4)
car	−0.036 6	0.673 8	0.323 7	0.105 8	0.579 8	0.601 2	−0.031 4	0.479 5	0.344 5
	(0.170 4)	(0.678 9)	(1.088 7)	(0.141 4)	(0.760 6)	(0.947 1)	(0.187 7)	(0.699 9)	(1.260 5)
*cut*1	0.643 8	4.410 9**	3.841 0	−0.905 7	1.032 4	2.697 0	0.579 0	5.112 4**	3.508 6
	(0.622 9)	(2.204 2)	(3.696 8)	(1.018 1)	(1.239 7)	(3.391 1)	(0.746 1)	(2.283 8)	(4.260 7)
*cut*2	2.623 6***	6.898 7***	6.478 8*	1.190 7	3.462 5**	5.402 8	2.578 1***	7.727 9***	6.205 7
	(0.589 9)	(2.278 7)	(3.932 8)	(0.952 6)	(1.357 5)	(3.535 2)	(0.682 2)	(2.405 7)	(4.529 2)
居住地固定	Yes	Yes	Yes	Yes	Yes	Yes	Yes	Yes	Yes
观测值	448	119	81	484	108	77	448	119	81
Pesudo R^2	0.021 4	0.112 1	0.204 8	0.021 8	0.120 6	0.185 9	0.027 2	0.143 5	0.217 8

五、稳健性检验

为进一步验证前文实证结果的稳健性，本章在此部分进行了如下稳健性检验：将被解释变量阶层代际流动（y）替换为阶层代内流动（$y2$）重新进行回归，得到的回归结果见表 7-4-5。阶层代内流动指个人在一定时间内所经历的职业地位或阶级阶层位置的变化情况。其取值方式来自 CGSS2015 家户问卷中关于阶层认同的问题，与阶层代内流动的取值方式相似，分别将“您认为您自己目前在哪个等级上?”“您认为您十年前在哪个等级上?”两个问题按每两分一级合并为 5 个等级。当十年前所处层级高于目前层级时，代内流动变量（$y2$）取值为 1，即代内阶层向下流动；当两者相等时，代内流动变量（$y2$）取值为 2，即代内阶层不变；当十年前所处层级低于目前层级时，代内流动变量（$y3$）取值为 3，即代内阶层向上流动。从回归结果可以看到，各模型主要回归系数符号及显著性基本不变，进一步验证了上文的结论：职业收入、创业选择、教育流动对社会阶层向上流动具有显著的正向作用。

表 7-4-5　稳健性检验结果

变量名	(1)	(2)	(3)	(4)	(5)	(6)
	$y2$	$y2$	$y2$	$y2$	$y2$	$y2$
income	1.184 8***	1.006 9***			1.117 3***	0.390 4
	(0.254 3)	(0.271 5)			(0.257 0)	(0.264 6)
business			0.192 6	0.200 8		
			(0.216 2)	(0.220 9)		
*edu*3					0.377 4**	0.417 3**
					(0.177 3)	(0.176 7)
*edu*5					−0.011 2	−0.181 4
					(0.357 4)	(0.384 7)
gender		0.090 0		0.250 7		0.025 7
		(0.167 6)		(0.156 9)		(0.167 2)
age		−0.027 5***		−0.031 5***		0.001 1
		(0.009 1)		(0.008 9)		(0.009 2)
pension		−0.196 2		−0.026 7		0.053 0
		(0.237 0)		(0.227 7)		(0.235 9)
insurance		0.214 8		0.369 6*		−0.240 0
		(0.197 8)		(0.192 2)		(0.198 8)
marriage		0.412 9**		0.326 2*		0.478 6**

续　表

变量名	(1)	(2)	(3)	(4)	(5)	(6)
	y2	y2	y2	y2	y2	y2
		(0.185 2)		(0.183 6)		(0.186 8)
health		0.106 5		0.114 9		0.082 9
		(0.105 2)		(0.102 3)		(0.094 7)
housearea		0.002 7*		0.003 4*		0.003 8**
		(0.001 6)		(0.001 7)		(0.001 7)
car		−0.036 8		0.227 5		0.043 0
		(0.200 5)		(0.187 2)		(0.198 4)
*cut*1	4.005 0***	3.315 8**	−1.244 5***	−1.021 4	3.884 1***	1.382 9
	(1.207 6)	(1.432 5)	(0.458 9)	(0.775 5)	(1.208 6)	(1.488 2)
*cut*2	6.600 7***	5.961 7***	1.327 6***	1.628 1**	6.495 0***	3.493 4**
	(1.226 9)	(1.459 4)	(0.459 5)	(0.786 5)	(1.226 2)	(1.495 5)
居住地固定	Yes	Yes	Yes	Yes	Yes	Yes
N	648	648	669	669	648	648
Pesudo R^2	0.045 9	0.058 6	0.021 9	0.045 8	0.050 2	0.062 4

第五节　流动人口阶层流动困境的破解机制分析

阶层流动与和谐社会之间具有密切的关系，一个和谐的社会需要社会各阶层公平合理的阶层流动。和谐的社会又是一个公平的社会，它需要兼顾社会各阶层利益，尤其是社会底层利益，使其实现正常的向上的社会流动。在自由相对有余而平等相对不足的时代条件下，出现了大批流动人口，而这些流动人口大多处于社会底层。社会底层能否实现公正合理的社会流动显得尤为重要，是对我们党和政府的执政能力与执政合法性的重大考验。因此，从公平和建立和谐社会的价值目标出发，建立和完善底层群体向上的社会流动机制，便成为政府制定政策和社会发展的重要价值取向。本章将围绕流动人口阶层流动困境的现状，深挖其原因并构建相应的破解机制，以期为共建和谐社会建言献策。

一、流动人口阶层流动困境的原因探析

数据资料显示，我国流动人口的阶层流动可以总结为“单层流动频繁，多层

流动困难”，难以实现由底层到上层的阶层流动（庞强，2016）。对这一困境的分析需要把握阶层流动的动态本质，从社会阶层的划分依据入手寻找根源。随着市场经济体制的完全确立，各阶层在社会结构中的位序也趋于定型，其中，职业与社会阶层表现出日益密切的联系。在微观调查中，人们对社会地位的评价大多从三个朴素但极具代表性的问题出发考虑，分别是“有钱吗？”“有权吗？”“有文化吗？”，陆学艺（2002）在此基础上提出了以职业为基础，以经济资源、组织资源和文化资源为依据的社会阶层划分方法。这一划分方法结合了我国实际情况，被众多学者所引用。根据这一理论，流动人口阶层流动遭遇困境即是在获取经济资源、组织资源和文化资源方面受到了阻碍。此外，对于个人而言，只有向上的阶层流动才具有实质意义，但对于社会而言，向上和向下的阶层流动都是有意义的，没有向下的社会流动，向上的社会流动就会缺乏可持续性。因此，在分析过程中还应考虑不同阶层的相互关系，不能仅局限于流动人口阶层本身。现有研究不乏对阶层流动困境的讨论，内容涵盖宏、中、微三个层面，各有所长，也各存在假设命题的合理性争议和综合视角总结的缺乏。结合这些研究，本部分将针对流动人口阶层流动困境背后的动力机制进行理论分析和逻辑整合，从资源分配，就业（创业）、子女教育投资的关键经济行为以及阶层间关系入手，从四个方面展开论述：

（一）附着于户籍制度的资源分配壁垒

户籍制度不仅具有城—乡二元性，而且具有本地—外来的双二元性。户籍制度以人口管理为目标登记个人信息本无可厚非，但是超出人口区分和管理的范畴，以户籍为标尺分配资源、服务和福利则会对社会造成负面影响。初看，它似乎是流动人口遭遇阶层流动困境的制度根源，但事实并非如此。例如，美国允许人口自由流动，但人们并没有都去教育条件较好的东、西海岸地区。又比如，我国很多城市（除了北京、上海等特大城市）都放开了户籍限制，但并未解决阶层流动问题。这是因为户籍制度并不是原罪，阻碍流动人口实现阶层流动的应该是附着于户籍制度的资源分配壁垒。在双二元户籍制度背景下，人们不仅被区分出城市人口和农村人口，而且还要被追溯到具体来自哪个省份，哪座城市的城市人口或是农村人口，由此形成本地城市人口、本地农村人口、“城—城”流动人口和“乡—城”流动人口四类具有高低等级之分的群体，如图 7-5-1 所示（杨菊华，2017）。

本地城市户口的居民、本地农村户口的居民依次处于核心与半核心地位，流动人口按“城—城”流动和“乡—城”流动依次处于半边缘和边缘地位。这种格局

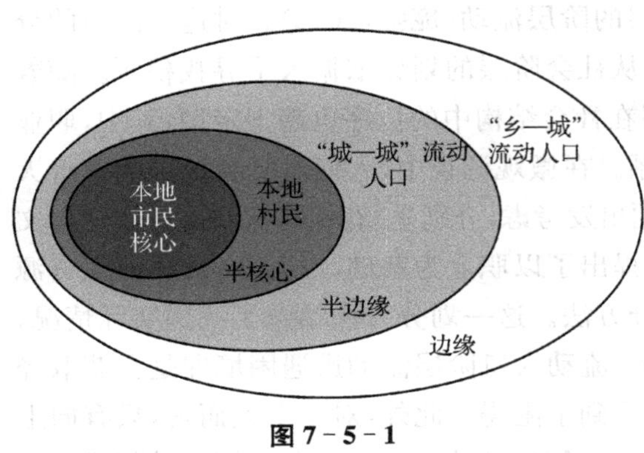

图 7－5－1

渗透到经济生产和日常生活的各个领域，造成城市和农村的断裂、市民和农民的鸿沟，本地和外来的隔离。尽管没有任何制度条文明确规定这一社会等级顺序，但无论是本地人口，还是流动人口都明确清楚自身在这一等级序列中的位置，并且这种自我认知严重影响了本外地人口的交往互动。更多的社会资源聚集在本地人口的手中，流动人口难以建立起与本地人口正常的社会交往关系，就无法获取支持阶层流动的资源补给。当然，更为重要的是附着于双二户籍制度上的各类衍生福利政策，这些衍生制度带来的便利，即便流动人口努力融入流入地区也无法获得。诚然，当市场力量发挥主要作用，即个人禀赋占主导地位时，"城—城"流动人口或许可以凭借优势超越本地农村人口占据半核心地位，但是当涉及稀缺资源分配时，本地农村人口的优势立刻体现出来。城市化的发展对本地农村人口的影响不可小觑。本地农村人口可能因为一项新的城市化发展政策而一夜越级成为"新富"群体，"城—城"流动人口望尘莫及，而处于底层受到双重制约的"乡—城"流动人口更不必说。

（二）差序格局和代际传承

"差序格局"是著名社会学家费孝通先生对中国传统乡土社会人际关系的长期研究而提炼出的经典理论。该理论将个人的社会关系比喻为石头落入水中时形成的一圈一圈涟漪，以已为中心，由小到大扩散开去，按照距离远近划分亲疏。与西方个人本位的社会关系结构不同，中国的人际关系以团体形式存在，以宗法群体为本位，差序格局是对这一中国传统文化影响下的社会关系网络的精妙总结。中国社会的个人社会关系网络亲疏远近，层次分明，即使步入工业化时代，即使历经市场化改革，直系血缘关系比之西方社会而言依然具有不可忽视的社会资源的支配力量。阶层流动的影响因素可以分为先赋因素和后致因素两类，当先赋因素占据主导地位时，差序格局所形成的社会关系网络作为承载着一个人所拥有的社会资源的载体，就会通过代际传承不断形成中国社会的"阶层固化"之势，阻碍正常的阶层流动。

在差序格局和代际传承的视角下，流动人口遭遇阶层流动困境不足为奇。

虽然市场经济正逐步将传统的大家族式的生活模式转化成一个个核心家庭，但父系亲族和母系亲族仍然是个人社会资本中最重要的组成部分，对社会资源的获取具有重大影响。一般而言，流动人口均来自经济欠发达地区，家庭背景等先赋条件的不足使其同时面临机遇与经济资源的匮乏，而贫困环境中形成的"贫困文化"，如对教育的轻视、对社交的恐惧以及得过且过的生活态度都会进一步阻碍其发展。反观上层阶层的情形，他们拥有优越的经济资源、组织资源和文化资源，并且能够利用这些资源规避市场的支配关系和竞争规律所带来的风险，从而在社会流动的过程中天然处于优势地位。不仅如此，为了进一步巩固自身地位，保护现有的财富、资源和声望，上层阶层还会出现利益结盟现象，并将这种结盟连同优势地位尽可能以代际传承的方式继承下去，抵御下一阶层的挑战行为。因此，差序格局和代际传承使得富者更富，贫者更贫，流动人口难以向上流动。

（三）教育资源分配不公

文化资源是支撑阶层流动的三股力量之一，其重要性从各地兴起的学区房可见一斑，而学区房本身也是教育资源分配不公的表现。一个有趣的现象是，越是上层阶层的人群越重视子女教育问题，甚至在孕育下一代之前已经开始为学区房而四处奔波。流动人口，特别是"乡—城"流动人口反而省却了这方面的烦恼，他们的子女大部分早早辍学在家，一是生活条件所迫不得已打工补贴家用，二是在不少流动人口家长的眼中教育的力量受到了质疑。然而，问题的根源还是在于教育资源分配的不合理性，使得流动人口家庭教育资源的投入产出比过低。图 7－5－2 是教育资源在流动人口之间的分配图。

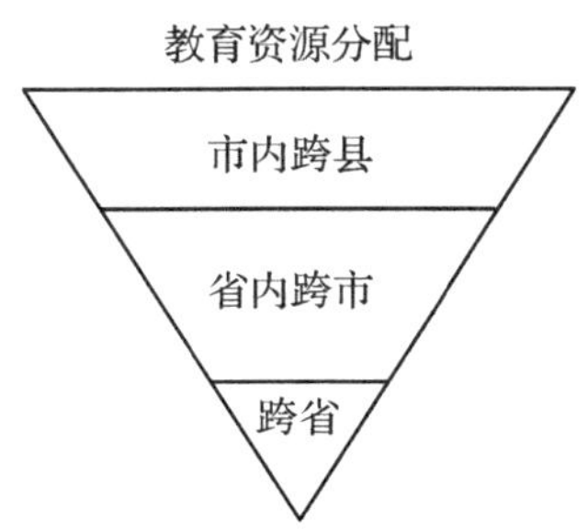

图 7－5－2　"内外之别"与教育资源分配

从图中不难发现，对于流动人口而言，跨越区域越大，受到的教育资源排斥越严重。教育资源优质的地区，往往拥有更为严格的入学条件和更高的门槛。就拿学区房为例，不少师资力量雄厚的学校只招收学区房内家庭的子女，而学区房仅从高房价方面就在经济上淘汰了一大批流动人口家庭，更不必说这些流动人口家庭在户籍制度方面是否具有买房资格。流动人口家庭普遍的选择是将子女送入私立学校，甚至民工子弟学校。这些学校大都是被当地生源筛选过的学校，很难判断到底是学校引领流动人口子女成长，还是流动人口家庭为学校继续生存提供了资金。

（四）上层阶层的抵御行为

理想的阶层流动模式应当呈现扁平的“＞”型与“X”型，如图 7－5－3 所示（庞强，2016）。扁平化强调阶层流动的有序性和稳定性，并不反对跨越式的阶层流动，但跨越式的阶层流动过多不利于社会稳定。“＞”型与“X”型强调理想的阶层流动模式应为对流模式，既有向上的阶层流动，也有向下的阶层流动，相互置换，从而保持平衡。

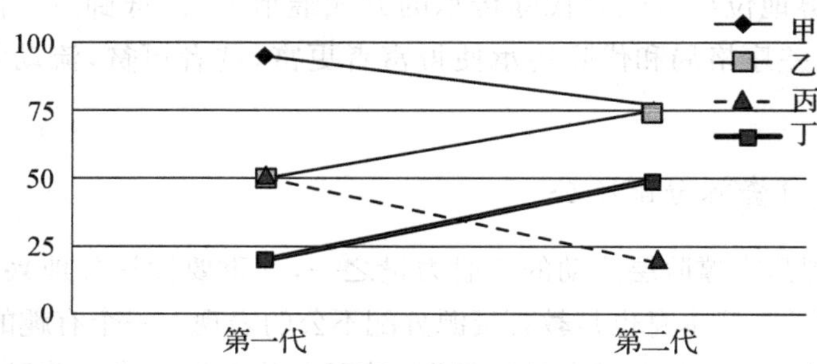

图 7－5－3　社会阶层流动理想模式

根据精英循环理论，随着社会的发展，旧式精英难以兼具各种不同的品质，因而缺乏必要的适应性和灵活性，不再适合于社会发展。这时处于下层的具有更高水平的人开始崛起并挑战上层精英，下层优胜精英进入上层，上层低劣精英淘汰至下层（张群梅，2012）。然而，在精英循环的过程中，旧式精英不会主动放弃现有的社会地位，而是会利用已经形成的利益网络阻碍潜在优胜精英的挑战。将这一理论应用于流动人口阶层流动的困境分析亦如是，流动人口的向上流动必将伴随相应人口的向下流动，因此，处于比较优势地位的流入地居民很难不把流动人口视为潜在竞争者，并进行抵御行动，如同工不同酬、严苛的落户政策、复杂的子女入学手续等。

二、流动人口阶层流动的破解机制

流动人口持续增长是现代社会发展的重要标志。对流出地而言，减轻了人口对土地的压力，缓解了农村就业紧张的问题，而外出人口带回的资金、技术、信息、经营管理经验、新的价值观念等，为流出地的发展注入了活力，对流出地经济步入现代市场经济发展的轨道起了催化、启蒙、带动作用。对流入地而言,流动人口促进了我国城市化和工业化进程,推动了市场经济发展和体制改革的深入,解决了流入地的劳动力供给结构性不足。虽然社会舆论对流动人口的消极方面关注比较多,但其积极意义是主流,承认流动人口的积极影响是矛盾的主要方面,辩证地把握其消极方面,做到趋利避害,是我们对待流动人口问题的应有态度(张肖敏,2006)。当前,流动人口阶层流动困境是诸多流动人口问题得不到妥善解决的典型后果,一个社会要想保持和谐、稳定而富有活力,必须拥有较为畅通的阶层流动渠道,因此,流动人口的阶层流动问题应当引起多方重视,而不是在盲目排斥中消极对待。

根据上文实证检验的结果,结合实际情况与相关理论分析,我们尝试从影响阶层流动的先赋因素和后致因素出发构建流动人口阶层流动的破解机制。先赋因素是流动人口与生俱来的一些因素,如家庭背景、性别、宗教信仰与户籍等。这些因素不受个人控制,也无法为个人所改变,但通过宏观调控,由政府部门出面情况就会有所不同,如推进城市化可以改变个人的家庭背景、户籍等,完善社会保障制度可以在横向缩减收入差距,创造就业机会和提供平等的教育资源可以弥补先赋因素不足的缺陷。后致因素是指流动人口可以通过后天努力获得的一些因素,如文化水平、个人的阅历、看待问题以及分析问题的能力等。后致因素在阶层流动中的作用日益显著,这部分只能依靠流动人口自发努力。综上所述,本书针对阶层流动的先赋和后致因素构建了从宏观到微观,从政府部门政策制定到流动人口自我管理的双重路径,破解流动人口阶层流动问题,下图为对应的破解机制图。

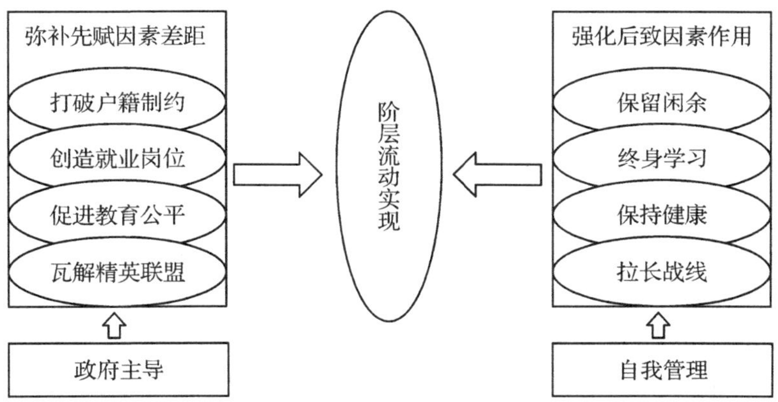

图 7-5-4 流动人口阶层流动困境的"双路径"破解机制

（一）以政府为主导，弥补流动人口先赋因素的不足

从宏观角度看，中国当前的社会现实是市场经济、多种所有制、传统与现代乃至后现代并存，由此而出现的阶层关系既有对立、冲突等，又存在各种千丝万缕的竞争、合作、共谋等现象。所以，中国社会的阶层关系是复杂的，寻找流动人口阶层流动的破解机制时，不应该用孤立片面的眼光看待问题，而应将其置于社会各阶层相互影响、相互依存的大框架中。要想拓宽流动人口阶层流动的通道，必须给予社会上层足够的生存空间和稳定的发展环境，促进社会中层的成长和壮大，同时保证弱势阶层的基本生存和发展权力。只有兼顾社会各阶层的合法合理权益，才能在帮助流动人口实现向上的阶层流动过程中不至于遭遇过多阻碍。根据社会现状观察和上文实证研究，我国的社会发展制度可以在如下几方面进行必要的调整：

1. 从实质上打破户籍制度的本源性制约及其衍生制度的直接排斥

2014 年 7 月 30 日，国务院《关于进一步推进户籍制度改革的意见》宣布我国取消农业与非农业户口的区分，这本是一项制度进步，但地方政府在具体的实施过程中由于种种原因并未发挥这一制度应有的效果。打破户籍制度不是停留在由“农民”到“市民”称呼上的以旧换新，而是要逐步弱化或剥离附着于户籍上不平等的公共服务和福利待遇，缩小区域间、不同规模城市间及城乡间的发展差距，特别是给予农民工同城待遇，从而真正实现城乡一体化，缓解二元经济结构在流动人口向上阶层流动过程中的阻力。

在政策上，政府部门应当改革城乡二元保障体系，逐步并加快建立城乡一体的社会保障制度。社会保障制度的核心价值理念是公平，维护社会公平正义、缩小社会不平等是社会保障制度的天然使命（郑功成，2010）。社会保障制度能够通过国民收入在不同社会阶层间进行再分配，从而缓解贫富差距，纠正贫富差距扩大化的趋势。正如“福利经济学之父”A.C.庇谷（2009）所持观点，社会保障或社会福利制度安排能够缩小社会阶层差距。一般而言，流动人口总是从农业地区向非农地区转移，从经济落后地区向经济发达地区转移，因此，与流入地居民相比，流动人口在经济、文化以及社会资本方面处于劣势。将流动人口统一纳入流入地社保体系，享受与本地居民同等的社会保障待遇，能够在一定程度上改善流动人口生活状况。布劳—邓肯的地位获得模型用先赋因素和后致因素归纳影响社会地位获得的诸多影响因素。传统社会中社会地位的决定性因素是先赋因素（李路路，1999），而经历过市场化改革的今天，后致因素的作用日益凸显（莫艳

清等,2013)。城乡一体化的社会保障制度在向弱势群体、贫困阶层倾斜的过程中,使流动人口从权益得不到保障,到拥有医疗、失业、养老等各类保险;从人力资本缺乏,到获得充足的教育、培训机会;从住房没有着落,到获得住房津贴、拥有廉租房等。凡此种种,均能够部分弥补流动人口先赋因素的不足,从而提高流动人口社会地位获得的可能性,并助力其向上的社会阶层流动。

在实施过程中,我们需要团结各个阶层,调动社会力量承担相应责任。建立城乡一体的社会保障制度,短期看受益的是流动人口和弱势群体,但从长远角度出发最终受益的还是全体居民。当看到贫困者不会流落街头,有基本生存保障,整个社会的生存心态就会平和许多,不会被一种莫名的焦虑所萦绕。社会流动有助于形成公正、合理、开放的社会结构。本地居民盲目的排外和反对同流动人口分享政策福利的最终结果是政策改革推行受阻,因而在贯彻实施城乡一体的社会保障制度时,应当普及宣传教育,旨在使社会各阶层了解政策目的的本质,帮助相关政策落实到位,甚至获得社会力量的自发支持。国家是现行社会保障制度资金的最主要来源,但单靠政府的力量是远远不够的,各慈善机构、志愿组织、社区组织、非政府组织都可以发挥作用,如能充分调动便可以更全面地造福于弱势阶层,形成社会阶层平稳流动的和谐局面。

2. 把创造就业机会,促进流动人口就业作为国家经济发展的重要目标

就业问题始终是我国今后相当长时间内面临的一个严峻的社会问题和经济问题。缺乏充足的新的就业岗位和机会,首当其冲的就是流动人口就业问题,更罔论实现向上流动(王申贺,2007)。在解决流动人口就业方面,政府部门不仅要努力创造就业岗位和机会,统筹城乡劳动力市场,促进有序就业,还要加强流动人口技能培训,提升就业层次。

首先,加快城市化进程,增加就业容量。城市化使大量农村劳动力涌入城市,在城市化发展初期会加剧城市的就业压力,但随着城市化发展的深入和成熟,有利于解决体制矛盾和拉动就业,特别是服务业的发展。现阶段,流动人口就业问题本质上是城市化不成熟的表现。各级政府应当加快城市化进程,从两个方面缓解流动人口就业问题:一是推动农民市民化,改革附着于户籍上的就业机会分配政策,使流动人口在城乡开发和机会均等的基础上,通过自由选择流动与否而普遍实现对发展机会和幸福生活的追求过程;二是推动产业结构调整升级,尤其是利用服务业行业多、门类广、劳动密集型等特点,吸纳更多的就业人群,缓解流入地就业压力,进而使流动人口具有更多就业选择。

其次,统筹城乡劳动力市场,促进就业公平。在解决流动人口就业问题方

面要始终坚信市场机制的力量，通过市场机制提高资源分配效率，促进高效就业。此外，政府部门要发挥监管和补位的作用，平衡协调劳资关系，坚决清理和制止向城市流动人口收费和变相收费行为，清理和废止城市流动人口的就业歧视和限制政策。面向流动人口的法律援助制度应当建立起来，并且成为保护流动人口合法权益的坚强后盾。具体的实施可以参考有关地方实践，如设立了“外来务工人员法律援助工作站”“咨询投诉站”等，方便农民工来访、咨询并及时受理法律援助申请。各级政府也可以考虑建立农民工法律援助专项资金，进一步加大对法律援助工作的投入，专用于为农民工办理法律援助案件、开展法律咨询活动、普法教育等开支，为法律援助机构开展农民工维权工作提供经费保障。

再次，构建跨区域公共事务协调平台，引导流动人口有序就业。针对我国劳动力市场信息不对称和中介机构发育缓慢的现实情况，加强行政领导力度是解决流动人口就业问题的重要一环，具体实践可以考虑搭建跨区域公共事务协调平台。在打破不同区域行政壁垒的基础上，通力合作对经济欠发达地区、劳动力过剩地区(多为农村地区)加强劳动力输出管理，建立已流出人口和潜在流出人口的台账，统计家庭状况、个人基本信息和目前流向或意愿流向等信息。由流出地政府部门牵头与各目标流入地政府合作，在目标流入地建立专门的信息登记和发布中心，以积极“走出去”的态度将潜在流动人口的基本情况和求职信息向各大经济发达地区发布。由流入地政府主导，考察本地区劳动力结构和招聘需求，以“请进来”的方式到各欠发达地区定期开展招聘会。根据招聘会结果和与流出地政府部门交接交流流动人口台账，流入地政府部门应当提前评估潜在流入人口将对本地区形成的基础设施、住房、交通、供水、供电等方面的压力，落实以现居住地为主的管理责任制，在制定规划、健全制度、加大投入等方面充分考虑流动人口的因素和影响，做到未雨绸缪、对症下药。

最后，加大人力资本投资力度，提升流动人口就业层次。从培训种类的角度看，简单培训有助于迁移劳动力再流动，但对其技能提高和工资收入的影响不大，短期培训和正规培训则对其技能提高和工资收入有着重要的决定作用(王德文等，2008)。前者也是现代企业不愿意开展员工培训或员工培训流于形式的重要原因之一。因此，今后的培训工作除了继续做好对迁移劳动力引导性培训外，政策着力点应逐步考虑向短期培训和正规培训倾斜，提高迁移劳动力的技能素质和收入创造能力。关于培训支出，应当由政府、企业和社会共同分担，并建立监督与激励机制，激励措施在于充分调动用人单位和各类教育培训机构的积极性，多渠道、多层次、多形式地开展培训，监督措施在于确保职业培训是根据劳动力市场供需变化、企业生产和社会发展的需求，有针对性地展开且能够产生培训效果。关于培训实践过程，现有的企业培训存在强制劳动力有偿参加培训的行为(张肖敏，2006)，为此，政府部门可以搭建迁移劳动力培训网络或成立各地培训办公室，迁移劳动力培训中心总部利用信息平台系统，将培训信息与劳动力通过电脑和手机终端发送的培训需求信息进行匹配，并结合考虑各地培训任务承受能力，从而最终生成培训安排表。经迁移劳动力培训中心总部通过信息平台系统发布给迁移劳动力，允许迁移劳动力自主选择培训机构、培训内容，防止和纠正强制农民参加有偿培训的做法。

3. 学校教育与家庭教育双管齐下，努力实现教育公平

从古至今，多少贫苦学子通过读书学习实现了“朝为田舍郎，暮登天子堂”的梦想，鲜活的例子一再证明教育是提升社会地位、实现向上流动的重要途径。在破解流动人口阶层流动困境的过程中，要看到教育的重要性，也要看到流动人口子女不仅包含跟随父母外出的那一部分，也包含留守部分。政府部门应立足于全体流动人口子女的角度，着力从学校教育和家庭教育两方面入手最大限度地发挥教育应有的功能。

对于学校教育，政府部门应以整合教育资源、努力实现教育公平为工作目标。在硬件投资方面：一是要扩大投资内涵，不仅包含学校、放心小食堂等基础设施建设，还包含针对经济落后地区复杂地形地貌和贫困家庭的教育基金等方面的投资，保障教育资源切实可得；二是要改革城乡教育投入分配模式，发达地区以地区政府为投入主体，教育落后地区以中央财政为主，这样有助于减轻经济落后地区财政压力，缩小教育基础设施投入差距。在师资力量方面，政府部门可以设置教师职业水平评价等级体系，建立师资力量数据库以了解现有教师人数和各自能力水平，根据数据库统计资料，从经济利益和人事制度上确保各地师资力量相对均衡，采用轮换制、聘任制等灵活方式，给落后地区的学校派遣优秀师资，尽量给底层人群打造一个公正的教育平台。在办学方面，民办学校招生政策由董事会决定，公办学校招生由举办者、举办者同级立法机构成员代表、校长、教师代表、家长代表、社会人士代表共同组成学校理事会决定。对学校办学实施监督，包括财务信息公开，保障学生的权利。同时鼓励民办学校，以便形成民办与公办学校自由竞争格局，在竞争中谋求相互制约与健康发展，避免“唯分是从”和资源垄断，实现从多维度选拔人才的目的。在高等教育方面，目前我国的高等教育入学方面以分数线为准较为公平，基本杜绝了金钱交易的现象。然而，分数线

的背后应当看到流动人口子女这类弱势群体在教育起点就遭遇的不平等现象。2010 年《法制晚报》统计当年 27 名高考头名的家庭情况，其中有 14 位来自知识分子家庭，只有 6 位来自农民家庭。不仅是高考层面，除清华、北大外的其他重点院校也出现了"城盛农衰"的现象。根据黄梅芳整理的资料，中国农大、东南大学、西安交大的农村新生比例都呈现出逐渐下滑趋势(蒙冰峰，2014)。既然在家庭财富上无法消除既定差异，那就在目标上做调整，相关部门应通过大量的统计学分析，构建测算因家庭原因带来的分数差异，在制定高考政策的时候进行调整。例如，考虑取消"三好学生"、文艺、体育等竞争性加分，适当保留或增加对军烈属、少数民族地区或贫困地区考生等的照顾性加分。

对于家庭教育，政府部门应以开展流动人口家长教育，改善流动人口家庭教育环境为目标。流动人口由于自身文化素质、教育观念的限制和技能的缺失，在子女教育问题上经常显得手足无措，造成较低的文化水平代际传承现象，并阻碍流动人口这一群体的阶层流动。社区是分布最广、最贴近流动人口生活的基层服务组织，政府部门应当鼓励以社区为单位，发挥社区的服务功能。具体而言，一是在社区管理与社区服务中纳入流动人口家庭教育功能，募集一批文化水平较高、素质优良又认真负责的社区工作者，让他们参与到流动人口家庭教育中去，指导并帮助流动人口家长营造良好的家庭教育氛围。二是建立社区家长学校，作为一种指导流动人口家庭教育的组织形式。社区家长学校的教学重点在转变流动人口家长的教育观念和培训他们的教育方法、教育技能，帮助他们提高家庭责任感和社会责任感，认识到为人父母的家庭责任，抛却家庭教育上的随意性和盲目性。对于在校学生的家长，不仅要督促他们参与社区家长学校的教育课程，还可以与学校沟通，定期或不定期邀请学生的任课老师前往社区家长学校与家长沟通教学技巧和子女在校情况，从而将流动人口子女的社会教育、学校教育和家庭教育有机结合。除了以社区为单位构建改善流动人口家庭教育的格局外，政府部门还应当着力提升流动人口家长自身的文化水平，从而渗透到流动人口子女身上。根据国家流动人口动态监测调查数据，流动人口大多为中青年阶层，与经济落后地区的留守人口相比，拥有较高的文化水平，但也大多局限于初高中程度。接受教育能够通过提高流动人口家长的文化水平，改善下一代的家庭教育氛围，同时流动人口本身也需要通过继续学习，提高生存技能。针对这方面的需求，我国现阶段的成人继续教育是一个很好的实践，政府部门应当大力推广与运用。

4. 建立促进中下层群体健康发展，打破精英再生产格局的机制

我国要发展的是全民社会，不是精英社会；我国要实现的是共同富裕，不是

20%人口的富裕，因此，缩小贫富差距，化解代际传承危险已迫在眉睫。中下阶层难以实现向上的阶层流动除了自身受教育水平、技能、不合理的二元制和资源分配不均衡以外，还在于强势阶层固守、垄断着资源优势，阻断下层向上流动的通道(王倩，2016)。因而，要破解流动人口阶层流动困境，不仅是简单地解决弱势阶层的问题，还要解决强势阶层的问题，采取切实有效的措施防止公共权力的异化。

一是要拓宽流动人口的话语权。社会各项政策制度在设置过程中要充分考虑各阶层的利益诉求，保留各社会阶层向上流动的渠道，不让中下阶层失去跃升到上层社会阶层的希望。政府部门则在认真聆听各阶层不同声音的同时，制定合理的政策协调各方利益，减少不同阶层的摩擦。

二是要抑制强势阶层过度膨胀。辛鸣等(2011)的研究分析表明，“权力随便进入市场，不仅可以在市场上换成黄金白银，还可以换取子女职业的继承……资本是推动社会进步的力量，但资本也是贪婪的，没有人性，必须要人来驾驭，权力不受制衡，资本不受驾驭，资本就和权力结盟，共同盘剥社会”。应当通过建立严格而完善的监督机制和惩罚机制，杜绝公共权力进入市场的损公肥私行为，打破精英阶层共同利益的藩篱，扭转精英再生产、精英代际传承现象，提高中下阶层，包括流动人口拥有向上流动的概率。现如今的公务员考试制度在一定程度上给予了中下阶层进入政府部门的渠道，但在用人计划上还应当向底层人群倾斜。底层人群是建设和谐社会的中坚力量，所以要帮扶底层人群，缩小贫富差距(王申贺，2007)。

(二) 以流动人口自我管理为中心，强化后致因素作用

阶层固化是与阶层流动相对的概念，指同一阶层的人只跟同一阶层的人相处，下一阶层的人无论如何努力都无法突破阶层的藩篱，进入上层阶层。然而，我国社会并没有形成阶层固化，流动人口面对阶层流动困境一味叫嚣阶层固化是非常不负责任的行为，每一个人都有机会去追求更好的生活品质和进入更高的社会阶层。在现如今的社会中，后致因素有时候发挥着比先赋因素更重要的作用，流动人口能够通过自身努力取得一定的社会阶层提升。

首先，给自己制造闲余，培养长远的目光。在我们的普遍认知中，社会阶层越低的人眼光也越短浅，从而难以脱离现有阶层桎梏并实现阶层流动。事实上，Shah 等(2012)曾通过研究验证长期缺乏金钱会让人产生稀缺心理，即与稀缺资源有关的事项会自动捕获更多的注意力，而其他事项则被忽视。这种稀缺心理在流动人口中可以表现为放弃现有的工作资历，为了少许的工资提升而频繁地

变动工作，也可以表现为消费创业资本，为了看起来与上层阶层更接近而动用自己的血汗钱等现象。凡此种种，都是稀缺心理引起的目光短视行为，使流动人口错失一次又一次向上流动的机会。因此，流动人口应当努力给自己制造时间和金钱的闲余。只有今日事今日毕，做到不为工作所绑架，才能拥有更多的时间去思考更为重要的事情。同样，只有拥有闲余的资金，才能在发现机会的时候果断出手。

其次，保持终身学习和身体健康。尽管经常有人提及寒门难出贵子的言论，但学习对于实现阶层流动的作用依然是不可否认的。实现阶层跨越是现有阶层同上层阶层的一场角力，下层的人为了进入上层阶层必须付出努力，而上层的人为了保护自己的地位势必进行抵御。通过学习获取文化资源，或许不能直接达到社会阶层的巅峰，但文化水平越高的个体越有机会掌握正确且高效的认知和思维方式，他们能够更准确地安排现有的各项资源，提高投入产出比。保持身体健康需要人们养成健康规律的生活方式，健康的体魄会使人时刻保持自信，而自律有助于提高成功率。

最后，培养良好的家风并使其代代传承。大多数人（包括流动人口）认为通过个人一生的奋斗就可以实现很大的阶层跨越，他们不懈努力却常常感到紧张焦虑，不时抱怨阶层固化。事实上，很多人终其一生忙忙碌碌也只是在同一阶层内流动，要想实现向上的阶层流动更多的是要两代、三代人共同努力。唯有培养良好的家风，使得吃苦耐劳、奋发向上的精神代代流传，才能团结代际力量，冲破阶层流动困境。

第六节　基本结论与政策启示

一、基本结论

党的十九大报告指出，要促进社会公平正义，坚持在发展中保障和改善民生。社会阶层流动状况从根本上反映了社会结构中的机会公平，实现社会阶层向上流动有助于优化人力资本配置效率、缩小贫富差距，是实现社会公平正义的重要内容。就业、创业与教育是打破阶层固化、促进社会流动的重要工具。2018年政府工作报告指出，要使更加公平、更加充分的就业成为我国发展的突出亮点，要发展公平而有质量的教育。基于此，本章利用 2015 年 CGSS 调查数据，采用 Ordered Logit 模型实证研究了职业收入、创业选择、教育流动对社会阶层流动的影响，最终得到以下几点结论：

第一，职业收入对社会阶层向上流动具有显著正向影响，收入越高，实现阶层向上流动的可能性越大。原因在于收入增加减少了投资决策的约束，使自身及家庭拥有更多的发展机会，提高了经济地位与社会地位，实现了社会阶层向上流动。但对于农村地区和西部地区样本来说，收入的正向效应并不显著，这可能与从事行业、经济发展水平与政策因素有关。

第二，相比于不创业的个体，创业个体实现社会阶层向上流动的可能性显著增加，即创业选择对社会阶层流动有显著正向影响。可能的原因在于创业成功所带来的生活水平、社会地位的提升有助于个体实现社会阶层的跨越，而外部环境与制度因素对此也有重要影响，创业选择对社会阶层的提升效应在东部地区等外部环境较好地区的样本中更为显著。

第三，教育向上流动对社会阶层向上流动也有显著的正向作用。相比于父母，子女受教育程度更高，更有利于社会阶层向上流动。教育作为人力资本的重要来源，直接影响个人的经济地位，受教育程度的提高能够带来个体经济地位与社会地位的提升，从而进入更高的阶层，打破阶层固化。

第四，流动人口阶层流动的现状是单层流动频繁，多层流动困难，难以实现从底层到上层的阶层流动。其原因可以总结为四个方面：首先，户籍制度的“二元”属性是阶层流动困境的制度根源。户籍制度不仅把人口明确为城市人口和农村人口，而且分出当地户口和外来户口，形成了本地城市核心、本地农村半核心、“城—城”流动半边缘和“乡—城”流动边缘这四个等级有序的人口分层。这种制度派生的分层体系在理念上构筑起不同层次人口的隔离墙，阻碍流动人口与本地人口正常社交，使他们无法获取阶层流动所需的补给资源。更为严重的是，附着在户籍制度上的衍生福利制度把流动人口排除在流入地公共资源和社会服务的体系外，这些资源和服务即使在流动人口成功构建起社交关系的情况下也无法获取。其次，差序格局与代际传承从社会关系角度解释了流动人口阶层流动困境。中国传统的社会关系具有差序格局，以己为中心，离自己越近的关系越强。在流动人口的社会关系网中当地人处于较偏远的位置，流动人口的个人发展较多依赖父母、亲属以及老乡，但当地人恰恰占有最多的社会资源。因此，流动人口社会资源匮乏，又得不到当地人的帮助。与此同时，代际传承通过上下代的传承关系，强化着这种资源占有的不平衡状况。再次，教育资源分配不公阻碍流动人口向上流动。接受教育所获得的文化资源是实现阶层流动的三大动力之一，越是上层阶层的群体，越了解教育的重要性，从而抢占优质教育资源。

流动人口家庭对教育的力量产生怀疑，实则是由于家庭经济压力、政策障碍等现实原因等不到优质教育资源，无法通过教育实现社会地位的提升。最后，上层阶层的抵御行为加剧流动人口阶层流动困境。根据精英循环理论，正常的社会流动是相对型流动，一定数量人群社会地位的提高必然伴随相当数量人群社会地位的下降。流动人口实现向上阶层流动的努力会激起上一阶层的抵御行为，例如精英结盟与再生产，利用已经形成的经济、组织与文化资源形成屏障，对抗流动人口的竞争。

二、政策启示

根据上述结论，为打破阶层固化、促进社会阶层有效流动，政府应努力创造条件，大力推动就业公平与教育公平。本章得到如下政策启示：

一方面，就政府而言，可以从四个方面弥补流动人口先赋因素的不足。① 从实质上打破户籍制度的本源性制约及其衍生制度的直接排斥。政府部门团结各个阶层，调动社会力量承担相应责任，改革城乡二元保障体系，建立健全城乡一体的社会保障制度，剥离附着于户籍上的不平等的公共服务和福利待遇，缩小区域间、不同规模城市间及城乡间的发展差距，特别是给予农民工同城待遇，从而真正实现城乡一体化。② 把创造就业机会，促进流动人口就业作为国家经济发展的重要目标。在这方面政府部门可以分四步走：首先，加快城市化进程，增加就业容量；其次，统筹城乡劳动力市场，促进就业公平；再次，建立跨区域公共事务协商平台，引导流动人口有序就业；最后，加大人力资本投资力度，提升劳动力业务技能。③ 从学校教育与家庭教育入手，双管齐下，努力实现教育公平。对教育资源的整合，努力使流动人口获得同当地人口同等的教育资源，同时考虑到流动人口家庭教育观念、教育技能方面的缺陷，以社区为单位，建立正式和非正式的组织改善流动人口家庭子女的教育氛围。④ 建立促进中下层群体健康发展，打破精英再生产格局的机制。这主要从拓宽流动人口话语权和监督权力，抑制精英阶层过度膨胀为工作重点，为流动人口实现阶层流动扫除不合理阻碍。

另一方面，就流动人口而言，可以以自我管理为中心，从三个方面强化后致因素的作用。① 流动人口应时刻注意为自身保留闲余的时间和资金，其主要目的是培养长远的目光。根据稀缺理论，由于某事物的长期稀缺而导致注意力过分集中，会让人错失对其他事物的关注力。因此，流动人口应当时刻为自己保留闲余时间和资金，使自己能够有时间思考更重要的事情，并且有资金抓住出现的机遇。② 流动人口要培养终身学习的习惯并保持身体健康。流动人口可以通过不断学习新的知识掌握更多的生活技能和文化资源，而保持身体健康可以使人充满自信、积极向上。③ 培养良好的家风并使其代代传承。阶层流动往往需要两代、三代人的共同努力，唯有培养良好的家风，才能够凝聚共同力量，最终实现社会地位的提升。

第八章　主要结论与政策建议

本书综合运用文献分析、理论总结和实证检验等多种研究方法，对流动人口的经济行为以及其背后逻辑进行了深入探讨，得出了一系列有意义的结论。本章是对全书研究结论的归纳与总结，以及在主要结论基础上形成的相关政策建议。

第一节　主要结论

通过梳理现有文献、分析我国流动人口流动现状并综合应用理论机制分析和实证检验等方法，本书主要得出以下六点结论，依次论述如下：

第一，当前我国流动人口在就业、创业、子女受教育和阶层流动等方面都面临着诸多挑战。从就业层面来看，在就业数量上，近九成的流动人口能够在迁入地实现就业，就业率较为可观；在就业质量上，流动就业人员大多从事的是传统的生产制造业以及生活类服务业中的工作，就业层次较低；在就业身份和单位性质上，流动就业人员多属于雇员和自营业者，大都属于私营部门和个体工商户的性质；在就业收入上，流动就业人员的收入主要集中在 2 000—4 000 元的收入水平，总体来看处于中低收入水平。从创业层面来看，在性别上，男性流动人口进行创业的比重更高；在流动人口来源上，城市流动人口创业的比重更高；在年龄上，“70 后”和“80 后”的流动人口成为创业的两大主力军；在受教育程度上，拥有中学学历的流动人口创业的比重更高。从子女教育来看，仍然有三成子女不能随父母进入迁入地，在家留守。从阶层流动来看，在性别上，男性流动人口更容易实现阶层的跃升；在流动人口来源上，城市流动人口更容易实现阶层的跃升，但与农村流动人口的差距不大；在年龄分布上，“年轻化”有利于流动人口实现阶层跃升；从受教育程度来看，受教育程度对流动人口的阶层跃升具有显著的促进作用。

第二，现阶段我国流动人口存在着阶层流动困境现象。具体表现为，一方面，区域间、城乡间的差异使得落后地区人口选择流入发达地区获得更多阶层跨越的机会；另一方面，区域间、城乡间差异带来的客观条件差异、主观条件差异以及社会关系网络差异带来的人力资本、社会资本、金融资本和心理资本缺失又在阻碍流动人口教育、就业和创业行为，使得流动人口阶层固化现象加剧。破解这一困境需要从影响阶层流动的先赋和后致因素入手，构建由政府主导和以流动人口自我管理为中心的双重路径破解机制。就政府而言，可以从打破户籍制度、创造就业机会、促进教育公平、打破精英再生产格局四个方面入手弥补流动人口先赋因素的不足。就流动人口而言，可以从注意财富积累、培养自身学习习惯和培养良好家风三个方面强化后致因素的作用。

第三，就业、创业、教育对流动人口的阶层流动行为均具有显著影响。从就业来看，职业收入越高，实现阶层向上流动的可能性越大，但对于农村地区和西部地区样本来说，收入的正向效应并不显著。就创业来看，相比于不创业的个体，创业个体实现社会阶层向上流动的可能性显著增加，其中，创业选择对社会阶层的提升效应在东部地区等外部环境较好地区的样本中更为显著。从教育来看，教育对社会阶层向上流动也有显著的正向作用。相比于父母，子女受教育程度更高更有利于社会阶层向上流动，且这一作用在东部地区、城市地区等经济发达地区较为显著，可能与教育不公平现象相关。由此可见，推进就业、创业以及教育公平是有效促进社会阶层流动的重要手段。

第四，流动人口的流动时间、流动范围、流动原因和流入地区均会对其就业产生显著影响。从流动时间上来看，流动时间越长，流动人口就业的可能性越高，也越有可能从事更高层次的职业，获得更高的收入水平。从流动范围来看，跨省流动对流动人员就业造成了一定程度上的阻碍，省内跨市流动和市内跨县流动有利于促进流动人口整体的就业，省内跨市流动产生的就业效应最为明显。从流入地区来看，经济发达地区提供了更多的就业机会，有效地促进了流动人口的就业，并且流动人口的职业选择更加多样化，平均工资处于更高水平。从流动原因来看，因工作原因和学习原因而进行流动的流动人口拥有更高的就业可能，且在职业选择中更加具有主动性，从事更高层次职业的可能性更大，获得更高收入的可能性也更大。由此可见，如何根据流动特征解决流动人口就业问题、改善流动人口社会地位是现阶段我国政府推进流动人口市民化进程、实现新型城镇化的关键。

第五，城乡收入差距、社会关系网络等因素是影响流动人口创业的重要因素。从城乡收入差距来看，城乡收入差距对农户异地创业活动起到一定的激励作用，但这一激励作用十分有限，仅作用于农户异地创业动机形成；在农户异地创业过程中，城乡收入差距所带来的农户人力、金融、心理和社会等资本的缺失，导致农户陷入创业的“增收螺旋陷阱”。从社会关系来看，社会关系网络的增强将促进农户异地创业。但迁出地关系与迁入地关系对农户创业的作用不尽相同。在创业前，迁出地关系对农户创业决策行为的影响更大；而在创业后，迁入地关系对农户创业成功度的作用更大。迁出地关系对农户创业的帮助主要表现在前期物质资本的投入上，而迁入地关系对农户创业的帮助主要表现在社会资本的传递上。

第六，社会地位将通过影响流动人口教育观这一机制影响流动人口子女的教育获得。首先，社会地位对流动人口教育观形成的“枷锁效应”要远大于“鞭策效应”，且在成长教育观上尤为明显。其次，从社会地位的不同维度来看，文化地位、职业地位和经济地位对于流动人口教育观形成的作用结果存在显著的异质性。最后，与“城—城”流动人口相比，“乡—城”流动人口对子女的教育意识更薄弱。由此可见，为增强流动人口子女接受教育的公平性，政府部门在制定公共政策时，需要充分重视纠正其父母的教育观念，积极支持和引导流动人口树立正确的教育观念。

第二节 政策建议

本书研究流动人口以阶层流动为经济目的的主要经济行为，即就业、创业和子女教育投资行为。当前社会阶层固化现象日益加剧，阶层流动相对困难。根据研究结果，我们也发现流动人口的就业、创业和子女教育投资遭遇了各种各样的困境。为此，本书分别就这三个方面给出相应的政策建议。

一、流动人口就业问题的政策建议

创造充足岗位是解决就业问题的首要关切点，而后是提升人力资本以使供需相适应。就解决流动人口就业问题而言，创造岗位一方面要结合经济发展的现实需求，充分调动一切有利因素，顺势而为、补齐短板，因地制宜、因城施策；另一方面要考虑流动人口学历、流动性和思想观念等特点，立足于实际，“量体裁衣”激发就业热情。就提升人力资本方面而言，既要有针对性、有规模、有组织地开展人力资本教育投资项目，又要切实重视和引导流动人口自主学习、自主就业的心理建设。在应对流动人口就业的投资中，地方政府也应适度考虑投入产出比，有策略、有目标、有底线地制定和开展投资建设，量力而行，不以牺牲本地人口的利益为代价。根据这些要点，我们提出了以下四个方面的具体政策建议：

（一）拓宽灵活就业渠道，创造充足就业岗位

流动人口中低学历者较多，而低学历者又更容易遭遇求职困境。针对这部分人群，可以推动保洁绿化、修理修配、批发零售和建筑装修等行业提质扩容，也可以增加养老、托幼、心理疏导和社会工作等社区服务业的就业吸纳能力。值得注意的是，互联网的发展给社会带来了翻天覆地的变化，人们可以足不出户解决各种生活需求，其中也包含就业需求。相比于非流动人口，安土重迁的传统思想在流动人口心中被逐渐打破。他们通常具有较强的流动性，或漂泊于各省各市居无定所，或因为房屋租住问题四处搬迁。针对这部分人群，鼓励支持发展互联网＋的新就业形态，既符合数字经济发展的内在要求，又能切实应对流动人口流动中的就业问题。在具体实施方面，可以侧重支持网络零售、移动出行、线上培训、互联网医疗、在线娱乐等行业发展，为劳动者居家就业、远程办公、兼职就业创造条件。合理设定互联网平台经济及其他新业态新模式监管规则，鼓励互联网平台企业与中介服务机构等降低服务费、加盟管理费等费用，创造更多灵活就业岗位，吸纳更多流动人口就业。

（二）协调劳动市场供求，为灵活就业提供保障

协调劳动市场供求应当关注的主体是岗位提供者和作为求职者的流动人口。在明确权责、促进沟通和协调双方关系的同时，政府要发挥职能积极引导劳动力市场与经济社会发展方向相适应。据此，政府可以从三个方面入手：岗位提供者方面，引导中小企业增加特定类型的岗位数量；流动人口方面，注重人力资本培训，岗位信息传达和积极动员就业；作为外生的市场协调者，要保障劳资双方合理权益，针对灵活就业过程中产生的各类问题予以整理并及时出台相应措施和帮扶政策。具体而言，建立开发职业发布、信息反馈和劳资关系处理平台，密切跟踪经济社会发展、互联网技术应用和职业活动新变化，切实开发与经济发展、市场需求和流动人口相适应的新岗位。有效处理劳动力供需关系，不仅要考察社会发展现实情况，更要获取流动人口及时反馈。为此，信息平台要及时更新职业分类、动态发布社会需要的新职业，广泛征求流动人口对新职业的意见建议。根据收集的反馈、意见和建议，依托于不断完善的统计监测制度，实施有针对性的岗位改进程序，制定并推出新职业培训课程，这样既从岗位提供者方面引导岗位设置与调整，也为流动人口提供培训，拓宽他们对新兴岗位的认知与理解。

（三）促进地方文化认同，增强职业技能培训

流动人口脱离了原有的社会群体，又尚未被新的社会群体接纳，常常会游离于常规社会群体之外。缺乏归属感往往是流动人口人际资源匮乏、流动性高并逐渐难以管理与帮扶的首要原因。来自不同地区的流动人口已然在原有的文化环境下，不自觉地形成了特定的个性、品质和行为方式等，这些或多或少与流入地人群存在不一致与冲突。因此，地方文化的教育尤为必要。最直观的方言培训可以打破语言沟通障碍，减少误会与摩擦，也能帮助流动人口尽快融入流入地。值得注意的是，地方文化教育应以传播与普及为首要目标，时刻保持尊重各地文化的态度。地方文化培训是帮助流动人口就业的全局性培训方式，润物无声但意义深远。与之相比，职业技能培训对解决流动人口就业针对性更强。当前，我国的职业培训面临培训内容与市场需求不匹配、培训形式大于培训内容等问题。在这一培训生态下的职业培训对促进流动人口增收作用十分有限。据此，我们认为，政府部门可以通过搭建"政府—培训机构—流动人口"三方平台的方式，为流动人口提供针对性的就业培训服务，促进流动人口增收。政府根据劳动力市场的就业信息向培训机构提供培训内容，培训机构根据培训内容培训流动人口，流动人口根据培训结果以及就业结果向政府进行培训反馈，如此形成的正反馈机制将显著提升当前我国职业技能培训质量。

（四）宣传积极生活态度，促进主动谋职就业

就业问题光靠政府与中小企业的协商和努力远远不够，关键还要引导作为求职主体的流动人口培养终身学习的习惯以及配合政府相关培训工作，积极进取主动求职。当前仍有部分流动人口对政府组织的培训学习活动持消极态度，认为其无效且浪费时间，因而呈现消极、不配合的现象。这将造成两种主要后果：一是流动人口无法将自己的培训需求传递给政府及培训机构，造成政府与培训机构无法了解市场技能需求信息，进而无法提供高质量的培训内容；二是培训内容与市场需求的脱节使得越来越多的流动人口抗拒政府培训。上述两种机制将使得政府推进的公益培训活动生态恶化，不利于流动人口享受政府培训红利。因此，积极配合政府职业培训工作是促进流动人口高质量就业的关键。此外，宣传积极的生活态度，弘扬拼搏进取的精神，对规定时间内找到工作、规定时长内坚守岗位的流动人口给予一定的物质奖励，有助于调整和改变流动人口中部分群体的消极懒散心理。

二、流动人口创业问题的政策建议

支持流动人口创业能够促就业、增收入，改善阶层流动现状，宏观上促进当地打开新型工业化和农业现代化，城镇化与新农村建设协同发展新局面。因此，各级政府应正确认识和对待流动人口群体，充分挖掘流入人口力量，鼓励并支持流动人口敢于背井离乡，外出创业的经济行为。在指导思想方面，各级政府要加强沟通，统筹谋划，尽快健全支持流动人口创业的体制机制。考虑到创业资金、自然资源和人际资源等的宝贵性，整合创业资源，完善扶持政策和优化创业环境也应当被作为政策关注的重点。争取依托人力资本、社会资本的提升、扩散和共享，加速建立起多层次多样化的创业格局，从而全面激发流动人口创业热情，并为当地社会和谐和经济发展培育新动能。具体而言，本书提出以下五个方面的具体政策建议：

（一）鼓励个体经营发展

成功的创业活动能给创业主体带来丰厚的经济利润，这一属性自然意味着与之对等的高创业门槛和创业风险。创业初期的资金要求会直接淘汰一大批具有创业意愿的流动人口。政府无法提供覆盖全部成本的资金支持，筛选合适的创业类别更为有效。更重要的是，这一筛选过程还能控制后续创业风险。在流动人口缺乏创业经验，无法做出正确的市场判断和行业筛选的情况下，政府可以利用大数据平台，分析、统计并给出适合当地市场需求的创业方向指引。总体上，地方政府应当鼓励流动人口以创办投资小、见效快、易转型、风险小的小规模经济实体为主，同时支持发展各类特色店铺，合法、合规的网上交易店铺。在创业担保、补贴和税收优惠政策的制定方面，一要考虑流动人口就业、身体和家庭情况，二要考虑创业的公益性和对地方经济的带动作用，三要对应中央政策和地方长期发展的方向。对确有需要的群体，对有利地方经济和符合中央政策与可持续发展的创业实体，给予适当的政策支持。

（二）投资开展创业培训

政府需要定期组织创业技能培训，以提高流动人口的创业成功率。目前，全国各地基本上都有农民工的职业技能培训，但关于流动人口的创业培训却很少见。本书研究已经指出，流动人口创业群体的文化程度一般是中等学历，尽管拥有较丰富的人生阅历，但学历偏低制约了他们对国家法律法规、行业发展趋势、政策扶持等技能和知识的掌握。盲目跟风创业、低技术含量、低附加值甚至是淘汰落后产能的创业必将时有发生，这种创业与国家倡导的"大众创业，万众创新"的精神相违背，政府可以组织相关培训大力提升流动人口创业技能。具体而言，需要各级政府职能部门通力合作，组建全国创业培训场所，建设一大批高水平、影响范围广、覆盖类别全的创业培训基地。由教育部门牵头成立创业培训工作室，促进拥有丰富教学经验的优秀教师与商界创业成功人士的交流，培育并遴选一支理论结合实践、覆盖各类培训课程的创业培训师资队伍。由人力资源和社会保障部门统计有创业意愿和培训需求的流动人口，加强创业培训项目的宣传，争取在有限培训资源投入的情况下覆盖最多的目标人群，最终达到提高流动人口创业成功率的目的。

（三）拓宽创业融资渠道

在拓宽创业融资渠道方面，政府部门要结合各方社会力量构建并完善信用体系，开发出能够科学评估创业者还款能力、改进风险防控的信息系统，而后落实创业担保贷款政策，鼓励金融机构和担保机构依托信用信息系统积极提供创业融资。政府部门一方面可以从制度方面降低担保要求，健全代偿机制，推行信贷尽职免责制度，促进天使投资、创业投资、互联网金融等在创业融资活动中各显其能；另一方面也要设立实时监测，定期反馈，及时制止并防范各金融主体的不规范行为，保障创业融资体系健康发展。在地方政府财政充裕的前提下，也可以设立流动人口创业基金，以财政出资引导社会资本投入，为流动人口创业提供股权投资、融资担保等服务。

（四）积极开发创业载体

创业场地租赁费通常是创业初期主要的投资支出项目，也是阻碍个体经营户、小微创业者的第一道门槛。房屋租赁市场信息不对称现象严重，政府需营造良好的社会融入氛围，帮助流动人口尽快融入当地社会，以便捷的迁入地人际关系对抗市场摩擦。政府部门首要的任务是向流动人口提供市民化待遇，使流动人口创业人群享有本地人同等的社会保障、子女入托入学、城市公共服务等。相对平等的社会待遇减轻了流动人口创业的后顾之忧，也能帮助流动人口和当地人打破心理壁垒，发展友好互助的关系。根据本书的研究，便捷的人际关系不仅有助于创业者以合理的价格租赁到合适的创业场地，而且有助于提高其创业和成功率。然而，人际关系的构建需要一定时间，且个人人际关系的作用毕竟有限。即便创业场地都能被合理定价且被合适的创业者发掘，租赁费用依然是一笔不小的资金支出。为此，政府部门依然需要发挥资源统筹调配职能，推动老旧商业设施、仓储设施、闲置楼宇、过剩商业地产转为创业孵化基地。按照创业孵化基地的入驻数量和孵化成功率给予一定资金奖励，这样可以进一步发掘有限房屋土地资源的经济价值。

（五）严格保护知识产权

创新是提升创业成功率的一大法宝，相应的创新活动需要耗费大量精力、财力。一个品牌的崛起，一种模式架构的问世通常需要久经打磨，却能够被同行不费吹灰之力地窃取。目前，我国的知识产权保护体系尚待进一步完善，国内创业者整体知识产权意识有待进一步提高，媒体上常见各种抄袭问题的隔空对峙。政府部门需要尽快完善知识产权保护相关法律法规和制度规定，加强知识产权普法宣传，提高普通大众的知识产权意识。加强对创业者知识产权尤其是早期知识产权的保护，为创业品牌的成形和崛起保驾护航。侵犯知识产权或者钻法律漏洞，类似抢注商标、敲诈勒索等行为应当被给予严厉惩处。建立完善的企业及个人产权信息共享平台，对于违反知识产权法或严重侵害知识产权主体的责任企业或个人予以信息公示，加入黑名单限制他们未来的生产经营活动。

三、流动人口子女教育问题的政策建议

流动人口子女教育问题是人口流动过程中产生的子问题。从微观上看，子女教育投资不仅是流动人口履行家庭责任的表现，也是他们在实现阶层跃升过程中的代际努力。从宏观上看，流动人口子女教育有助于帮助他们树立正确的人生观和价值观，从长远的角度防止子代流动人口因边缘化而产生仇视社会的心理或行为。尽管流动人口子女教育的宏、微观利益方向一致，但是目前政府就此问题制定的政策和措施还有诸多不全面之处。为此，本书给出如下几个方面的建议。

（一）优化教育布局，深化教育改革

各地要结合人口流动的规律、趋势和城市发展规划，及时调整完善教育布局。政府部门应当高度重视教育公平，应尽快缩小城乡教育差距。针对流动人口子女教育问题，以严格普及小学初中义务教育为第一任务，而后努力发展更高水平的教育体系，争取实现全体流动人口子女都有均等机会接受高层次教育的目标。按是否随父母外出，可将流动人口子女分为留守人员和随迁人员。留守

人员中的留守儿童是需要被重点关注的对象。现行的教育政策已经重视起这部分群体的教育问题，但是偏远农村地区的教育设施设备依旧远远落后于发达城市地区。其落后性表现在学校数量不足，师资力量薄弱，教育基础设施稀疏且地区分布不均衡等方面。政府部门应尽快整合这些落后地区的教育资源，慎重撤并乡村学校，使适龄留守儿童就近入学；探索并完善小规模学校办学机制和管理办法，努力消除城镇学校"大班额"或"超大班额"现象；建设并办好寄宿制学校，促进教师与校长、教师与学生有效交流的长效机制形成，全面提升对留守儿童的教育关爱。对于随迁子女，政府部门应当减少外来务工人员子女迁入地入学的种种限制，构建一个规则更加清晰、机会更加公平的教育体系。如有需要，应当鼓励民办学校的建设，以便形成民办与公立学校自由竞争格局，在竞争中谋求相互制约与健康发展。对于那些青少年或青年流动人口子女中文化水平不高者，政府应当提倡职业教育。为应对目前仍然较大的技术人才缺口，政府应当改革人才选拔体系来帮助这部分青少年与青年流动人口子女实现人生价值与社会价值。

（二）落实教育督导职能，加强教育问题问责

落实教育督导职能和加强问责机制，可以为流动人口子女切实获得公平的教育机会和学校待遇提供保障。各级教育督导机构要定期开展督导工作，不定期进行督导抽查。在督导工作过程中应当形成报告，以适当的方式向社会公开，接受人民群众的监督。对于发现的问题，督导机构要勒令限期整改，对整改不到位的要严肃处理，不整改不罢休，对整改到位的要实施复查，防止问题反弹。政府部门要整合教育监管力量，建立起教育督导、行政审批、执法和处罚的联动机制。对阻挠、干扰和不配合督导工作的单位，予以通报并问责其负责人。为了促进督导工作有序顺利进行，应该开启家长的多元化信访通道，方便流动人口家长及时反映子女受到的不公正、不合理待遇。对于收到的信访内容，督导人员应限期核实，勒令被举报单位及时完成自检、自改工作。处罚和整改结果应对外公开，接受大众监督。如有威胁恐吓、打击报复教育督导人员的，政府部门应当严肃追究相关单位负责人的责任，情节严重的直接依法吊销办学许可证。

（三）重视家庭教育，强化监护责任

目前，学界对流动人口子女教育的公平性呼吁研究往往局限于社会环境、学校教育等外生性原因，很少有学者考虑到家庭教育观念这一层面。流动人口子女的受教育问题不该只停留在对外教育公平性的呼吁，也该关注到家庭内部教

育观念对教育公平性的影响。政府要对社会地位较低的流动人口父母特别是"乡—城"流动人口父母加强关于儿童教育的宣传,提升其对子女教育的重视,特别是对于安全、亲子沟通、心理教育的重视,避免产生更多的流动人口子女成长隐患。宣传和践行家庭教育的方式可以是线上线下相结合。大到各市各区,小到各村各社区,都可以定期举办实地家长家庭教育研讨会,邀请一线专家和教育工作者传播正确的家庭教育观念和方法,促进家长之间的经验分享和学习交流。依托发达的互联网技术,社会各界可以帮助构建家庭教育学习沟通线上平台,方便家长们随时沟通和分享子女教育中遇到的问题和总结的经验教训。总之,在全社会层面达成积极沟通与关注家庭教育的共识。

参考文献

［1］ Albrecht J, Björklund A, Vroman S. Is there a glass ceiling in Sweden? ［J］. *Journal of Labor Economics*, 2003, 21(1): 145－177.

［2］ Baumol W J. Is there a U.S. productivity crisis? ［J］. *Science*, 1989, 243(2): 611－615.

［3］ Becker G S. *Human capital: A theoretical and empirical analysis with special reference to education* ［M］. New York: National Bureau of Economic Research, 1975.

［4］ Behrman J R, Rosenzweig M R. Does increasing women's schooling raise the schooling of the next generation? ［J］. *American Economic Review*, 2002, 92(1): 323－334.

［5］ Bhide A. How entrepreneurs craft strategic that work［J］. *Harvard Business Review*, 1994, 72(2): 148－159.

［6］ Bian Y. Bringing strong ties back in: Indirect ties, network bridges, and job searches in China［J］. *American Sociological Review*, 1997, 62(3): 366－385.

［7］ Black S E, Devereux P J. Recent developments in intergenerational mobility［J］. *Handbook of Labor Economics*, 2011,4b(1): 1487－1541.

［8］ Blau P M, Duncan O D. *The American occupational structure*［M］. New York: John Wiley & Sons, Inc, 1967.

［9］ Blair S L, Qian Z. Family and Asian students' educational performance: A consideration of diversity［J］. *Journal of Family Issues*, 1998, 19(4): 355－374.

［10］ Borjas G J. The self-employment experience of immigrants［J］. *The Journal of Human Resources*, 1986, 21(4): 485－506.

［11］ Bourdieu P. *Cultural reproduction and social reproduction*［M］. New York: Oxford University Press, 1973, 178.

［12］ Cantillon R. Essai sur la nature du commerce en général［C］.

McMaster University Archive for the History of Economic Thought, History of Economic Thought Books, 1997.

[13] Carr D. Two paths to self-employment? Women's and men's self-employment in the United States, 1980[J]. *Work and Occupations*, 1996, 23(1): 26 - 53.

[14] Case A, Fertig A, Paxson C. The lasting impact of childhood health and circumstance[J]. *Journal of Health Economics*, 2005, 24(2): 365 - 389.

[15] Casson M C. The entrepreneur: An economic theory[C]. University of Illinois at Urbana—Champaign's Academy for Entrepreneurial Leadership Historical Research Reference in Entrepreneurship, 1982.

[16] Constantin I. Education and socioeconomic status of parents-factors of influence for income inequality[J]. *Manager*, 2013,(18): 53 - 58.

[17] D' Addio A C. Intergenerational transmission of disadvantage: Mobility or immobility across generations? A review of the evidence for OECD countries[R]. OECD Social, Employment and Migration Working Papers, 2007.

[18] Daoud A M. "The ESL kids are over there": Opportunities for social interactions between immigrant Latino and White high school students[J]. *Journal of Hispanic Higher Education*, 2003, 2(3): 292 - 314.

[19] Davis K, Moore W E. Some principles of stratification[J]. *American Sociological Review*, 1945,(10): 242 - 249.

[20] Dunn M C, Kadane J B, Garrow J R. Comparing harm done by mobility and class absence: Missing students and missing data[J]. *Journal of Educational & Behavioral Statistics*, 2003, 28(3): 269 - 288.

[21] Dunn T, Holtz-Eakin D. Financial capital, human capital, and the transition to self-employment: Evidence from intergenerational links [J]. *Journal of Labor Economics*, 2000, 18(2): 282 - 305.

[22] Evans D S, Leighton L S. Some empirical aspects of entrepreneurship[J]. *American Economic Review*, 1989, 79(3): 519 - 535.

[23] Granovetter M S. The strength of weak ties[J]. *American Journal of Sociology*, 1973, 78(6): 1360 - 1380.

[24] Green P. The undocumented: Educating the children of migrant workers in America[J]. *Bilingual Research Journal*, 2003, 27(1): 51 - 71.

[25] Ibrahim G, Vaughan Galt. Explaining ethnic entrepreneurship: An evolutionary economics approach[J]. *International Business Review*, 2011, 20(6): 607-613.

[26] Kayne J. State entrepreneurship policies and programs[R]. Social Science Electronic Publishing, 1999.

[27] Kidd M P. Immigrant wage differentials and the role of self-employment in Australia[J]. *CEPR Discussion Papers*, 1993, 32(60): 92-115.

[28] Kirzner I M. *Competition and entrepreneurship*[M]. Chicago: University of Chicago press, 1973.

[29] Kraus M W, Stephens N M. A road map for an emerging psychology of social class[J]. *Social & Personality Psychology Compass*, 2012, 6(9): 642-656.

[30] Laband D N, Lentz B F. Self-recruitment in the legal profession[J]. *Journal of Labor Economics*, 1992, 10(2): 182-201.

[31] Lee N M. Duration of self-employment in developing countries: Evidence from small enterprises in Zimbabwe[J]. *Small Business Economics*, 2001, 17(4): 239-253.

[32] Lee E S. A theory of migration[J]. *Demography*, 1966, 3(1): 47-57.

[33] Li H, Yang Z, Yao X, Zhang H, Zhang J. Entrepreneurship, private economy and growth: Evidence from China[J]. *China Economic Review*, 2012, 23(4): 948-961.

[34] Martin B C, Mcnally J J, Kay M J. Examining the formation of human capital in entrepreneurship: A meta-analysis of entrepreneurship education outcomes[J]. *Journal of Business Venturing*, 2013, 28(2): 211-224.

[35] Hitt M A, Ireland R D, Camp S M, Sexton D L. Strategic entrepreneurship: Entrepreneurial strategies for wealth creation[J]. *Strategic Management Journal*, 2001, 22(6-7): 479-491.

[36] Mincer J. *Schooling, experience and earnings*[M]. Cambridge: National Bureau of Economic Research, 1974.

[37] Moore K. Thinking about youth poverty through the lenses of chronic poverty, life-course poverty and intergenerational poverty[R]. CPRC

Working Paper 57, 2005.

[38] Mortensen D T, Pissarides C A. Job creation and job destruction in the theory of unemployment[J]. *Review of Economic Studies*, 1994,(61): 397-415.

[39] Mueller C W, Parcel T L. Measures of socioeconomic status: Alternatives and recommendations[J]. *Child Development*, 1981, 52(1): 13-30.

[40] Parsons T. The structure of social action[J]. *Social action*, 1937,(1): 59-60.

[41] Peguero A, Bondy J M. Immigration and students' relationship with teachers[J]. *Education and Urban Society*, 2011, 43(2):165-183.

[42] Postel - Vinay F, Robin J M. Equilibrium wage dispersion with worker and employer heterogeneity[J]. *Econometrica*, 2002,(70): 2295-2350.

[43] Ravenstein E G. The laws of migration[J]. *Journal of the Statistical Society of London*, 1885, 48(2): 167-235.

[44] Ream R K, Palardy G J. Reexamining social class differences in the availability and the educational utility of parental social capital[J]. *American Educational Research Journal*, 2008, 45(2): 238-273.

[45] Roberts K D. The determinants of job choice by rural labor migrants in Shanghai[J]. *China Economic Review*, 2001, 12(1): 15-39.

[46] Saxenian A. High-Tech Dynamics. (Book reviews: Regional advantage. Culture and competition in Silicon Valley and Route 128) [J]. *Science*, 1994, 264: 1614-1615.

[47] Schoon I. A transgenerational model of status attainment: The potential mediating role of school motivation and education[J]. *National Institute Economic Review*, 2008, 205(1): 72-82.

[48] Schultz T W. Capital formation by education[J]. *Journal of Political Economy*, 1960, 68(12): 571-583.

[49] Shah A K, Mullainathan S, Shafir E. Some consequences of having too little[J]. *Science*, 2012,(338): 682-685.

[50] Shane S, Venkataraman S, Shane S. The promise of entrepreneurship as a field of research[J]. *Academy of Management Review*, 2000, 25(1): 217-226.

[51] Singh R P. A comment on developing the field of entrepreneurship through the study of opportunity recognition and exploitation[J]. *Academy of Management Review*, 2001, 26(1):10-12.

[52] Solon G. Intergenerational income mobility in the United States[J]. *American Economic Review*, 1992, 82(3): 393-408.

[53] Song Y. What should economists know about the current Chinese hukou system? [J]. *China Economic Review*, 2014, 29: 200-212.

[54] Takanishi R. Leveling the playing field: Supporting immigrant children from Birth to Eight[J]. *Future of Children*, 2004, 14(2): 61-79.

[55] Weber M. *Economy and society: An outline of interpretive sociology*[M]. Berkeley: University of California Press, 1978.

[56] Welter F. Contextualizing entrepreneurship—conceptual challenges and ways forward[J]. *Entrepreneurship Theory & Practice*, 2011, 35(1): 165-184.

[57] Weston W J, Lareau A. Home advantage: Social class and parental intervention in elementary education[J]. *Contemporary Sociology*, 1991, 20(1): 144.

[58] Woodward W J. A social network theory of entrepreneurship: An empirical study[D]. University of North Carolina at Chapel Hill, 1988.

[59] Woolcock M J V. Social capital: A theory of social structure and action(review)[J]. *Social Forces*, 2004, 82(3): 1209-1211.

[60] Yoon H, Yun S, Lee J, Phillips F. Entrepreneurship in East Asian regional innovation systems: Role of social capital[J]. *Technological Forecasting & Social Change*, 2015, 100: 83-95.

[61] Zahra, S, Dess, G. G. Entrepreneurship as a field of research: Encouraging dialogue and debate[J]. *Academy of Management Review*, 2001, 26(1): 8-10.

[62] Zhang H. The Hukou system's constraints on migrant workers' job mobility in Chinese cities[J]. *China Economic Review*, 2010, 21(1): 51-64.

[63] Zimmerman D J. Regression toward mediocrity in economic stature [J]. *American Economic Review*, 1992, 82(3): 409-429.

[64] 庇谷.福利经济学[M].朱泱,张胜纪,吴良健译.北京:商务印书馆,2009.

[65] 布尔迪约，帕斯隆.继承人——大学生与文化[M].邢克超译.北京：商务印书馆，2002.

[66] 蔡昉.刘易斯转折点：中国经济发展新阶段[M].北京：社会科学文献出版社，2008.

[67] 蔡昉.人口转变、人口红利与刘易斯转折点[J].经济研究，2010(4)：4－13.

[68] 蔡莉，单标安.中国情境下的创业研究：回顾与展望[J].管理世界，2013(12)：160－169.

[69] 蔡仲谋.能承认劳动力是商品吗？——与戴园晨、高尚全先生商榷[J].南方经济，1995(3)：20－22.

[70] 曹永福，杨梦婕，宋月萍.农民工自我雇佣与收入：基于倾向得分的实证分析[J].中国农村经济，2013(10)：30－41＋52.

[71] 钞小静，沈坤荣.城乡收入差距、劳动力质量与中国经济增长[J].经济研究，2014(6)：30－43.

[72] 陈聪，庄晋财，程李梅.网络能力对农民工创业成长影响的实证研究[J].农业经济问题，2013(7)：17－24＋110.

[73] 陈刚.管制与创业——来自中国的微观证据[J].管理世界，2015(5)：89－99＋187－188.

[74] 陈双德.流动人口的就业状况及其影响因素分析[D].南京大学，2013.

[75] 陈文超，陈雯，江立华.农民工返乡创业的影响因素分析[J].中国人口科学，2014(2)：96－105＋128.

[76] 成伟，牛喜霞，迟丕贤.社会资本代际传递之研究[J].华东理工大学学报(社会科学版)，2013(1)：1－9.

[77] 程名望，史清华，徐剑侠.中国农村劳动力转移动因与障碍的一种解释[J].经济研究，2006(4)：68－78.

[78] 仇立平，肖日葵.文化资本与社会地位获得——基于上海市的实证研究[J].中国社会科学，2011(6)：121－135.

[79] 褚清华.农民工地位变迁与社会融合[J].兰州学刊，2015(2)：191－197.

[80] 德鲁克.创业精神与创新[M].柯政译.北京：工人出版社，1980.

[81] 杜旻.流动人口社会阶层结构及地区差异[J].西北人口，2013(3)：15－19＋27.

[82] 杜友.教育万能论的产生及其主张[J].教育探索，2005(3)：46－47.

[83] 段成荣，吕利丹，郭静，王宗萍.我国农村留守儿童生存和发展基本状

况——基于第六次人口普查数据的分析[J].人口学刊,2013(3):37-49.

[84] 段成荣,孙磊.流动劳动力的收入状况及影响因素研究——基于2005年全国1%人口抽样调查数据[J].中国青年研究,2011(1):54-61.

[85] 范巍,王重鸣.创业倾向影响因素研究[J].心理科学,2004(5):1087-1090.

[86] 冯建喜,汤爽爽,杨振山.农村人口流动中的“人地关系”与迁入地创业行为的影响因素[J].地理研究,2016(1):148-162.

[87] 冯煜.浅析中国转型时期失业的主要影响因素[J].生产力研究,2001(Z1):15-17.

[88] 盖庆恩,朱喜,史清华.财富对创业的异质性影响——基于三省农户的实证分析[J].财经研究,2013(5):134-144.

[89] 高静,张应良.农户创业:初始社会资本影响创业者机会识别行为研究——基于518份农户创业调查的实证分析[J].农业技术经济,2013(1):32-39.

[90] 高明华.教育不平等的身心机制及干预策略——以农民工子女为例[J].中国社会科学,2013(4):60-80.

[91] 龚军姣.创业活跃区农民人力资本与心理资本对创业决策的影响[J].经济纵横,2011(12):125-129.

[92] 龚玉泉,袁志刚.中国经济增长与就业增长的非一致性及其形成机理[J].经济学动态,2002(10):35-39.

[93] 辜胜阻,武兢.扶持农民工以创业带动就业的对策研究[J].中国人口科学,2009(3):2-12+111.

[94] 官欣荣.毛泽东关于旧中国农村社会分层探析[J].社会科学研究,1993(6):39-42.

[95] 郭宝宏.马克思主义就业理论与现时代中国就业问题[J].马克思主义研究,2011(10):84-92.

[96] 郭红东,陈亦悠.社会关系、资源获取与农民创业绩效[J].贵州大学学报(社会科学版),2015(3):79-88.

[97] 郭继强.中国城市次级劳动力市场中民工劳动供给分析——兼论向右下方倾斜的劳动供给曲线[J].中国社会科学,2005(5):16-26.

[98] 郭建鑫.教育公平、公共财政与农民工子女义务教育的保障机制[J].农村经济,2007(1):96-100.

[99] 郭元祥.对教育公平问题的理论思考[J].教育研究,2000(3):21-24.

［100］ 韩占兵.中国新生代农业劳动力主体行为研究［J］.华中农业大学学报（社会科学版），2016（3）：96－103.

［101］ 胡瑞梁.论社会主义劳动力商品［J］.经济研究，1987（12）：12－22.

［102］ 黄德林，宋维平，王珍.新形势下农民创业能力来源的基本判断［J］.农业经济问题，2007（9）：8－13.

［103］ 黄群慧.企业家激励约束与国有企业改革［M］.北京：中国人民大学出版社，2000.

［104］ 黄颖.我国流动人口子女的教育总体特征［J］.教育科学，2015（4）：14－25.

［105］ 纪春梅，陈烨.教育筛选功能及其发挥［J］.教学与管理，2006（12）：6－7.

［106］ 蒋亚丽，腾芸.教育的文化再生产与社会阶层的向上流动［J］.广州大学学报（社会科学版），2015（2）：45－51.

［107］ 解雨巷，解垩.教育流动、职业流动与阶层代际传递［J］.中国人口科学，2019（2）：40－52＋126－127.

［108］ 赖德胜.分割的劳动力市场理论评述［J］.经济学动态，1996（11）：65－67.

［109］ 雷小雪，江易华.阶层分化背景下农村流动人口城镇化探究［J］.湖北工业大学学报，2016（3）：17－21.

［110］ 李春玲.教育不平等的年代变化趋势（1940—2010）——对城乡教育机会不平等的再考察［J］.社会学研究，2014（2）：65－89.

［111］ 李春玲.流动人口地位获得的非制度途径——流动劳动力与非流动劳动力之比较［J］.社会学研究，2006（5）：85－106.

［112］ 李经，陈勇吏.最低工资制度对创业的影响——基于流动人口动态监测数据的研究［J］.产业经济评论，2018（2）：105－124.

［113］ 李路路.论社会分层研究［J］.社会学研究，1999（1）：103－111.

［114］ 李萌.劳动力市场分割下乡城流动人口的就业分布与收入的实证分析——以武汉市为例［J］.人口研究，2004（6）：70－75.

［115］ 李培林.流动民工的社会网络和社会地位［J］.社会学研究，1996（4）：42－52.

［116］ 李强，何龙斌.人力资本对流动人口的城市融入影响研究——兼论就业的中介作用［J］.湖南社会科学，2016（5）：147－151.

［117］ 李任玉，杜在超，何勤英，龚强.富爸爸、穷爸爸和子代收入差距［J］.经

济学(季刊),2015(1):231-258.

[118] 李树,于文超.农村金融多样性对农民创业影响的作用机制研究[J].财经研究,2018(1):4-19.

[119] 李树茁,杨绪松,靳小怡,费尔德曼,杜海峰.中国乡城流动人口社会网络复杂性特征分析[J].市场与人口分析,2006(5):13-22+12.

[120] 李树茁,杨绪松,任义科,靳小怡.农民工的社会网络与职业阶层和收入:来自深圳调查的发现[J].当代经济科学,2007(1):25-33+124-125.

[121] 李伟梁.试论流动人口子女家庭教育问题的成因及特点[J].中南民族大学学报(人文社会科学版),2005(2):136-139.

[122] 李希博.城市落户门槛与流动人口的创业选择[D].南京大学,2019.

[123]李煜.制度变迁与教育不平等的产生机制——中国城市子女的教育获得(1966—2003)[J].中国社会科学,2006(4):97-109.

[124] 梁勇,马冬梅.现阶段我国城市流动人口变动的新特点及服务管理创新[J].理论与改革,2018(1):173-182.

[125] 林李月,朱宇.流动人口职业流动的收入效应及其性别差异——基于福建的实证[J].人口与经济,2014(2):3-11.

[126] 林强,姜彦福,张健.创业理论及其架构分析[J].经济研究,2001(9):85-94+96.

[127] 林善浪,王健.家庭生命周期对农村劳动力转移的影响分析[J].中国农村观察,2010(1):25-33.

[128] 林涛,刘汉辉,余玲铮."双独"家庭与消逝的企业家精神——来自2014年流动人口动态监测数据的证据[J].西北人口,2017(1):92-99+104.

[129] 刘爱楼.代际传递视角的草根青创创业绩效决定因素——跨年代比较分析[J].中国青年研究,2017(6):95-100.

[130] 刘保中,张月云,李建新.家庭社会经济地位与青少年教育期望:父母参与的中介作用[J].北京大学教育评论,2015(3):158-176.

[131] 刘畅,齐斯源,王博.创业环境对农村微型企业创业绩效引致路径的实证分析——基于东北地区实地调研数据[J].农业经济问题,2015(5):104-109.

[132] 刘丹,雷洪.乡—城流动人口就业部门分割及职业地位[J].青年研究,2016(6):1-10+91.

[133] 刘家强,王春蕊,刘嘉汉.农民工就业地选择决策的影响因素分析[J].人口研究,2011(2):73-82.

[134] 刘建娥,李梦婷,程梦瑶.乡—城流动人口的阶层分化、重构与差异化融入[J].学习与实践,2018(5):96-106.

[135] 刘杰,郑风田.流动性约束对农户创业选择行为的影响——基于晋、甘、浙三省 894 户农民家庭的调查[J].财贸研究,2011(3):28-35+60.

[136] 刘娟,彭正银,王维薇.企业家社会关系网络、创业机会识别与企业国际创业海外市场选择——基于中小型国际创业企业的实证研究[J].国际商务(对外经济贸易大学学报),2014(2):83-94.

[137] 刘苓玲,徐雷.中西部地区农民工返乡创业问题研究——基于河南、山西、重庆的调查问卷[J].人口与经济,2012(6):33-38.

[138] 刘美玉.创业动机、创业资源与创业模式:基于新生代农民工创业的实证研究[J].宏观经济研究,2013(5):62-70.

[139] 刘美玉.基于扎根理论的新生代农民工创业机理研究[J].农业经济问题,2013(3):63-68+111.

[140] 刘新智,刘雨松.外出务工经历对农户创业行为决策的影响——基于518 份农户创业调查的实证分析[J].农业技术经济,2015(6):4-14.

[141] 刘云刚,燕婷婷.地方城市的人口回流与移民战略——基于深圳—驻马店的调查研究[J].地理研究,2013(7):280-290.

[142] 卢亚娟,张龙耀,许玉韫.金融可得性与农村家庭创业——基于CHARLS 数据的实证研究[J].经济理论与经济管理,2014(10):89-99.

[143] 陆铭,陈钊,万广华.因患寡,而患不均——中国的收入差距、投资、教育和增长的相互影响[J].经济研究,2005(12):4-14.

[144] 陆铭,陈钊.城市化、城市倾向的经济政策与城乡收入差距[J].经济研究,2004(6):50-58.

[145] 陆学艺.当代中国社会阶层研究报告[M].北京:社会科学文献出版社,2002.

[146] 罗明忠,陈明.人格特质、创业学习与农民创业绩效[J].中国农村经济,2014(10):62-75.

[147] 吕利丹,王宗萍,段成荣.流动人口家庭化过程中子女随迁的阻碍因素分析——以重庆市为例[J].人口与经济,2013(5):33-40.

[148] 马光荣,杨恩艳.社会网络、非正规金融与创业[J].经济研究,2011(3):83-94.

[149] 马红旗,陈仲常.我国省际流动人口的特征——基于全国第六次人口普查数据[J].人口研究,2012(6):87-99.

[150] 马骅.流动人口家庭化迁移对女性就业影响研究——基于云南省动态监测数据的分析[J].北京师范大学学报(社会科学版),2017(4):145-154.

[151] 马秀杰,孙桂平,王玉婷,王天马.河北省流动人口就业特征及其影响因素分析[J].湖北农业科学,2016(12):3221-3225.

[152] 马银坡,陈体标,史清华.人口流动:就业与收入的区域差异[J].农业经济问题,2018(5):80-91.

[153] 蒙冰峰."寒门难出贵子":现象、原因与破解[J].中国青年研究,2014(12):64-68.

[154] 莫荣.完善我国促进就业的法律制度[J].中国劳动,2007(4):6-11.

[155] 莫艳清,杨建华.市场转型中的社会流动与内在机制:1978—2011——来自浙江省居民社会流动问卷调查的实证分析[J].浙江学刊,2013(2):195-202.

[156] 奈特.风险、不确定性和利润[A].//普特曼·克罗茨那.企业的经济性质[M].上海:上海财经大学出版社,2000.

[157] 宁光杰,段乐乐.流动人口的创业选择与收入——户籍的作用及改革启示[J].经济学(季刊),2017,16(2):771-792.

[158] 宁光杰.自我雇佣还是成为工资获得者?——中国农村外出劳动力的就业选择和收入差异[J].管理世界,2012(7):54-66.

[159] 庞念伟,陈广汉.城镇与外来劳动力工资差异分解——人力资本和歧视贡献及其变化[J].人口与经济,2013(6):71-78.

[160] 庞强.社会公正视角下的阶层流动模型分析[J].河北工程大学学报:社会科学版,2016(2):54-57.

[161] 裴志军.社会网络与经济发展[D].浙江大学,2010.

[162] 綦松玲,鲍红红,刘欣,赵龙宇.吉林省流动人口就业和居住情况研究[J].人口学刊,2014(5):87-95.

[163] 钱民辉,陈旭峰.人口流动与阶层分化[J].人民论坛,2013(11):16-17.

[164] 乔明睿,钱雪亚,姚先国.劳动力市场分割、户口与城乡就业差异[J].中国人口科学,2009(1):32-41.

[165] 任桂芳.人力资本理论及其效应[J].发展研究,2005(11):70-71.

[166] 阮荣平,郑风田,刘力.信仰的力量:宗教有利于创业吗?[J].经济研究,2014,49(3):171-184.

[167] 邵敏,武鹏.出口贸易、人力资本与农民工的就业稳定性——兼议我国产业和贸易的升级[J].管理世界,2019(3):99-113.

[168] 沈继楼，刘亚娟，王晓敏.对加强和完善外来流动人口子女教育的思考——基于上海浦东新区的调研[J].兰州学刊，2009(9)：157－159.

[169] 石智雷，谭宇，吴海涛.返乡农民工创业行为与创业意愿分析[J].中国农村观察，2010(5)：25－37＋47.

[170] 石智雷，谭宇，吴海涛.返乡农民工家庭收入结构与创业意愿研究[J].农业技术经济，2010(11)：13－23.

[171] 宋健.中国流动人口的就业特征及其影响因素——与留守人口的比较研究[J].人口研究，2010(6)：32－42.

[172] 苏晓芳，杜妍冬.人力资本、社会资本与流动人口就业收入——基于流动人口正规就业与非正规就业的比较分析[J].科学决策，2016(9)：43－57.

[173] 隋艳颖，马晓河，夏晓平.金融排斥对农民工创业意愿的影响分析[J].广东金融学院学报，2010(3)：83－92.

[174] 孙凤.职业代际流动的对数线性模型[J].统计研究，2006(7)：61－65.

[175] 孙红玲.浅论转型时期流动人口子女的教育公平问题[J].教育科学，2001(1)：4－6.

[176] 孙红霞，郭霜飞，陈浩义.创业自我效能感、创业资源与农民创业动机[J].科学学研究，2013(12)：1879－1888.

[177] 孙林.吉林省流动人口的空间分布及市民化特征[J].北京劳动保障职业学院学报，2018(4)：9－16.

[178] 孙三百，黄薇，洪俊杰.劳动力自由迁移为何如此重要？——基于代际收入流动的视角[J].经济研究，2012(5)：147－159.

[179] 孙业亮.中国城市化进程中城镇居民收入差距问题研究[D].南开大学，2013.

[180] 孙永强，颜燕.我国教育代际传递的城乡差异研究——基于中国家庭追踪调查(CFPS)的实证分析[J].北京师范大学学报(社会科学版)，2015(6)：59－67.

[181] 孙玥，宋冉，赵子乾.公共财政视角下农民工子女义务教育问题及原因分析[J].中国市场，2008(22)：154－155.

[182] 唐俊超.输在起跑线——再议中国社会的教育不平等(1978—2008)[J].社会学研究，2015(3)：123－145.

[183] 唐为，陆云航.社会资本影响农民收入水平吗——基于关系网络、信任与和谐视角的实证分析[J].经济学家，2011(9)：77－85.

[184] 田盼盼，朱宇，林李月，张苏北.省际与省内流动人口空间分布及其影

响因素的差异——以福建省为例[J].人口学刊,2015(6):56-67.

[185] 田卫民.省域居民收入基尼系数测算及其变动趋势分析[J].经济科学,2012(2):48-59.

[186] 童馨乐,杜婷,徐菲菲,李扬.需求视角下农户借贷行为分析——以六省农户调查数据为例[J].农业经济问题,2015(9):89-96.

[187] 汪润泉.子女教育期望与农民工城市定居意愿——基于全国7个城市调查数据[J].农业技术经济,2016(3):75-84.

[188] 汪伟,刘玉飞,彭冬冬.人口老龄化的产业结构升级效应研究[J].中国工业经济,2015(11):47-61.

[189] 王春光.农民工的社会流动和社会地位的变化[J].江苏行政学院学报,2003(4):51-56.

[190] 王春光.新生代农村流动人口的社会认同与城乡融合的关系[J].社会学研究,2001(3):63-76.

[191] 王德文,蔡昉,张国庆.农村迁移劳动力就业与工资决定:教育与培训的重要性[J].经济学(季刊),2008(7):1131-1148.

[192] 王涤.关于流动人口子女教育问题的调查[J].中国人口科学,2004(4):60-66+82.

[193] 王甫勤,时怡雯.家庭背景、教育期望与大学教育获得基于上海市调查数据的实证研究[J].社会,2014(1):175-195.

[194] 王海港.中国居民收入分配的代际流动[J].经济科学,2005(2):18-25.

[195] 王美艳.城市劳动力市场上的就业机会与工资差异——外来劳动力就业与报酬研究[J].中国社会科学,2005(5):36-46.

[196] 王倩."阶层固化"趋向的思想逻辑与"中国梦"的幸福追求[J].三峡大学学报(人文社会科学版),2016(38):27-31.

[197] 王少平,欧阳志刚.中国城乡收入差距对实际经济增长的阈值效应[J].中国社会科学,2008(2):54-66.

[198] 王申贺.阶层"内卷化"现象研究[J].中共福建省委党校学报,2007(3):65-68.

[199] 王志刚.耕地、收入和教育对农村劳动力转移的影响[J].农业技术经济,2003(5):10-13.

[200] 王竹林.农民工市民化的资本困境及其缓解出路[J].农业经济问题,2010(2):28-32.

[201] 王子敏.互联网、社会网络与农村流动人口就业收入[J].大连理工大学学报(社会科学版),2019(3):15－23.

[202] 韦吉飞,王建华,李录堂.农民创业行为影响因素研究——基于西北五省区调查的实证分析[J].财贸研究,2008(5):16－22.

[203] 魏下海,陈思宇,黎嘉辉.方言技能与流动人口的创业选择[J].中国人口科学,2016(6):36－46＋126－127.

[204] 温勇,汝小美,尹勤,崔效辉,周建芳,宋冰.农民的健康状况、健康知识及需求分析——贵州省道真县、雷山县农村居民调查报告[J].西北人口,2007(4):40－44.

[205] 文东茅.家庭背景对我国高等教育机会及毕业生就业的影响[J].北京大学教育评论,2005(3):58－63.

[206] 邬志辉,李静美.农民工随迁子女在城市接受义务教育的现实困境与政策选择[J].教育研究,2016(9):19－31.

[207] 邬志辉,李静美.农民工随迁子女在城市接受义务教育的现实困境与政策选择[J].教育研究,2016(9):19－31.

[208] 吴碧波.农民工返乡创业促进新农村建设的理论和现状及对策[J].农业现代化研究,2013(1):59－62.

[209] 吴磊,郑风田.创业环境维度视角下的农民工回乡创业选择[J].中国人口·资源与环境,2012(9):116－120.

[210] 吴群锋,蒋为.最低工资会抑制创业吗?——基于中国微观数据的实证研究[J].产业经济研究,2016(6):1－10.

[211] 吴晓波,张超群,王莹.社会网络、创业效能感与创业意向的关系研究[J].科研管理,2014(2):104－110.

[212] 吴晓刚.中国的户籍制度与代际职业流动[J].社会学研究,2007(6):38－65＋242－243.

[213] 吴晓瑜,王敏,李力行.中国的高房价是否阻碍了创业?[J].经济研究,2014(9):121－134.

[214] 吴愈晓.教育分流体制与中国的教育分层(1978—2008)[J].社会学研究,2013(4):179－202.

[215] 夏贵芳.省际与省内流动人口职业流动特征及其影响因素的对比[D].福建师范大学,2017.

[216] 肖冰.新生代农民工城市就业选择行为影响因素分析[J].福建工程学院学报,2014(2):136－140.

[217] 谢建军.从第六次人口普查看我国省际流动人口的特征[J].现代经济信息,2014(10):25.

[218] 谢雅萍,张金连.创业团队社会资本与新创企业绩效关系[J].管理评论,2014(7):104-114.

[219] 辛鸣,杨继绳,刘精明,廉思,习文.防止“阶层固化”促进社会流动[J].时事报告,2011(11):28-39.

[220] 邢春冰.中国农村非农就业机会的代际流动[J].经济研究,2006(9):103-116.

[221] 熊彼特.经济发展理论[M].北京:商务印书馆,1934.

[222] 熊彼特.资本主义,社会主义与民主[M].北京:商务印书馆,1942.

[223] 熊艳艳,刘震,周承川.初始禀赋、资源配置、教育扩展与教育公平——关于教育不平等影响因素实证研究的述评[J].清华大学教育研究,2014(3):96-103.

[224] 徐超,吴玲萍,孙文平.外出务工经历、社会资本与返乡农民工创业——来自CHIPS数据的证据[J].财经研究,2017(12):30-44.

[225] 徐林清.中国劳动力市场分割问题研究[M].北京:经济科学出版社,2004.

[226] 徐姗,邓羽,王开泳.中国流动人口的省际迁移模式、集疏格局与市民化路径[J].地理科学,2016(11):1637-1642.

[227] 许玮,杨云彦.流动人口事业特征、分布及影响因素分析[J].人口与发展,2016(4):10-18.

[228] 薛永基,卢雪麟.社会资本影响林区农户创业绩效的实证研究——知识溢出的中介效应[J].农业技术经济,2015(12):69-77.

[229] 阳立高,廖进中,张文婧,李伟舵.农民工返乡创业问题研究——基于对湖南省的实证分析[J].经济问题,2008(4):85-88.

[230] 杨婵,贺小刚,李征宇.家庭结构与农民创业——基于中国千村调查的数据分析[J].中国工业经济,2017(12):170-188.

[231] 杨东平.对我国教育公平问题的认识和思考[J].教育发展研究,2000(8):5-8.

[232] 杨菊华.新型城镇化背景下户籍制度的“双二属性”与流动人口的社会融合[J].中国人民大学学报,2017(4):119-128.

[233] 杨军,张龙耀,姜岩.社区金融资源、家庭融资与农户创业——基于CHARLS调查数据[J].农业技术经济,2013(11):71-79.

[234] 杨向阳，潘妍，童馨乐."双边"社会关系网络与农户异地创业[J].农业技术经济，2018(9)：30－41.

[235] 杨祯容.从业流动人口失业风险研究[D].华东师范大学，2018.

[236] 杨震宁，李东红，范黎波.身陷"盘丝洞"：社会网络关系嵌入过度影响了创业过程吗？[J].管理世界，2013(12)：101－116.

[237] 杨志顺.教育与社会阶层结构的互动关系分析[J].西南大学学报(人文社会科学版)，2006(4)：64－67.

[238] 姚懿桐，王雅鹏，申庆玲.劳动力外出务工对农户家庭收入的影响——以湖北省4个县(市)为例[J].浙江农业学报，2015(4)：690－696.

[239] 叶静怡，张睿，王琼.农民进城务工与子女教育期望——基于2010年中国家庭追踪调查数据的实证分析[J].经济科学，2017(1)：90－105.

[240] 余少华.流动人口子女受教育机会研究——以广州市某区为个案[J].湖南农业大学学报(社会科学版.素质教育研究)，2008(2)：45－48.

[241] 余向华，陈雪娟.中国劳动力市场的户籍分割效应及其变迁——工资差异与机会差异双重视角下的实证研究[J].经济研究，2012(12)：97－110.

[242] 张广胜，柳延恒.人力资本、社会资本对新生代农民工创业型就业的影响研究——基于辽宁省三类城市的考察[J].农业技术经济，2014(6)：4－13.

[243] 张红霞，江立华.阶层的固化与再生产：流动人口子女的社会化与社会流动[J].广西社会科学，2014(8)：136－141.

[244] 张丽琼.家庭化流动对流动人口就业状况的影响[D].福建师范大学，2016.

[245] 张明，张学敏，涂先进.高等教育能打破社会阶层固化吗？——基于有序probit半参数估计及夏普里值分解的实证分析[J].财经研究，2016(8)：15－26.

[246] 张鹏，邓然，张立琨.企业家社会资本与创业绩效关系研究[J].科研管理，2015(8)：120－128.

[247] 张群梅.当前中国阶层流动固化趋向与治理路径分析——基于集团分利视角[J].河南大学学报(社会科学版)，2012(3)：34－39.

[248] 张书博，曹信邦.正规就业与非正规就业中户籍歧视力度探究——基于倾向值匹配的分析[J].南京财经大学学报，2017(1)：72－80.

[249] 张双志，张龙鹏.中国流动人口的创业效应研究[J].中国人力资源开发，2017(7)：138－148＋175.

[250] 张苏，曾庆宝.教育的人力资本代际传递效应述评[J].经济学动态，

2011(8):127-132.

[251] 张肖敏.农村流动人口就业问题初探[J].学海,2006(2):129-133.

[252] 张晓芸,朱红根.农民工就业区域选择影响因素分析——基于代际差异的视角[J].商业时代,2014(30):47-49.

[253] 张幸福,王晓峰.流动人口就业身份选择决策及其对城市融入的影响——基于东北地区跨区域与区域内流动人口的比较[J].学习与探索,2019(3):35-43.

[254] 张益丰,郑秀芝.企业家才能、创业环境异质性与农民创业——基于3省14个行政村调研数据的实证研究[J].中国农村观察,2014(3):21-28.

[255] 张应良,高静,张建峰.创业农户正规金融信贷约束研究——基于939份农户创业调查的实证分析[J].农业技术经济,2015(1):64-74.

[256] 张宇青,王先柱,李智博,张凤仪.阶层固化是如何打破的?——基于28位青年草根创业者的深度访谈[J].中国青年研究,2017(9):57-63.

[257] 张玉利,杨俊,任兵.社会资本、先前经验与创业机会——一个交互效应模型及其启示[J].管理世界,2008(7):91-102.

[258] 张云运,骆方,陶沙,罗良,董奇.家庭社会经济地位与父母教育投资对流动儿童学业成就的影响[J].心理科学,2015(1):19-26.

[259] 章莉,李实,William A. Darity Jr., Rhonda Vonshay Sharpe. 中国劳动力市场上工资收入的户籍歧视[J].管理世界,2014(11):35-46.

[260] 章莉,李实.中国劳动力市场就业机会的户籍歧视及其变化趋势[J].党政视野,2016(3):61.

[261] 赵剑治,陆铭.关系对农村收入差距的贡献及其地区差异——一项基于回归的分解分析[J].经济学(季刊),2010(1):363-390.

[262] 郑飞北.正规就业流动人口参加职工医保的现状与对策[J].中国医疗保险,2015(1):14-16.

[263] 郑功成.中国社会保障改革与未来发展[J].中国人民大学学报,2010(5):2-14.

[264] 钟云华,应若平.从教育公平看社会资本对大学生就业的影响[J].湖南社会科学,2006(1):158-160.

[265] 周春芳,苏群,常雪.性别差异视角下职业流动对我国农民工就业质量的提升效应研究[J/OL].山西农业大学学报(社会科学版),2019(4):21-29+40

[266] 周广肃,谢绚丽,李力行.信任对家庭创业决策的影响及机制探讨[J].

管理世界,2015(12):121－129＋171.

[267] 周广肃.最低工资制度影响了家庭创业行为吗?——来自中国家庭追踪调查的证据[J].经济科学,2017(3):73－87.

[268] 周皓.家庭社会经济地位、教育期望、亲子交流与儿童发展[J].青年研究,2013(3):11－26.

[269] 周菁华,谢洲.农民创业能力及其与创业绩效的关系研究——基于重庆市366个创业农民的调查数据[J].农业技术经济,2012(5):121－126.

[270] 周其仁.市场里的企业:一个人力资本与非人力资本的特别合约[J].经济研究,1996(6):71－80.

[271] 周世军,潘妍,伏玉林.社会关系与流动人口创业——基于沪、汉、蓉等7市流动人口调查数据的实证研究[J].调研世界,2018(8):29－35.

[272] 周世军,周勤.户籍制度、非农就业"双重门槛"与城乡户籍工资不平等——基于CHNS微观数据的实证研究[J].金融研究,2012(9):101－114.

[273] 周晓,朱农.论人力资本对中国农村经济增长的作用[J].中国人口科学,2003(6):21－28.

[274] 周兴,张鹏.代际间的职业流动与收入流动——来自中国城乡家庭的经验研究[J].经济学(季刊),2015(1):351－372.

[275] 朱红根,解春艳.农民工返乡创业企业绩效的影响因素分析[J].中国农村经济,2012(4):36－46.

[276] 朱红根,康兰媛,翁贞林,刘小春.劳动力输出大省农民工返乡创业意愿影响因素的实证分析——基于江西省1145个返乡农民工的调查数据[J].中国农村观察,2010(5):38－47.

[277] 朱红根,康兰媛.金融环境、政策支持与农民创业意愿[J].中国农村观察,2013(5):24－33.

[278] 朱华晟,刘兴.城市边缘区外来农民工非正规创业动力与地方嵌入——基于苏州市胥口镇的小样本调查[J].经济地理,2013(12):135－140＋153.

[279] 朱静.社会结构中流动人口的阶层地位分析[J].中州学刊,2010(5):118－122.

[280] 朱明芬.农民创业行为影响因素分析——以浙江杭州为例[J].中国农村经济,2010(3):25－34.

[281] 朱殊洋.马克思就业模型的分析及就业策略的选择[J].社会科学战线,2009(6):74－84.

[282] 朱晓斌.流动人口子女义务教育政策的价值分析[J].教育评论,

2003(2):16-19.

[283] 庄晋财,芮正云,曾纪芬.双重网络嵌入、创业资源获取对农民工创业能力的影响——基于赣、皖、苏183个农民工创业样本的实证分析[J].中国农村观察,2014(3):29-41.

[284] 庄西真,李政.流动人口子女城市教育融入问题的调查分析——以苏南地区为例[J].教育研究,2015(8):81-90.

后　记

本书研究源于与团队成员的日常交流和学术讨论，逐渐产生碎片式的写作火花，这与我攻读博士学位以来所学专业与关注领域也有直接的交集，在这个过程中逐步扩展研究思路，围绕与流动人口有关的几个问题开展了相关研究，并得到同行专家和部分重要学术期刊的认可。这些思考过程和写作尝试的多次循环往复，给了我和团队成员很多鼓励，也让我们有机会进一步扩展研究视野和分析思路，将最初的碎片思考逐步拓展丰富为一个相对完整的研究体系，并最终以书稿形式呈现出来，从而有机会申报国家社会科学基金后期资助项目。

自立项以来，我和团队成员认真学习专家评审意见，先后进行多次讨论，努力在最大范围和限度吸收专家评审意见，尽最大可能完善书稿，我们非常感谢五位专家中肯而富有建设性的评审意见，为书稿修改完善提供了丰富营养，也使我们有机会进一步提高写作水平和研究质量。在书稿写作及后续修改过程中，多位团队成员先后从南京财经大学毕业并到其他高校院所继续深造或者入职，但仍在百忙之中抽出时间参与讨论并进行修改，为本书的最终定稿与出版付出了十分辛苦而卓有成效的努力。在此，特别感谢以下团队成员，他们分别是上海财经大学公共经济与管理学院博士研究生潘妍、复旦大学经济学院博士研究生杨璨、中国科学院大学公共政策与管理学院博士研究生赵彬彬、南京理工大学经济与管理学院博士研究生吴晞、南京财经大学粮食经济研究院胡迪博士、南京财经大学国际经贸学院杨向阳教授。

书稿校对是一项非常繁重的工作。在本书接近定稿阶段，我的硕士研究生罗元清、阴上上、刘顺利、孙成、唐潇、郭城宋、薛淳文、谢戎蓉先后三次校对；在此基础上，周志华、沈鼎睿、樊简、徐慧、金静宇、汪源也再次进行了校对，为书稿的表述准确、用词恰当和行文规范付出了大量辛勤劳动。

在最初准备申报国家社会科学基金后期资助项目时，我尝试与南京大学出版社联系，得到了他们的及时反馈和大力支持，并对项目申报提供帮助。在书稿修改后期，我与南京大学出版社积极沟通有关书稿出版的想法和初步计划，再次得到他们的鼓励和支持，积极帮助准备和办理出版所需的相关手续。在此期间，责任编辑王日俊对书稿修改和完善提出了诸多详细而富有建设性的意见，并多次就部分写作和表述细节、出版规范等进行讨论，使得书稿能够进一步完善。

在临近出版之际，我代表本书的全体团队成员向我们直接引用参考文献的各位研究者致以诚挚的敬意，正是在这些重要文献研究的指引和启发下，我们有机会站在高起点开展研究，立足新视角进行思考和相应的实施方案设计，努力进行新的尝试和探索。同时，在这个过程中，我们也查阅和研读了其他很多国内外文献，尽管由于写作行文原因，没有直接引用这些文献，但毫无疑问我们从这些文献中仍然获得了诸多启示，也引发了我们的积极思考，在此一并表示感谢。此外，我们还要特别感谢南开大学和华东理工大学联合课题组提供的 2013 年上海等七市调研数据、国家卫生健康委提供的中国流动人口动态监测调查数据、中国人民大学中国调查与数据中心提供的中国综合社会调查(CGSS)数据，让我们能够比较深入地多维考察流动人口经济行为。

当然，受限于作者和团队成员的实践认知意识、跨学科研究水平、数据案例素材收集与处理能力等因素，本书仍然有较多值得进一步斟酌和修改完善的地方，我们将在后续研究中继续思考和探索。